U0608264

2018

年度黑龙江省社会科学学术著作出版资助项目

时代转折中的呐喊
——俄罗斯哲学家舍斯托夫思想

杨振宇 著

黑龙江人民出版社

图书在版编目（CIP）数据

时代转折中的呐喊:俄罗斯哲学家舍斯托夫思想/
杨振宇著. —哈尔滨:黑龙江人民出版社,2019.1（2021.8重印）
ISBN 978 - 7 - 207 - 11627 - 7

Ⅰ.①时... Ⅱ.①杨... Ⅲ.①舍斯托夫—哲学
思想—思想评论 Ⅳ.①B512.59

中国版本图书馆 CIP 数据核字（2019）第 019046 号

责任编辑： 常　松
责任校对： 徐秀杰
封面设计： 佟　玉

时代转折中的呐喊

——俄罗斯哲学家舍斯托夫思想

杨振宇　著

出版发行　黑龙江人民出版社
　　　　　　地址　哈尔滨市南岗区宣庆小区 1 号楼（150008）
　　　　　　网址　www.longpress.com
印　　刷　三河市佳星印装有限公司
开　　本　787×1092　1/16
印　　张　12
字　　数　200 千字
版次印次　2021 年 8 月第 1 版第 2 次印刷
书　　号　ISBN 978 - 7 - 207 - 11627 -7
定　　价　35.00 元

版权所有　侵权必究　　　　　举报电话：（0451）82308054
法律顾问：北京市大成律师事务所哈尔滨分所律师赵学利、赵景波

目　　录

第一章 绪 论

19世纪末的欧洲,风雨如晦,在思想界也到处弥漫着"世纪末情绪"。自从19世纪中叶德国古典哲学终结以来,随着对理性的怀疑的普遍蔓延,人们也陷入了深深的彷徨困惑之中:新的目标在哪里? 出路在哪里? 舍斯托夫就生活在这样的时代背景下,用莎士比亚的话说,我们的时代"纷乱无序"。舍斯托夫把目光投向历史深处,他要在整个西方哲学发展史中寻找答案。舍斯托夫也正是为了完成这样的哲学使命而奋斗了整整一生。

第一节 舍斯托夫生平

一、舍斯托夫其人

舍斯托夫原名列夫·伊萨科维奇·施瓦茨曼,1866年1月31日出生在俄罗斯基辅的一个犹太商人家庭。他的父亲是由经营小商铺而发展成为拥有巨大资产的"施瓦茨曼公司"的老板,这个公司在当时俄罗斯的西南地区非常有名。舍斯托夫的父亲不仅善于经商,而且具有深厚的知识和艺术修养,他严守《旧约全书》的生活原则,对于犹太古典文献有一定的研究,能够自由地阅读古犹太文的书籍,并有丰富的犹太文藏书,少年的舍斯托夫能自由地阅读这些文献。舍斯托夫的父亲还待人谦和虔诚,和当时许多著名的人士交往甚密,当时许多著名的文学家、艺术家经常在舍斯托夫父亲的家里聚会。尽管他的父亲也去犹太教堂,当地的犹太人仍称他为 эпикойрес,意即自由思想者。

舍斯托夫先后在基辅和莫斯科读中学,1884年中学毕业后进入莫斯科大学物理—数学系,后转入法律系。在莫斯科大学读书期间,舍斯托夫由于和一位当时出名的学监发生争执而离开莫斯科大学,转入家乡的基辅大学法律系继续学习,1889

年获得法学博士学位。在大学期间,舍斯托夫在学习法律之外,还十分关注经济和财政问题,在莫斯科大学时他就选了许多这方面的课程。同时他还十分关心俄国的工人运动问题,他的学位论文《论工人阶级在俄国的地位》就是讨论这方面内容的。但是,这篇论文由于它的明显的革命性质而被当局查封,审查委员会告诉作者说:"如果允许这本书发表,将会在俄国引发革命。"

大学毕业后,舍斯托夫短暂参军,后来又在莫斯科从事了一段法律工作,但时间很短。舍斯托夫很快就回到基辅去料理父亲的家族企业,在父亲的工厂里,舍斯托夫一直工作到1896年。这个时期的舍斯托夫,除了管理工厂以外,仍然关注研究经济问题,而且这时舍斯托夫开始大量阅读文学和哲学著作。青年时期的舍斯托夫爱好广泛,一度想成为作家、歌唱家、诗人等,但他在这方面的努力都没有成功,而这时舍斯托夫对文学和哲学的兴趣却越来越浓,并在1895年首次发表了文学和哲学论文:《论弗·索洛维约夫》和《乔治·勃兰兑斯论哈姆雷特》。

1896年,舍斯托夫由于严重的神经衰弱而出国治病,这也给了他在国外进行学习考察的机会。几年里,他游历了柏林、维也纳、慕尼黑、罗马、巴黎等地,他抓紧一切时间进行文学和哲学的学习。他阅读了很多思想家的原著,特别是莎士比亚、勃兰兑斯、叔本华、尼采、康德等人的作品,这使他的思想受到很大震动,学术水平有了极大的提高。后来舍斯托夫回忆说,通过阅读这些原著,"我感到自己成了康德的对立面。莎士比亚却使我有了巨大的转变,他的书让我晚上不能入眠。……在欧洲时我还读了尼采,我感到,在他那里,世界完全被翻转过来"①。

应该说,舍斯托夫最后把自己的终生事业定在哲学研究上,和这段时间里的一场"内在的灾难"有关。尽管这场"内在的灾难"的具体内容,我们现在还不得而知,但我们目前还是可以推知,这场"内在的灾难"是一场思想危机,我们在舍斯托夫晚年的作品《纪念伟大的哲学家埃德蒙德·胡塞尔》中,还能看到这一灾难的痕迹。舍斯托夫这样描述自己的哲学历程:"在某些人看来似乎很奇怪,我最初的哲学老师居然是莎士比亚,是他的谜语般的、不可理解的、带威胁性和阴郁性的话:'这时代是纷乱无序的'。"②舍斯托夫感叹道,当人们的生存显示出已经陷入深渊,而各种思想还在争论不休、混乱不堪的时候,我们能怎么办呢?我们能做些什

---

① 雷永生.东西文化碰撞中的人[M].北京:华夏出版社,2007:347.
② 舍斯托夫.思辨与启示[M].方珊,张百春,张杰,译.上海:上海人民出版社,2005:353.

么呢？

这场"内在的灾难"以后，舍斯托夫开始了自己的新的思想历程，开始了他要用流血的头撞击理性的"墙"的历程。凌驾于一切之上的理性，在舍斯托夫看来，就像那句众所周知的西方名言：罗马说了话就算数（Romaocucat, acuasnfiati），普遍必然性的知识要求我们服从它的一切命令。舍斯托夫认为，为满足必然性的知识要求，我们只能神化石头和承认无情的残忍，这使我们自己变得麻木不仁，放弃了我们认为最宝贵的、最本质的一切东西。如果我们不想这样，我们就只能奋起和永恒的法则、自明的真理作生死斗争。

1897 年对舍斯托夫来说不仅经历了思想上的转变，还迎来了他人生的一件大事——和东正教的教徒安娜·叶列扎罗夫娜·别列佐夫斯卡娅结婚。这一年舍斯托夫在罗马治病，结识了医学院的大学生安娜·叶列扎罗夫娜·别列佐夫斯卡娅。由于安娜信仰东正教，舍斯托夫不得不对笃信犹太教的父母隐瞒了自己的婚姻。当年 12 月 31 日，女儿塔姬娅娜出生于罗马。

在国外期间，舍斯托夫完成了两本著作，即 1898 年第一次以舍斯托夫为笔名出版的《莎士比亚和他的批评家勃兰兑斯》和 1899 年出版的《列夫·托尔斯泰伯爵与弗·尼采学说中的善》。

《莎士比亚和他的批评家勃兰兑斯》是舍斯托夫的第一部哲学著作。在这部著作里，舍斯托夫提出了一个一生未变的重要思想："科学认识作为人间指南的有限和不足；对普遍性（压制多样性）的思想、体系和世界观的不信任；把具体的人生及其悲剧放在首位。"①

在《列夫·托尔斯泰伯爵与弗·尼采学说中的善》这部书中，舍斯托夫对比了托尔斯泰和尼采的道德观。舍斯托夫指出，托尔斯泰面对生存的恐惧，只好求助于道德的权威，但他的道德只是暂时地掩盖了人间的生活悲剧。"他在寻求更好的解决办法，但却没有找到，于是，只好诉诸布道，而为了布道消灭了安娜·卡列尼娜、弗龙斯基、科兹尼舍夫、全体知识分子、艺术和科学……"②而尼采的"道德"是超越善恶之善，因为尼采认为，现实生活中，"无论善恶都是人类生存和发展的必要条件，而太阳也可以平等地既照耀善人也照耀恶人"③。舍斯托夫指出，尼采的"善"

---

① 徐凤林.舍斯托夫的圣经哲学——在俄罗斯思想背景下的解释[D].北京:北京大学,2001.
② 舍斯托夫.无根据颂[M].张冰,译.北京:华夏出版社,1999:240.
③ 舍斯托夫.无根据颂[M].张冰,译.北京:华夏出版社,1999:296.

曾在托尔斯泰的"善"那里停留过,挣扎过,并认为,这使尼采非常痛苦。舍斯托夫看到,尼采没有妥协,他一直在挣扎,在等待机会,以便从传统的理论思维中解脱出来,以便能大胆地说自己的话。尼采开始尝试着超越传统的哲学和道德所限制的那个范围,到善恶的彼岸去。于是,舍斯托夫认为,尼采渐渐地开始讨厌传统的哲学和道德,因为尼采认为,这些哲学和道德有着一样的原则和方式,它们同样都是虚伪的。"对于尼采来说,只存在着一个问题:'先生,你为什么抛弃我?'对这个问题只能有一个回答:无论是习惯于平均和普通生活的人类科学,还是证明无过的、神化的、赞美的、受到间接的法律支持的人类道德都是虚伪的。尼采用自己的话说:不存在任何真理的东西,一切都允许,或者要重新评价一切价值。"①舍斯托夫认为,当尼采抛弃传统的哲学和道德原则,提出重估一切价值时,他已经迈进了悲剧哲学的领域。舍斯托夫指出,相对于尼采的"善",托尔斯泰的"善"显得多么的不幸。舍斯托夫号召人们超越托尔斯泰之善,到尼采那里去寻找高于善的东西。

1898 年,舍斯托夫回国,继续从事思想创作。1903 年,《悲剧哲学——陀思妥耶夫斯基与尼采》出版于彼得堡。这本书出版后在学术界引起强烈反响,形成了广泛的影响。书中沿着《列夫·托尔斯泰伯爵与弗·尼采学说中的善》中的问题,深入分析比较了陀思妥耶夫斯基和尼采哲学中的"上帝"和"善"等观念。其中指出,陀思妥耶夫斯基和尼采在这一点上是走在同一条道上的,"他们的作品的意义不在于回答,而在于提问。这一问题就是,人们究竟有没有为科学和道德所不容的欲望,也就是说,是否存在着悲剧的哲学呢?"②徐凤林认为,就是在这里,舍斯托夫"同道德主义理想彻底决裂"③。

1905 年,舍斯托夫出版《无根据颂》,引起俄国和西方思想界的轰动,当时学术界纷纷对这本书做出了积极的评价,例如,别尔嘉也夫说:"我看到舍斯托夫在对各种实证主义、各种常识性观念进行尖锐的、深刻的心理学批判上取得的巨大成就,尽管这是在唯心主义的伪装之下进行的。"④在《无根据颂》这本书里,舍斯托夫阐述了他在哲学创作形式上的主张,这一主张和自巴门尼德以来开创的西方理性主义哲学传统完全相反,提倡无根据、无体系,甚至无概念的创作风格。舍斯托夫的

① 舍斯托夫.思辨与启示[M].方珊,张百春,张杰,译.上海:上海人民出版社,2005:316-317.
② 舍斯托夫.思辨与启示[M].方珊,张百春,张杰,译.上海:上海人民出版社,2005:197.
③ 徐凤林.舍斯托夫的圣经哲学——在俄罗斯思想背景下的解释[D].北京:北京大学,2001.
④ 雷永生.东西文化碰撞中的人[M].北京:华夏出版社,2007:347.

这种主张,对于习惯于传统创作风格的人们来说是闻所未闻的。《无根据颂》刚一问世,不仅在知识界,就是在社会生活领域也引起强烈反响,甚至于当时有些新潮的年轻人在向父母示威时说道:"我就要放荡不羁,就要读舍斯托夫。"①

1905 年,舍斯托夫还参与了《生活问题》杂志的编辑工作。

1908 年,舍斯托夫发表了《开端与终结》。如果说舍斯托夫的前几部作品多少是以文艺批评的形式来谈哲学问题,那么从这部作品开始,舍斯托夫就直截了当地谈哲学问题了。

1908 年,舍斯托夫全家迁往德国,直到 1914 年才又返回俄罗斯。这期间舍斯托夫经常回国,在莫斯科,他参加了宗教—哲学学会,经常与别尔嘉也夫、布尔加科夫、伊万诺夫等人一起谈论哲学和宗教问题。这期间舍斯托夫还专程到雅斯纳亚·波良纳拜会了托尔斯泰。

1913 年起,舍斯托夫开始写作其重要的著作《只凭信仰(希腊哲学与中世纪哲学、路德与教会)》,他的研究领域开始转向宗教和神学史问题。徐凤林老师认为,舍斯托夫的思想和创作可以以第一次世界大战为界,大致分成两个时期:1914 年之前,生命哲学和寻神论时期;1914 年以后则是舍斯托夫的宗教哲学时期。② 这样的分期,就是以《只凭信仰(希腊哲学与中世纪哲学、路德与教会)》为标志的。

一战爆发之后,舍斯托夫回到俄国,先在莫斯科,后在基辅人民大学讲授古代哲学史课程。

1915 年,舍斯托夫当选为莫斯科心理学会会员,并在该学会发表题为《钥匙的统治》的演讲。该演讲稿于 1916 年发表于《俄罗斯思想》杂志上。

1917 年革命时,舍斯托夫是在莫斯科度过的。1918 年,他率全家迁往基辅,在那里他给人民大学的学生讲授古希腊哲学。

1919 年,舍斯托夫与洛斯基成立了"自由哲学协会",他们认为哲学应当有政治倾向性,应该在生活中"发挥积极作用"。③ 舍斯托夫像大多数俄国宗教哲学家一样,他们并非是反对社会变革的保守派,"只是他们的出发点是人的内在精神,他们主张从内向外地改造世界"④。但是,俄国宗教哲学家们的观点并不符合新掌权

---

① 张冰.旷野的呼告[J].读书,1994(7).
② 徐凤林.俄罗斯宗教哲学[M].北京:北京大学出版社,2006:275.
③ 安启念.苏联哲学 70 年[M].重庆:重庆出版社,1990:2.
④ 洛斯基.俄国哲学史[M].贾泽林,等,译.杭州:浙江人民出版社,1999:4.

的布尔什维克的现实需要,列宁就认为,应当把他们送到"资产阶级'民主'国家"去。在这样的社会背景下,舍斯托夫于1920年离开俄国,最后定居巴黎。1922年,苏联发生了著名的"哲学船事件",一大批非马克思主义的哲学家、思想家、作家被驱逐出境,舍斯托夫虽然当时已不在俄国,但他的名字仍名列其中。从此,舍斯托夫开始了长达18年的真正意义上的流亡生活。

在舍斯托夫来到巴黎之前,这里几乎没有人听说过他的名字,更没有出版过他的作品。1922年,一家法文杂志刊登了他的论文《克服自明性——纪念陀思妥耶夫斯基百年诞辰》。1923年初,一家出版社出版了他的著作《死亡的启示——论列夫·托尔斯泰的晚期著作》的法文译本。1922年,他受邀到巴黎大学的斯拉夫学研究所俄罗斯历史语言系任教,1923年又在索邦大学讲授"陀思妥耶夫斯基与帕斯卡尔的哲学思想"。1926年,他的《钥匙的统治》《凡人皆有一死——论埃德蒙德·胡塞尔的认识论》等书的法文译本出版。同时,舍斯托夫加入了由流亡教授组成的"俄罗斯学院团体"。这些活动使他在欧洲的知名度日益升高。他经常被邀请到柏林、哈雷、弗莱堡、布拉格、阿姆斯特丹等地参加各种学术会议,这也就使他与欧洲的许多思想家有了不少的交往,其中尤其值得一提的是与胡塞尔的交往。

作为现象学大师的胡塞尔,从理论到研究方法,显而易见,都与舍斯托夫的观点有着严重的分歧。舍斯托夫在自己的作品中也对胡塞尔进行了极为尖锐的批评。但胡塞尔和舍斯托夫二人却保持着深深的友谊。有一次,胡塞尔向同行们介绍舍斯托夫时说:"没有一个人像他那样尖锐地攻击过我,正因为这样,我们反而成了亲密的朋友。"①舍斯托夫对胡塞尔的学术态度和人品也是极为敬佩。舍斯托夫说:"他最感兴趣的是真理;为了寻求真理,和一个知识方面的敌手做朋友,不仅是可能的而且是必要的。这是胡塞尔最突出的特点。"②舍斯托夫称赞胡塞尔的公正无私,认为这在伟大的哲学家中是很少见到的。舍斯托夫十分肯定胡塞尔的学术成就,他认为,在他的那个时代很少有人能在思想的深刻性和重要性上比得上胡塞尔。1938年胡塞尔逝世后,舍斯托夫写下了《纪念伟大的哲学家埃德蒙德·胡塞尔》的文章,来表达对这位哲人的敬意。应该说,与胡塞尔的交往,使舍斯托夫受益匪浅。虽然他不同意胡塞尔的观点,但是和胡塞尔的争论却使他更加深化了自己

---

① 舍斯托夫.开端与终结[M].方珊,译.昆明:云南人民出版社,1998:330.
② 舍斯托夫.开端与终结[M].方珊,译.昆明:云南人民出版社,1998:330.

的理论。

此外,舍斯托夫与马克斯·舍勒也有较深的交往,与海德格尔也多次见面并讨论问题,与布伯、纪德等著名哲学家和作家相识并有通信往来。

1927 年,舍斯托夫发表了《思辨与启示——论弗·索洛维约夫的宗教哲学》。

在不断的研究和探讨过程中,舍斯托夫的思想更加成熟,1929 年出版的《在约伯的天平上(灵魂中的漫游)》、1933 年出版的《旷野呼告——克尔恺郭尔与存在哲学》和 1938 年出版的《雅典与耶路撒冷——宗教哲学论》是他思想的代表作。其中,《雅典与耶路撒冷——宗教哲学论》是舍斯托夫哲学思想的最集中和最充分的表达。在雅典与耶路撒冷的对立中,舍斯托夫完全站在后者一边,并认为理性与信仰的矛盾根本无法调和。舍斯托夫所理解的耶路撒冷是与希腊智慧相对立的"犹太—基督教哲学",它的根本在于信仰。

晚年的舍斯托夫在继续原有的哲学研究的同时,还开辟了新的研究领域,甚至对印度的哲学发生了浓厚的兴趣。同时,他的活动领域也在扩大,他不仅在原来的学院讲课,还应工人联盟文化部之邀到巴勒斯坦做报告,到巴黎电台做"陀思妥耶夫斯基的创作"的广播演讲,等等。直到他生命的最后一刻,他也没有停止写作,1938 年 9 月动笔撰写论胡塞尔的文章,两个月后,11 月 20 日,舍斯托夫因肺炎逝世于巴黎。

尽管舍斯托夫发表了许多研究文章,也好像不断地从一个领域迁徙到另一个领域,但是只要翻开他的任何一本书,我们都可以发现,他一生的所有哲学思考和哲学创作都围绕着一件事情:以头撞墙——用流血的头不断地撞击理性的高墙。舍斯托夫用不计其数的同义词,反复来表达这样一个重要的思想:个体的生存重要性超过永恒不变的普遍的必然性。

舍斯托夫哲学,无论对于世界哲学来说,还是对于俄罗斯哲学来说,都是一个特殊的现象。这种"特殊"主要表现为其人其思的鲜见。舍斯托夫是一个终生与传统哲学的自明、理性、绝对真理、永恒道德等作殊死斗争的哲学家。我们知道,近代以来,具有这样的哲学使命并能始终不渝地探求的哲学家可谓是寥若晨星,屈指可数,而舍斯托夫就是这为数不多的人中熠熠闪光的一个。① 也正是因为这样,舍斯托夫哲学显示出了独特的价值和意义,同时这也使舍斯托夫哲学散发出诱人的

---

① 舍斯托夫. 开端与终结[M]. 方珊,译. 昆明:云南人民出版社,1998:2.

魅力。

二、舍斯托夫思想

一般认为,希腊文化和希伯来文化是西方文化的两个源头。希腊文化和希伯来文化表现出两种不同的生活和思维原则,希腊哲学主张的是人对智慧的爱,对普遍必然性的追求,对理性的服从;希伯来文化则强调超自然的启示和信仰。关于理性和信仰的关系问题,不仅曾长期为西方的思想家所争论,而且就是今天也还是现代神学家们和哲学家们研究和争论的重要问题。总的来说,在这个问题上,一直存在着两种对立的观点,其中,占绝对统治地位的是力图将希腊哲学的理性精神和希伯来文化中的信仰加以调和的观点,这种调和论是绝大多数中世纪哲学家的思想宗旨,也是近现代西方哲学的主要思想。然而,纵观两千年西方思想史的发展历程,我们看到,也有少数的哲学家和思想家坚决主张理性精神和信仰的不可调和性,并且主张信仰对人的绝对意义。使徒保罗、德尔图良、彼得·达米安、马丁·路德、帕斯卡、尼采、克尔恺郭尔,以及俄罗斯思想家陀思妥耶夫斯基、托尔斯泰和宗教哲学家索洛维约夫、别尔嘉耶夫,等等,都表达了与此相同或相近的观点。但俄国哲学家列夫·舍斯托夫应该是在这个问题上把不曾有人彻底表达过的批判理性和诉诸信仰的话"说到了底"①。科萨克在介绍存在主义的大师们时直言:"列夫·舍斯托夫作为有神存在主义极端反动一翼的代表,最先强调信教的魔力。"②

舍斯托夫认为:西方哲学的理性主义传统从古希腊就开始了。理性至高至上的思想和对理性知识(事实真理和必然真理)的顺从,是希腊哲学推崇的基本原则。如希腊哲学家认为,必然性是不以人的意志为转移的,亚里士多德说,"必然性似乎不能被劝服而发生改变"③。那么,人的理性的任务就在于对必然性规律的认知,并且在这种认知中得到满足。就是说,人们掌握了关于必然性的知识,并以这种知识指导自己的生活,便是人的理想生活状态,这也是人的美德,知识即美德。按照理性主义哲学集大成者黑格尔的说法,自足的理性在苏格拉底之后成为后来全部时代的哲学原则。希腊哲学所开辟的理性主义的传统,一直是西方哲学的主流,尤其是近代启蒙运动以后,这一理性的洪流汇入了斯宾诺莎、莱布尼茨、康德、

① 舍斯托夫.雅典和耶路撒冷[M].徐凤林,译.杭州:浙江人民出版社,2000:3.
② 科萨克.存在主义的大师们[M].王念宁,译.北京:中央编译出版社,2003:62.
③ 亚里士多德.形而上学[M].吴寿彭,译.北京:商务印书馆,1959:89.

黑格尔、胡塞尔等人的思想,而达到了蔚为壮观的程度。启蒙就是启理性的蒙,康德在《什么是启蒙》的文章中说:启蒙就是勇敢地使用自己的理性。①

但是,舍斯托夫却认为,理性主义哲学所主张的原则中包含着对人的生存价值和意义的根本威胁。在永恒的必然性的形式下,人的生存意义是什么呢? 人的尊严和自由又在哪里? 对恶的必然性也要服从吗? 这种服从也是美德吗? 在舍斯托夫看来,在理性主义哲学那里,人已经不是活生生的人了,而变成了"被赋予了意识的石头"(斯宾诺莎语)。人们被必然性钳制住了手脚而动弹不得。在客观事实和必然真理面前,用斯宾诺莎的话说,人们"不能哭,不能讥笑,只能理解",只能听从它们的安排,只能听"天"由"命"。这也就是亚里士多德所说的"为真理本身所迫"的含义。正是在这种意义上,舍斯托夫说,柏拉图不能对苏格拉底被毒死表示任何异议。作为一个事实真理,苏格拉底被毒死,和一条狗被毒死是没有区别的。②

当然,大家都知道,西方思想并未完全如此堕落;相反,人的生命意义、人的价值与尊严、人的自由、人道主义,一直是西方哲学家紧张思考和苦苦探究的主题,这是因为西方文化还有另一个思想源泉——希伯来文化。在西方文化中,人的存在意义、人的自由问题,是与宗教观念,主要是犹太—基督教观念联系在一起的。而犹太—基督教中的很多观念都来源于希伯来文化,或者说犹太—基督教的许多观点本身已然成了希伯来文化内容的一部分。可以说,希腊哲学中的理性原则和希伯来文化中的信仰追求这两种思想之间的张力,正是西方文化不断发展并取得伟大成就的动因,同时也是西方文化内在矛盾的症结所在。因此也可以这样肯定地说,通过希腊文化和希伯来文化而表现出来的理性和信仰的关系问题构成了西方哲学的永恒主题。

舍斯托夫认为,犹太—基督教的《圣经》向人类表述了希腊理性哲学之外的另外一种思维的世界。在那里,不是人必须服从理性的统治,不是人必须服从不听劝说的必然性,而是一切都为上帝所造,都服从上帝意志。上帝倾听人的祈求,赋予人"创造"和"命令"的权力和真正自由,上帝最初所造的世界是无恶的"至善"世界,人的意义和价值在于上帝。于是,人的生命意义和价值在对上帝的信仰中终于找到终极基础和可靠保障,这就是《圣经》的启示原则。舍斯托夫哲学正是在这一

① 康德. 历史理性批判文集[M]. 何兆武,译. 北京:商务印书馆,1990:22.
② 舍斯托夫. 雅典与耶路撒冷[M]. 张冰,译. 昆明:云南人民出版社,1999:89.

思维的向度内展开自己对必然性的批判和对《圣经》信仰的追求的。舍斯托夫自幼生活在俄罗斯东正教文化和犹太教文化的浓厚氛围里,犹太—东正教文化中的苦难意识对舍斯托夫有深刻的影响。舍斯托夫深感人的生存的无根性,人生充满了哭泣、眼泪、痛苦和绝望。舍斯托夫力图从《圣经》的信仰中为苦难的人们找回信心和力量,他认为人的生命比思想更丰富,人的尊严比冷冰冰的必然性更有意义。舍斯托夫讲:"通向生活的原则、源泉和根本途径是通过人们向创世主呼吁时的眼泪,而不是通过那询问现实事物的'理性'!"①

舍斯托夫所代表的哲学思想在哲学史上虽是少数,但也有其深厚的渊源。舍斯托夫多次引用早期拉丁教父德尔图良的一句名言:"雅典和耶路撒冷有什么共同之处?"雅典和耶路撒冷的对立,就表示希腊哲学与《圣经》启示的对立。马丁·路德也是舍斯托夫十分推崇的思想家,路德认识到律法和理性的危害,称它们是信仰的最大敌人,要获得拯救就必须克服它们,只有信仰才能使人得救。路德指出,在神的世界里没有律法和理性。他说,"摩西在山上同神面对面说话的时候,他不知道律法,也没有制定和施行律法"②。但舍斯托夫认为,路德的思想并不彻底,当摩西下山后,他就成了立法者。哲学家尼采是对舍斯托夫有重要影响的人,在舍斯托夫看来,尼采曾以青春的热情反抗过形而上学,但他终于没有抵住形而上学的诱惑,转而对形而上学的理性寄予无限信任,而且引以为自豪。比尼采走得更远的是克尔恺郭尔,克尔恺郭尔在约伯的哀号中看到了通向真理的另一条道路,这就是争取可能性的疯狂斗争。舍斯托夫是在晚年才知道克尔恺郭尔的,但他一经了解了克尔恺郭尔的存在哲学,就马上倾注了极大的热情开始研究它,可以说正是克尔恺郭尔诉诸信仰的存在哲学,极大地影响了舍斯托夫晚期哲学的思想取向。

在雅典和耶路撒冷的对立中,舍斯托夫是坚决地站在后者一边的。那么舍斯托夫所说的耶路撒冷指的是什么呢?可以说,就是《圣经》中的信仰。《圣经》中的信仰拥有着与传统理性主义哲学完全不同的思想原则、思考方式、自由观、真理观和思想宗旨。它的思想原则不是传统意义上的反思,相反,而是冲破理性原则构成的"石墙"的坚决斗争;它的思考方式不是人们所熟知的理解、逻辑、推理,而是"呼告""哭泣"和"诅咒"等非理性情感;它的自由不是人们认识规律、利用规律的自

---

① 舍斯托夫.开端与终结[M].方珊,译.昆明:云南人民出版社,1998:358.
② 舍斯托夫.雅典与耶路撒冷[M].张冰,译.昆明:云南人民出版社,1999:176.

由,而是一切皆有可能的神性自由;它的真理不是不知人情的冷冰冰的永恒的必然性,而是《圣经》中的真理;它的思想宗旨不是为了寻求始基和不变的秩序,不是为了简单地认识好坏善恶的区别,更不是为了在这种寻求和认识中获得一种虚幻的满足,而是为了争取那原初的自由和包含在这种自由中的神的"至善"。

第二节　舍斯托夫哲学的研究现状

舍斯托夫哲学是世界哲学中的一朵奇葩。由于舍斯托夫对西方哲学和西方哲学史有着深刻的了解,他的哲学作品几乎涉及了西方哲学史上各个时期所有的重要的文学家、思想家和哲学家;并且,舍斯托夫的哲学思想又是通过分析评论其他文学家、思想家和哲学家的思想表达出来的,所以要对舍斯托夫哲学所涉及的所有思想材料进行梳理和综述,无论从广度还是从深度上说都是极其困难的,确实是能力所不能及的。在此,笔者仅就现有资料,对国内外舍斯托夫哲学研究现状进行一般性分析。

一、国内研究状况

经过十几年的努力,目前,国内对舍斯托夫的重要著作已基本翻译出版完毕,主要是《雅典和耶路撒冷》(徐凤林译)、《雅典与耶路撒冷》(张冰译)、《无根据颂》(张冰译)、《开端与终结》(方珊译)、《旷野呼告》(方珊、李勤译)、《思辨与启示》(方珊、张百春、张杰译)、《在约伯的天平上》(董友、徐荣庆、刘继岳译),另外还出版了《舍斯托夫集》(方珊选编)等。只是舍斯托夫的第一部著作《莎士比亚和他的批评家勃兰兑斯》至今还没有翻译成中文。

总的来说,国内对舍斯托夫的研究仍然处于起步阶段,国内的老版本的西方哲学史中几乎都没有提到舍斯托夫及其哲学。从研究舍斯托夫哲学的作品来说,目前还没有专门的论著问世,而仅限于一些著作里的一些章、节,一些译著的前言、后记和一些学位论文、学术论文等。这其中主要有刘小枫的《走向十字架上的真》第一章,徐凤林的《俄罗斯宗教哲学》第十二章,雷永生的《东西文化碰撞中的人》第五章等,徐凤林的译著《雅典和耶路撒冷》的中译本前言,方珊的译著《开端与终结》的前言"舍斯托夫的启示"、译后记"理性与信仰"等;徐凤林的博士论文《舍斯托夫的圣经哲学——在俄罗斯思想背景下的解释》,甘远瑶的博士论文《舍斯托夫悲剧哲学研究》，陈萍的硕士论文《舍斯托夫的哲学和美学思想》等；马寅卯的文章《白银时代俄罗斯宗教哲学的思想路向和主要贡献》，雷永生的文章《评舍斯托夫对"必然性"的挑战》，徐凤林的文章《理性自由与神性自由——论舍斯托夫的自由思想》《基督教哲学的两条路线》《悲剧哲学的心理解读》，冷满冰的文章《死的启示——舍斯托夫论托尔斯泰的后期作品》，甘远璠、李尚德的文章《舍斯托夫对哲学定义的理解》，魏韶华的文章《旷野的呼告——鲁迅与列夫·舍斯托夫》等。香港的一些基督教学者对舍斯托夫的研究也有较深的造诣，如刘锦昌写的《列夫·舍斯托夫的宗教哲学》、王威廉的《中国的雅典和耶路撒冷》、萧风的《舍斯托夫与尼采和〈圣经〉思想》等。

总的来说，舍斯托夫及其哲学思想在中国学人的西方哲学史和西方哲学的视角中长期不被重视，在20世纪璀璨闪烁的思想群星中，反理性的舍斯托夫哲学在占据统治地位的理性主义哲学和以尼采、弗洛伊德、萨特、海德格尔等"明星"为代表的非理性主义思潮中显得黯淡无光。直到近十年前由于宗教哲学和俄罗斯哲学在中国的传播，由于刘小枫、徐凤林、方珊等人长期的辛勤翻译和研究，舍斯托夫才逐渐真正走进中国学人的视野。一般来说，国内学界对舍斯托夫及其哲学思想的研究集中于两点。

第一，国内学者对舍斯托夫坚定的和始终如一的反理性、反必然性的观点有较深的认识。他们认为由于舍斯托夫的哲学专注于个人的生命体验，关注人的命运，而理性和必然性不仅不能成为人的生存的根据，反而成为恶的成因。而徐凤林在《理性自由与神性自由》一文中认为，舍斯托夫哲学只在"人的非理性存在"范围之内具有真理性、价值和意义。而徐凤林又指出，舍斯托夫与其反对者的争论焦点是：人从根本上说是理性的还是非理性的。徐认为"这似乎已不是个有公共性的认识问题，而是非此即彼的个人价值选择问题"[①]，从而使问题得到消解。

第二，国内学者对舍斯托夫哲学极其强调《圣经》信仰有明确的认识。舍斯托夫是在批判理性、批判必然性的过程中展开他的信仰主张的。刘小枫先生在《走向十字架上的真》一书中，站在基督教哲学的角度对这一问题进行了深入阐述。刘小枫认为，"存在哲学的核心标志是在虚无中与上帝相遇"[②]，这是一种很重要、很深

---

① 徐凤林. 理性自由与神性自由[J]. 浙江学刊,2004(2):11.
② 刘小枫. 走向十字架上的真[M]. 上海:上海三联书店,1995:39.

刻的看法。另外,针对舍斯托夫从信仰出发猛烈批判理性原则,徐凤林认为,"舍斯托夫说哲学是斗争的时候,是以这个动因和目标偷换了哲学思维过程本身"①,这种批评可以说是比较有力的。

国内哲学界对舍斯托夫及其哲学思想的研究存在着不够深刻、不够全面的缺陷,国内学者需要付出更大的心血和努力来进一步深化对舍斯托夫哲学的研究。

二、国外研究状况

舍斯托夫一生著述颇丰,舍斯托夫的女儿塔姬娅娜整理出版了《舍斯托夫全集》,含八十部论著和一百二十七篇论文。舍斯托夫的著作、论文和阐述其思想的论著、论文有各种语言,其中主要包括俄文、法文、英文。国际舍斯托夫研究中心设在莫斯科。国外学者研究舍斯托夫哲学思想早已有之,在舍斯托夫生前就已开始,在舍斯托夫逝世后,一些学者,尤其是一些俄罗斯学者对舍斯托夫的哲学思想做了较多的研究。

总的来说,许多学者认为舍斯托夫一生的哲学研究是紧紧围绕着一个主题展开的,舍斯托夫的思想也是始终如一的。布尔加科夫说:舍斯托夫一生写了太多的著作,研究了太多的论题,但在这些各种各样的著作和论题中,我们不难找到统一性,"舍斯托夫属于那类思想专一的人,他没有思想的演进。他的思想宗旨在早期作品中就已确定"②。

许多学者认为舍斯托夫哲学的一个重要特征是,坚决地反对理性和必然性对人生的压迫和统治。俄国著名哲学家洛斯基在《俄国哲学史》一书中,把舍斯托夫看作极端怀疑论者和不可知论者,这种怀疑就是对理性的怀疑。俄罗斯著名作家安·别雷也认为,舍斯托夫哲学带有浓厚的怀疑主义色彩。《雅典与耶路撒冷》是舍斯托夫的最后一部著作,是舍斯托夫的哲学和宗教观点的总结。俄国著名哲学家津科夫斯基在《俄罗斯哲学史》中说,正是在这本书里,舍斯托夫把不曾有人彻底表达过的批判理性和诉诸信仰的话"说到了底"③。

别尔嘉也夫曾经与舍斯托夫有过相当长时间的交往,两人一直是朋友和辩友

---

① 徐凤林.俄罗斯宗教哲学[M].北京:北京大学出版社,2006:307.

② С. Н. Булгаков. Некоторые черты религиозного мировозрегия Л. И. Шестова. Сочинания в двухт. Москва. 1993. Т. 1. Стр. 552.

③ 舍斯托夫.雅典和耶路撒冷[M].徐凤林,译.杭州:浙江人民出版社,2000:3.

的关系。别尔嘉也夫对舍斯托夫哲学的评价具有相当的深刻性,他把舍斯托夫哲学归为存在哲学,他说:"舍斯托夫是这样一位哲学家,他以自己的全部存在进行哲学思考,对他来说,哲学不是学院专业,而是生死事业。他是一位孤独的思想者。他独立于周围的时代潮流。他寻找上帝,寻求人摆脱必然性的统治。这也是他个人生命问题。他的哲学属于存在哲学类型,这种哲学类型没有把认识过程客体化,亦即没有使其摆脱认识主体,而是把认识过程同人的整个命运联系起来,认为存在的奥秘只有在人的生存中才能认识。对舍斯托夫来说,人的悲剧、人生苦难和恐惧、绝望的体验,是哲学的源泉。"①

由 H. Dahm 编的《俄罗斯思想的基本特质》一书中也认为:舍斯托夫思想才堪称存在哲学传统在本世纪的先声和经典。而 B. Foudane 在《与舍斯托夫相遇》中指出:舍斯托夫哲学的开端之处,恰是海德格尔哲学的终止之处。② 加缪批评舍斯托夫否认理性的一切合乎逻辑的做法,认为这打破了荒谬的平衡,指出把一切都奉献给非理性的做法只能使荒谬消亡。科萨克认为,舍斯托夫作为有神论存在主义极端反动一翼的代表,最先强调信教的魔力。

总之,国内外学者大都把舍斯托夫放于基督教存在主义哲学的背景下进行评价。大部分学者认为,舍斯托夫虽然长期居住在西欧,但他的哲学思想深受俄罗斯东正教文化的影响。大部分学者都认同舍斯托夫是一个反对理性、崇尚信仰的哲学家。在部分学者对舍斯托夫的偏激思想提出质疑的同时,国内外学者普遍对舍斯托夫的批判精神给予肯定。很多学者认为,舍斯托夫反对的不是理性本身,而是形而上学的理性主义原则。国内外学者对舍斯托夫的研究,无疑给本书的编写提供了很大的帮助。

第三节　本书研究方法说明

一、结构安排

本书的题目是"时代转折中的呐喊——俄罗斯哲学家舍斯托夫思想"。本书认为,舍斯托夫哲学的主题是悲剧与拯救,本书的内容和框架就是围绕着这个主题

---

① 徐凤林. 俄罗斯宗教哲学[M]. 北京:北京大学出版社,2006:284 - 285.
② 刘小枫. 走向十字架上的真[M]. 上海:上海三联书店,1995:39.

安排的。本书主要包括两个部分:第一部分是本书的铺垫性章节,包括导言、第一章、第二章,概要地论及舍斯托夫哲学的思想背景、思想资源和问题旨趣;第二部分是本书的主体部分,包括第三、第四和第五章,详细梳理舍斯托夫哲学的主题和围绕主题展开的主要内容,论述了舍斯托夫哲学与其他哲学的关系,评价了舍斯托夫哲学的贡献及其限度。

第一章,绪论,在绪论中本书着力指出,舍斯托夫的哲学研究是在对西方哲学史数千年发展的理论探索这一总体的、大的背景基础之上进行的。本书认为,从西方文明的开端——两希文明开始,信仰和理性的争端就初见端倪,舍斯托夫哲学的历史渊源从西方文明的开始就产生了。此部分还阐述了本书研究的逻辑结构、研究意义与方法等。

第二章,舍斯托夫哲学产生的背景,主要是论述舍斯托夫哲学产生的文化背景和时代背景。文化背景介绍得比较详细,用笔颇多,因为本书认为,文化对一个人的思维方式和观察问题的方式有着决定性的影响。正如梁漱溟所说的"文化是人生活的样式",在什么样的文化中生活,就能产生什么样的思想。舍斯托夫也是如此。因此,研究舍斯托夫哲学,舍斯托夫哲学生于斯,长于斯的文化环境是首要的一环。时代背景从西方理性主义传统讲起,通过理性主义的发展历程,突出表现19 世纪中叶以后,理性主义哲学面临着巨大的危机。文化背景介绍了舍斯托夫哲学产生的俄罗斯东正教文化和犹太教文化的背景。

第三章,舍斯托夫哲学的思想资源,主要是介绍哲学史上与舍斯托夫哲学观点有相似性、相同点的几个哲学家的主要思想,以及这些思想对舍斯托夫的主要影响。舍斯托夫不是孤家寡人,在哲学史上,他也有一些同路者,本章主要介绍了使徒保罗、德尔图良、彼得·达米安、帕斯卡、尼采、克尔恺郭尔、陀思妥耶夫斯基等七个人的思想。需要指出的是,本书安排这一章是十分必要的,因为舍斯托夫的哲学思想往往都是在阐述和分析这些哲学家的思想时表达出来的,所以弄通这几个人的思想,对于理解舍斯托夫哲学是十分必要的。

第四章,舍斯托夫哲学的主题,首先探讨了舍斯托夫的哲学观。舍斯托夫明确提出,哲学本身就是一种同必然性真理的生死斗争,这样的哲学观在哲学史上实属罕见。由此,本书认为舍斯托夫哲学的主题是悲剧与救赎。这个主题是本书紧紧围绕的核心和展开的线索。

然后,本书着重论述了舍斯托夫的悲剧哲学和圣经哲学。舍斯托夫认为,人的生存陷入了一个巨大的悲剧之中,人的悲剧的来源是理性主义传统所追求的永恒真理、绝对理念、逻辑法则、必然性对人的生活的强制和压迫,它们构成了密不透风的"石墙",围堵在人的周围,使人动弹不得。理性的全面统治造成了人生的无尽的"痛苦"。圣经哲学是舍斯托夫哲学的救赎之路,面对必然性真理的强迫,舍斯托夫开始了勇敢的"以头撞墙"之路,舍斯托夫认为要用《圣经》中的信仰来拯救人的痛苦,他为此提出了自己的真理观和自由观。本书还论述了舍斯托夫的哲学观。

第五章,舍斯托夫哲学的回响,主要论述舍斯托夫哲学的方法论,即舍斯托夫研究哲学的方式方法和舍斯托夫哲学作品的表达方式。我们认为,舍斯托夫的哲学思想的内容决定了舍斯托夫哲学研究和哲学创作的风格。舍斯托夫哲学研究的"灵魂漫游"法和反对体系、反对逻辑的创作风格是舍斯托夫哲学的有机组成部分,也是我们研究舍斯托夫哲学不可缺少的组成部分。本书还讨论了舍斯托夫哲学与存在主义哲学的关系、舍斯托夫哲学与中世纪经院哲学的区别,评价了舍斯托夫哲学的贡献及其限度,认为舍斯托夫哲学对于今天的世界具有重要的启示意义。

二、方法设计

能否准确地把握舍斯托夫哲学的本真意义,很大程度上取决于选择的研究方法。中外许多著名哲学家在这方面为我们做出了榜样。这些中外著名的学者之所以能够做出举世瞩目的成绩,与具有一个科学的研究方法是密不可分的。从根本上说,唯物辩证法是我们研究一切问题的最根本方法。这一方法主要强调两点:一是实事求是地对待研究对象;二是要用联系和发展的观点看待研究对象。这就是我们从事科学研究的两个基本原则。在舍斯托夫哲学的研究过程中,我们有意将唯物辩证法及其两个基本原则运用到具体的问题中,我们主要选择了下列研究方法:

第一,文献研究的方法。

文献是具有历史价值的图书资料。作为舍斯托夫哲学研究的重要文献,主要指舍斯托夫本人的哲学著作、文稿、书信,中外舍斯托夫哲学研究者的著作、文稿、书信等。这些文献是我们研究的主要依据,我们的研究正是在正确解读这些文献的基础上展开的。为了正确解读这些文献,我们力求避免断章摘句的方法,去片面地对待关于舍斯托夫哲学的有关论述,而注重将这些论述置于整个文献中,尤其是置于文献形成的特定语言环境中加以解读,客观地再现舍斯托夫哲学的全貌和实质。

第二,历史与逻辑相统一的方法。

恩格斯有言,历史从哪里开始,思想也应该从哪里开始。任何事物都有它的历史与逻辑,舍斯托夫哲学自然也不例外。所以,对舍斯托夫哲学的研究同样也必须采取历史的方法与逻辑的方法相统一的原则。应用历史的方法和逻辑的方法的目的,无非都是为了更准确地把握舍斯托夫哲学的精要。任何哲学和思想的存在和发展都是在一定的历史条件下的存在和发展,这些具体的历史条件是这种哲学和思想产生和发展的重要基础。为此,在研究舍斯托夫哲学时,应力求把舍斯托夫的哲学思想置于19世纪末20世纪初特定的历史环境中加以考察;同时,任何哲学和思想的存在和发展也是富有逻辑的,舍斯托夫哲学必定围绕着它自己的主题而展开逻辑思考,这一哲学思想在人类哲学发展史上也有继承和创新、传承和发展关系的维度。

第三,对比研究的方法。

对比分析的研究方法是当前社会科学研究中普遍被采用的一种方法。它要求通过对不同类的事物或同类事物在不同状况下的各种外在表现及其运动结果进行横向的和纵向的对比,分析并找出其中的差异性和一致性,从而全面地、准确地揭示事物发展的普遍规律和特殊表现。我们在舍斯托夫哲学的研究过程中,使用对比的研究方法,涉及了舍斯托夫哲学的各个方面,例如,我们比较了舍斯托夫哲学与尼采哲学、克尔恺郭尔哲学、陀思妥耶夫斯基哲学的内容,分析了它们之间的差异性和一致性,从而为揭示舍斯托夫哲学的内涵和本质提供了丰富和有力的依据。

第四,理论研究与现实研究相结合的方法。

该方法既研究舍斯托夫哲学的理论形态,又紧密结合19世纪末20世纪初俄罗斯及欧洲人民的生存状况,把舍斯托夫哲学的基本文献与对现实的深思有机地结合起来。尤其是把舍斯托夫哲学的研究应用到对当今世界和我国人民生存状况的考察中去,体现出了研究的时代性、现实性和针对性。

作者认为,舍斯托夫哲学的研究具有十分重要的理论意义和现实意义。舍斯托夫哲学的研究对于全面理解和把握俄罗斯宗教哲学和俄罗斯精神,对于全面理解和把握西方哲学和西方文明,对于我国的社会发展和现代化建设都有着十分重要的积极意义。具体地说是基于以下几方面的考虑：

第一，舍斯托夫哲学的内容看似比较单一，主要是论述必然性统治之下的人们悲剧性的生活及其拯救这种悲剧性的人生的道路，但这个内容却抓住了西方哲学中的一个根本问题，即生命的根基是理性还是信仰。因此，舍斯托夫哲学内容单一，但却具有全局性的意义和影响。选择这个论文题目，应该说具有较大的挑战性。本论文力图在这方面做一些有益的尝试。

第二，俄罗斯宗教哲学是世界哲学史上的一朵奇葩，它以独特的视域和观点赢得了人们的尊敬和赞誉。舍斯托夫哲学是俄罗斯宗教哲学中的奇葩。舍斯托夫以对生活的敏锐感受，对西方哲学的独特思考，以及对理性自明的毫不妥协的强烈批评，使他显得分外"特别"。虽然舍斯托夫哲学并不入流，也没有严谨的体系，但是，我们可以说，舍斯托夫为我们提供了一个看世界的角度，世界哲学会因为有舍斯托夫哲学而显得完整。

第三，舍斯托夫哲学关注的对象是个体的人，他认为人应打破必然性、永恒真理、道德、不变秩序所组成的"石墙"，实现"本己的一跃"（海德格尔语），成为独立的个体。舍斯托夫哲学是一种个人主义的思想。当代俄罗斯哲学家莫特洛什洛娃认为，舍斯托夫是世界上最早提出每一个个人与世界等量这一观点的人之一。舍斯托夫哲学的这种观点，我们认为对我国的人民生活和我国的现代化建设都有着重大的启示意义。

第二章 舍斯托夫哲学产生的背景

舍斯托夫哲学不是凭空想象,它是沐浴在时代的风雨中,盛开在俄罗斯东正教文化和犹太教文化沃土上的一朵奇葩。我们在阅读舍斯托夫作品时,在他那特有的激昂的文字后面,总会感受这股浓浓的时代气息和文化气息。而这也是我们理解研究舍斯托夫哲学的起点。

第一节 舍斯托夫哲学的文化渊源

一、俄罗斯东正教文化

梁漱溟先生说,每个民族有每个民族的生活样式,这里说的"生活样式",就是指该民族的民族文化。一般说来,相对于一个人生活的时代因素和思想环境的影响而言,文化因素以其内在的、不知不觉的、潜移默化的方式制约和规范每一个人的思想,赋予每个人的行为由此产生的根据和意义。这种文化的影响力,看似软弱,实质上是影响巨大。它甚至可以跨越时代、超越政治经济制度而影响左右人的思想和行为,文化的影响力甚至会对一个民族、社会或国家的历史命运产生巨大影响。美国学者亨廷顿和哈里森说"文化为体制之母"①,就是这个意思。文化样式,即文化模式,是特定民族或特定时代人们普遍认同的,由内在的民族精神或时代精神、价值取向、习俗和伦理规范等构成的相对稳定的行为方式,或者说基本的生存方式或样法。就是说,我们每一个人都是文化中的人,我们每一个人都只能按照一定的文化模式进行思想和行动。可以说,一定的文化在很大程度上影响着人们的视野,影响着人们对生活的感受,影响着人们的思维方式和思想内容。所以,研究

① 亨廷顿,哈里森.文化的重要作用——价值观如何影响人类进步[M].程克雄,译.北京:新华出版社,2002:16.

一个思想家的思想,就不能不对他所生活的文化背景进行研究,同时这也是我们理解一个思想家思想的"钥匙"。我们要研究文化就不能不提到宗教。

宗教是人类社会发展到一定历史阶段而出现的一种文化现象,而且宗教本身还是人类文化现象的一个非常重要的内容。宗教一经产生,在一定程度上能超越特定的历史背景而存在,所以宗教有"人类学常数"之称。柏格森说:"从过去或现在的人类社会中,我们可能找不到科学,找不到艺术,找不到哲学,但决不会找不到宗教。"①当代著名的文化哲学家克里斯托弗·道森在强调宗教与历史的关系时指出:"宗教是历史的钥匙,不理解宗教,我们就无法了解一个社会的内在形态。不理解文化背后的宗教信仰,我们就不可能理解这些文化成绩。"②同样,宗教也是我们研究人物思想的一把钥匙。因此,我们要想真正了解、研究舍斯托夫哲学思想,真正了解、研究舍斯托夫哲学思考的过程,不了解、研究舍斯托夫生于斯、长于斯的俄罗斯东正教和犹太教,不了解、研究舍斯托夫生于斯、长于斯的俄罗斯东正教文化和犹太文化,看来几乎是不可能的。

舍斯托夫哲学思想产生的一个直接的土壤就是俄罗斯的东正教文化。虽然成年后的舍斯托夫主要生活在西方,但不能否认,舍斯托夫是通过浓浓的俄罗斯东正教文化来理解生活的,来从事哲学创作的。梁漱溟先生说,文化是人们的"生活的样式"。舍斯托夫的生活样式主要就是俄罗斯东正教文化。这种文化有着它自己的非常独特的内容和形式,以至于在这一文化基础上产生的俄罗斯哲学都显得那么的与众不同。正如俄罗斯宗教哲学奠基人基列耶夫斯基说的那样,要在与西方理性主义不同的"独特的东正教思维"基础上建立独创的俄罗斯哲学。③舍斯托夫哲学的根基就是这种"独特的东正教思维"。俄罗斯东正教文化,正是供给舍斯托夫哲学营养,使舍斯托夫哲学得以产生的母体。

大家知道,东正教又名正教,是基督教的一个分支。基督教起源于公元1世纪的巴勒斯坦,相传为犹太的拿撒勒人耶稣所创立,在罗马帝国后期流传于帝国全境并成为罗马国教。在基督教历史上,公元325年尼西亚公会议以后,以罗马为中心的西派教会和以君士坦丁堡为中心的东派教会之间逐渐产生了分歧和矛盾。两派教会在对神的理解方面存在严重分歧,在祭神的仪式方面也有较大的差异。东西

① 柏格森.道德和宗教的两个来源[M].王作虹,译.贵阳:贵州人民出版社,2001:91.
② 塞尔.宗教与当代西方文化[M].衣俊卿,译.台北:台湾桂冠图书公司,1995:87.
③ 徐凤林.俄罗斯宗教哲学[M].北京:北京大学出版社,2006:1.

两派都希望成为普世教会的最高领导,两派相互指责,相互争斗,至 1054 年,东西方教会彻底分裂,并完全处于隔离的状态。西方教会自称具有普世性,称罗马公教,即天主教,而东方教会自称有正统性,称正教,即东正教。其中天主教以罗马为中心,并逐渐取得在通行拉丁语的西欧的至高无上的地位;而东正教以君士坦丁堡为中心,取得了在通行希腊语的欧洲东部的统治地位。

东正教会,自称是保持着正统教义的正宗教会,其实它和天主教一样,都认为上帝创造了世界并管理着世界,耶稣是上帝的儿子,耶稣的降世是替人赎罪,解救陷入罪恶之中的人类;它们都认为人们现实生活中的富贵贫贱及至皇权都是上帝赋予的,是命中注定的;它们都以《旧约全书》和《新约全书》为圣经。所不同的是,东正教认为祈祷中的顿悟和直觉是认识上帝与真理的唯一途径,强调与神交流的神秘意义和祈祷活动的神圣气氛;东正教堂一般布置得比较肃穆、华贵,唱诗班的歌唱优美动听,祈祷活动的整个氛围容易使人陶醉。东正教自有一套教阶体制,实行牧首制。

公元 9 世纪 60 年代,基督教(东方教会)开始进入罗斯地区,但遭到当地多神教徒的强烈抵抗。直到公元 988 年基辅大公弗拉基米尔定基督教为国教,从此基督教(东方教会)就与俄罗斯国家、俄罗斯民族、俄罗斯民族思想紧紧地联系在一起。也就是说,罗斯受洗后,基督教作为罗斯社会的一种主导的宗教意识形态和文化现象,作为一种先进的文明的生活方式,渗透到社会生活的方方面面,逐渐成为俄罗斯民族的民族魂。

事实上,东正教教化俄罗斯民族是一个漫长而渐进的过程。"罗斯受洗"之前,俄罗斯民族主要信奉多神教,"罗斯受洗"之后,俄罗斯民族才开始接触基督教。随之,基督教与多神教展开了长期的斗争。后来虽然俄罗斯民族最终接受了基督教,但多神教的某些特点和风格却保存了下来。多神教对俄罗斯民族的影响一直存在,这和多神教已经把自己的某些祈祷、祭祀的方式、习俗渗透到东正教中有关,这也是俄罗斯东正教不同于其他东正教的特殊之处。

由于东正教自认为保留了基督教的真义,所以其对《圣经》及基督教教义的理解,在教堂风格、礼仪等方面都与罗马的天主教有所不同。正是这种差异,使接受了东正教的俄罗斯民族从一开始就意识到了自己与西方民族的不同。正如恰达也夫所说的:"我们从来没有和其他民族走到一起,我们不属于任何一个人类种族的某个家庭,不属于西方,也不属于东方,没有这样和那样的传统。我们站在时代之外,我们未能熏染到人类的共同文明。"①总的来说,俄罗斯东正教文化主要有以下四个方面的特征:

第一,俄罗斯东正教文化的救世观念。

俄罗斯东正教有着强烈的救世情结,这集中表现在它的"第三罗马"的观念上。东正教自称承接了基督教的衣钵,因此它最应该成为普世的教会,君士坦丁堡应该成为基督教会的世界中心。但是随着土耳其奥斯曼帝国的崛起和君士坦丁堡的陷落,俄罗斯的东正教认为,东正教的中心应该移到莫斯科,俄罗斯的东正教应该负起拯救世界的重任。伊凡二世时期的普斯科夫修道院长菲洛费伊曾说:基督教的真义从罗马跑到君士坦丁堡之后,"在宗教会议上由于与拉丁教徒合并,君士坦丁堡教会被蹂躏而毁灭"。这样,基督教的真义"又往第三罗马奔跑,也就是奔向新的伟大的俄罗斯……两个罗马已经陨落,第三罗马屹然不动,第四罗马是不会有的"②。"第三罗马"的观念在俄罗斯东正教的历史发展中一直占有重要的地位。1589年,俄罗斯东正教会脱离了君士坦丁堡东正教会的管理,建立起独立的牧首公署。这不仅意味着俄罗斯东正教会成为独立的教会,而且莫斯科也实际地成为君士坦丁堡之后的东正教世界中心。俄罗斯东正教会拯救世界的愿望愈加迫切。1888年,俄罗斯东正教会的一封信中表达了这样的思想:"只有东正教才能把上帝的话——那甜蜜的源泉供给那来到东正教面前的人饮用,因为只有东正教保有了它所接收的神圣教义,并且将保持其不变,直到一切时代的终结。"③

值得注意的是,"第三罗马"的观念还是俄罗斯民族统一的思想基础。"第三罗马"所表现出来的救世观念,使俄罗斯人认为俄罗斯民族是上帝拣选来注定要承担救世使命的民族。由于基督教受到了其他宗教的侵害特别是天主教的肆意歪曲,所以只有俄罗斯东正教才是基督教教义的真正体现者和捍卫者,只有俄罗斯民族和俄罗斯国家才能完成拯救世界的任务。俄罗斯民族和俄罗斯国家能使世界摆脱邪恶的控制,能引导世界走向光明。

"第三罗马"观念和其他救世思想长期以来在俄罗斯知识分子中有相当的认同感。俄罗斯知识分子具有强烈的历史使命感,他们认为自己有责任救世界人民

① 恰达也夫箴言集[M].刘文飞,译.昆明:云南人民出版社,1995:6.
② 克雷维列夫.宗教史:上卷[M].王先睿,等,译.北京:中国社会科学出版社,1984:187.
③ 赫克.俄国革命前后的宗教[M].杨缤,译.上海:学林出版社,1999:84.

于水火之中,有责任带给人民幸福和真理,实现上帝的千年之国。陀思妥耶夫斯基就认为,在俄罗斯精神中,有一个重要的内容,这就是爱能化解世间所有的隔阂,爱能洗净世间所有的罪恶,爱能拯救全世界。俄罗斯民族能用爱去建立人类的统一体,俄罗斯民族能用爱获得整个世界。陀思妥耶夫斯基说,俄罗斯民族能够得到"在根本的爱的启示的极点中的兄弟般的联盟"①。在陀思妥耶夫斯基看来,西方文明具有许多使人产生隔阂和不解的地方,这就是西方千百年来纷争不断、仇恨不断的原因。俄罗斯民族具有使西方各民族摆脱这种分裂、痛苦的条件,俄罗斯民族也具有这种拯救西方文明和世界人民的神圣使命。俄罗斯白银时代的知识分子仍然延续了俄罗斯东正教文化中的这种救世传统,别尔嘉耶夫就说:"斯拉夫主义者像革命派的社会主义者一样批判西方资产阶级对于私有制的理解。几乎所有的人都这样想:俄罗斯民族负有实现社会真理、人类友好情谊的使命。"②显然,当时一些俄罗斯的知识分子已经把俄罗斯的发展看作是,"既消灭农奴制,又避免资本主义;它是世上千年王国的实施;它是人类未来的共同道路"③。在俄罗斯宗教哲学的代表人物索洛维约夫那里也充分地表达了这种救世观念,索洛维约夫认为,作为"第三种力量",东正教的俄罗斯民族克服了东西方文化发展的片面性,只有俄罗斯才能引领人类摆脱畸形发展,走向光明的未来。

第二,俄罗斯东正教文化的群体意识。

俄罗斯东正教文化有一个根深蒂固的观点,就是向上帝祈祷救赎的过程不是一个人的事情,而是一群人的事业。就是说,俄罗斯东正教文化天然地存在着一种群体意识。俄罗斯早期哲学家霍米亚科夫说:死是自己的,得救是大家的,"在教会中得救的人,是教会的一员,而且是和其他的成员在一起的。任何有信的人,都与他人共享信仰;有爱的人,都在分享爱;祈祷的人和他人一起祈祷……正如我们每个人都需要所有的人祈祷那样,每个人也都是为了大家"④。霍米亚科夫把这种"群体意识"称为俄罗斯东正教文化中的"共同性"(聚合性)原则,它的主要内容是:"教徒们在共同理解真理和共同探索拯救之路的事业中以教会为基础的自由统

① 转引孙雄. 东正教传统及其对俄罗斯宗教哲学的影响[J]. 中共浙江省委党校学报,2008(5):14.
② 别尔嘉耶夫. 俄罗斯思想[M]. 雷永生,邱守娟,译. 北京:生活·读书·新知三联书店,1995:246.
③ 张宗华. 东正教伦理在18—20世纪俄国现代化进程中的双重效应[J]. 武汉大学学报:人文科学版,2003(3):281.
④ 雷永生. 宗教沃土上的民族精神[J]. 中国青年政治学院学报,1998(1):52.

一,是以对基督和神规的共同之爱为基础的统一。"①"共同性"原则和救世观念一样,也是俄罗斯东正教文化的重要组成部分,成为俄罗斯民族群体意识的主要内容。

我们从俄罗斯东正教教徒的修道活动上也能看到这样的意味。俄罗斯东正教教士的修道活动,在俄罗斯东正教中是一个非常受重视的事情。俄罗斯很早就有这样的传统:人在人生的暮年要成为修道士,很多古代俄罗斯的君主也都是如此。修道士的祈祷中包含着这样一个目的,就是通过修道士的祈祷来帮助社会,使人人得救。修道士的祈祷是一个"人人为大家"的过程,修道士在祈祷中表达了对完美境界的全心全意的追求的强烈愿望,这也就决定了,从本质上说,修道士从事的绝不是他个人的事,非修道士的教徒也希望通过修道士的"代祷(替他们祈祷)"而使自己得救。修道士通过严格的修道生活,通过虔诚的祈祷,通过追求灵魂世界的完善,来达到服务社会、帮助他人得救的目的。还有,俄罗斯东正教会完全从不同的角度解释了个人与教会的关系,其认为,东正教会不是一个机构和活动场所,对于教士来说它是一种全新的生活,是一种和上帝同在的生活。教徒在教会中,就像在上帝的躯体中一样,教徒只有在教会的活动中才能完成与上帝、与他人、与人类的统一。因此,这种对教会和个人关系的理解直接促成了俄罗斯东正教高度的内在统一性的形成。

在共同性的概念中,俄罗斯东正教的群体意识并不是不承认个人的地位和作用,并不是彻底抹杀了个体性。相反,俄罗斯东正教的群体意识是相当重视个人的生存权利和发展要求,尊重个人的选择权利和个人利益的。人们在帮助社会、帮助他人的时候,他人和社会也要帮助帮助者,我为人人和人人为我是不可分割的。就是说,共同性观念和群体意识包含着普遍与特殊、个别和一般、一致和多样化有机统一的意境。共同性观念和群体意识坚决反对只顾自己私利的极端个人主义,同时它也坚决反对否定个性的平均主义。

共同性的观念和群体意识在俄罗斯东正教文化中的伦理思想上的表现就是对整个人类命运的责任意识。这是共同性的观念和群体意识的最高境界,它和俄罗斯东正教文化中的救世观念联系起来了。陀思妥耶夫斯基就认为,任何一个人都要对人世间的恶负责,都要担当起使人类向善的责任。陀思妥耶夫斯基认为,这种对全人类的责任感恰恰是俄罗斯东正教教士救赎的开始。索洛维约夫在这一点上

---

① 张百春.当代东正教神学思想[M].上海:上海三联书店,2000:55.

表达得更充分,他说:"俄罗斯思想,俄国的历史义务,要求我们承认,我们与基督的宇宙大家庭有着不可分割的联系,我们要把我们民族的天赋和我们帝国的一切力量,用于彻底实现社会三位一体。"索洛维约夫指出,这就是"俄罗斯思想的真谛"①。所以,我们看到,俄罗斯东正教文化的伦理学都在永恒地谈论着全人类的前途和幸福,它绝对没有那种仅限于本民族之内的狭隘的观点,我们认为,这确实是俄罗斯东正教文化的一个亮点。

俄罗斯早期宗教哲学家基列耶夫斯基在比较西方理性主义传统文化和俄罗斯东正教文化的区别时认为:俄罗斯东正教文化的思维方式是内在的,强调人的心灵世界的和谐完整;而西方理性主义的思维方式是注重事物之间的外部联系。在西方理性主义者看来,概念之间都是分离的,只有在这种二元分立中我们才能认识事物的真理。基列耶夫斯基指出:"西方人不理解内在生活的平衡,这种平衡状态甚至能够把东正教世界普通传统培养出来的人的最表面的活动突出出来,因为在他的活动中,甚至在生活中最剧烈的变革时刻,也有一种深刻的安宁,一种自然的匀整、尊严与谦卑,它们表明精神的平衡,表明普通的自我意识的深刻性和完整性。与此相反,欧洲人总是追求强烈的激情,总是忙忙碌碌,即使当他不做作时,在其内心和外部活动中也总是没有安宁,他只能靠有意的努力才能使这些活动勉强缓和下来。"②不难看出,基列耶夫斯基所强调的俄罗斯东正教文化的特点,主要体现在俄罗斯东正教文化的共同性原则上。

第三,俄罗斯东正教文化中的人道主义精神。

俄罗斯东正教与天主教等宗教相比,应该说较多地保留了早期基督教的人道主义精神。早期基督教的教义中含有大量的人道主义内容,我们从它竭力所宣扬的诸如"上帝是父亲,人人皆为兄弟""爱上帝,爱邻人,甚至爱你的仇人"等内容上,可以见到这种人道主义精神的众多表现。应该说,俄罗斯东正教文化中的人道主义精神与俄罗斯东正教文化中的救世观念和共同性观念都是紧密联系,密不可分的。正是在俄罗斯东正教教义中的那种浓郁的爱上帝、责任感和统一性的氛围,才演变出俄罗斯东正教文化中的人道主义精神。俄罗斯东正教文化中的人道主义精神在俄罗斯社会的中下层表现得尤其明显,这和俄罗斯的广大民众的现实生活

---

①　索洛维约夫.俄罗斯思想[M].杭州:浙江人民出版社,2000:185.
②　基列耶夫斯基.论欧洲文明的特征及其与俄罗斯文明的关系[J].世界哲学,2005(5):83.

等情况有很大关系。在俄罗斯广大民众的普通生活中,贫困、不公、无休止的劳作是他们的主旋律,在这样的情况下,劳苦大众需要得到心理的安慰。而东正教的基层神职人员却起到了这样的作用。在俄罗斯社会,基层的神职人员过着和普通民众一样的生活,往往能和民众打成一片,能受到广大民众的欢迎和爱戴。他们向人们宣称,现实的世界是恶的,产生恶的原因不是来自于上帝的管理不善,恰恰相反,而是人们远离了上帝。上帝爱我们,上帝从不抛弃任何人,上帝时刻愿意拯救受苦中的人们。而我们要坚持对上帝的信仰,祈祷上帝,祈祷拯救的降临,祈祷在拯救中实现社会的公平和正义,实现人人是兄弟的宗教理想。应该说,身处在严酷的农奴制压榨下的俄罗斯劳苦大众是很容易接受这种带有朴素色彩的东正教教义的。我们看到,在这种宗教宣传的氛围中,村庄里的普通农民有时能做到替罪犯交付不起的罚金,而罪犯能在神的意义上不断拷问灵魂。可以说,在俄罗斯广大民众的现实生活中,人道主义精神与俄罗斯人的"苦难""不幸"与"罪"都融为一体了。

在俄罗斯东正教的教义中,上帝是按照圣父、圣子和圣灵三位一体的样子创造了人,人在本质上是和上帝完全一体的。上帝创造人的过程是爱的过程,爱在俄罗斯东正教中占有极其重要的地位,爱是人和上帝的关系的最重要内容,也是人建立各种社会关系的基础。俄罗斯东正教把爱作为人类社会的基础,而不把人的权利作为社会关系的基础,这一点上,和天主教主导下的西欧社会有着很大的不同。

俄罗斯宗教哲学就是盛开在俄罗斯东正教文化沃土上的艳丽花朵,从俄罗斯宗教哲学产生来看,它就先天地承袭了俄罗斯东正教人道主义文化中的人道主义传统。因此,在俄罗斯宗教哲学中,我们能看到大量的人道主义内容。在俄罗斯宗教哲学看来,人是哲学研究的永恒的主题,对世界的认识实质上就是对人的认识,人是哲学的最后秘密。俄罗斯宗教哲学是真正意义的人学,它的一切内容都是围绕人的问题而展开的。俄罗斯早期的哲学家叶夫多基莫夫说:"俄罗斯哲学从一开始就是智慧,是历史及其意义的哲学,以人和人的历史命运为中心。"①别尔嘉也夫说:"一种哲学,如果它竭力否定人在世界上的特殊意义,否认人是对世界的奥秘和意义的认识的特殊来源,就会陷入内在矛盾,身染致命的顽症。"②这里,别尔嘉也夫用反问强调了人道主义精神对于哲学的重要意义。具体地说,俄罗斯宗教哲学

---

① 叶夫多基莫夫. 俄罗斯思想中的基督[M]. 杨德友,译. 上海:学林出版社,1999:36.
② 别尔嘉也夫. 人、微观宇宙和宏观宇宙[J]. 哲学译丛,1990(3):5.

家认为,人的最高本质是人的精神,人的精神不是简单的肉体的对应物,而是一种具有神性的超越之物。他们认为,人的这个精神既有别于上帝,也不是先验的形而上学的实体,更不是经验世界里的一种主观映象,而是作为一个独特的世界和一种独特的实体而存在着。

俄罗斯宗教哲学的这种人道主义情愫,使它显示出与传统基督教和近代西方的启蒙精神有着很大的不同。在传统的基督教教义中,上帝是作为全知全能的偶像而受到人们崇拜和信仰的。传统基督教特别强调,上帝创造了世界,上帝就是这个世界的管理者、立法者和审判者,上帝有着至高无上的权威。欧洲近代的启蒙运动,是一次理性复兴的运动,理性从此逐渐走向了人类社会和历史的前台,开始成为那个时代的主角。启蒙运动以后,理性精神在西方一路高歌猛进,理性也渐渐地成了统治人们的新的上帝。人的理性能为自然立法,人的理性能为自己立法。俄罗斯宗教哲学走的是一条中间路线,它力图在传统基督教和西方启蒙精神之间获得一种平衡,它既反对神的专制,也反对理性的专制,取二者的中间,这就是具有俄罗斯东正教文化特色的神人性思想。俄罗斯宗教哲学家弗兰克说:"人既不是毫无内在价值的动物,也不是生命的专制主人,而是力量虽有限,但具有高级本体论纲目和崇高价值的动物,好似神的弟兄。"①人既有神性,又有人性;既高尚又卑微;既向善,又具有原罪。俄罗斯宗教哲学家用这种人的神人性思想,重新阐释了俄罗斯东正教中的人和上帝的关系。他们认为,在东正教中,人和上帝的联系是通过爱来实现的,上帝创造了人,人归属于上帝,人从上帝那里得到庇护,上帝对人充满了怜爱。同时,人对上帝不是完全被动的,人应该积极地通过向上帝"呼告""祈祷",来参与和献身于上帝的事业。"上帝和我们同在",在这种"同在"中,人能够找到自己真正的本质并全面地实现自己。人离不开上帝,上帝也同样离不开人,只有神人结合才能创造和谐、公平、友爱的人间天国。俄罗斯东正教文化中的人道主义就是人和上帝合作,社会的人道化也是神人合一的过程。

第四,俄罗斯东正教文化中的神秘主义色彩。

东正教是一个具有明显实践特征的宗教,在东正教的各个历史时期,我们都能看到十分兴盛的修道活动。这一点和西欧的天主教和新教相比,是东正教的一个显著的特征。和天主教、新教相比,东正教重修道而轻讲道,更不会对神进行所谓

---

① 刘小枫.20世纪西方宗教哲学文选[M].杨德友,董友,等,译.上海:上海三联书店,1991:46.

的理论思辨。布尔加科夫说:"原因很简单,因为礼拜本身就充满了教导的成分,它本身就是教导,以至于不再需要特殊的讲道了。"①在东正教的修道活动中,东正教的神职人员依据东正教的教规教义极力倡导教徒要进行冥思灵修,而整个宗教活动的仪式又渲染着浓浓的神秘气氛,于是,在这样的活动中人们往往有一种神秘的体验。东正教教义认为,教徒以虔诚之心去参加教会的活动,去参加修道活动,他们在虔敬中一遍一遍地呼唤着主的名字,称颂着上帝的仁爱,表达着对上帝的信仰,在这样的过程教徒有时会产生神秘的体验,会感觉与神的世界有了接触,甚至会感到自己已经参与到圣父、圣母、圣子的生活中去了。东正教教义认为,在修道活动中,有时还伴有着异象的情况发生,修道者仿佛在异象中看到了上帝,上帝之光照亮了修道者的灵魂,照亮了修道者前进的方向。东正教的神秘主义色彩对东正教来说有重要意义,布尔加科夫认为:"神秘主义是东正教的空气,是密度不同,但恒久在它周围运动着的空气""东正教生活同异象密切相连,没有这种异象便没有东正教生活"。②

俄罗斯东正教的这一神秘主义色彩,从根本上说是缘于东正教对上帝的理解。东正教对上帝的理解有一个突出的特点,也是一个悖论,就是上帝是万物的创造者,他超越于万物之上;同时,上帝又存在于受造物身上,是受造物的最核心部分。对于人来说,上帝是超越性和内在性的统一。上帝作为超越的神,他是不可感知的,具有神圣性;上帝作为内在于人身上的灵性,他又是可感知的,是人们通过一定的方式能够认识的。东正教认为,人们认识上帝的方式应该是直觉的方式、顿悟的方式。这一点和西欧的天主教有很大的不同,由于天主教和希腊哲学、近代启蒙时期的理性主义哲学有着上千年的相互影响的历史,天主教已经习惯了用理性思维认识上帝,用逻辑来论证上帝的存在。就是说,理性知识成了人和上帝之间的中介,成了人认识上帝的主要途径。而东正教的思维方式还主要是东方式的,强调直觉在认识中的作用。这种认识事物的方式相对于理性的方式来说,具有生动、直率、形象的特点,容易被人接受,它能使我们认识的对象形象地出现在人的眼前。

俄罗斯东正教文化中的神秘主义色彩和直觉主义的认识方法对俄罗斯哲学的影响是十分巨大的。我们在俄罗斯哲学中到处能看到这种影响的痕迹,可以说,这

---

① 布尔加科夫.东正教教会学说概要[M].徐凤林,译.北京:商务印书馆,2001:45.

② 布尔加科夫.东正教教会学说概要[M].徐凤林,译.北京:商务印书馆,2001:59.

也是俄罗斯哲学具有鲜明特色的原因。我们研究俄罗斯的哲学思想,都会惊讶地发现一个现象,俄罗斯最深刻的哲学思想不是存在于成体系的鸿篇巨制中,而是存在于俄罗斯的文学作品里,我们只要看一看普希金、陀思妥耶夫斯基、托尔斯泰、果戈理、契诃夫等人的作品就会明白这一点。俄罗斯的最深刻的哲学思想为什么会保存在文学作品里呢? 这就和俄罗斯思想中的直觉主义认识方法有关,俄罗斯人相信,真理是可以直接给予的,认识是存在中的直觉和顿悟。弗兰克指出,俄罗斯的哲学家对待认识问题,从不区分什么认识主体和认识客体,造成一个二元世界的对立。相反,他们认为认识是与世界上的存在直接相吻合的,因为"每个人都处于与存在的最初原因和最终本质的直接关联中。这是一个完整的宇宙,一个其自身具有不可测度的深度和深渊的世界"①。

西欧的哲学,正如我们大家所熟知的那样,绝不像俄罗斯哲学这样。西欧的理性主义哲学认为,我们的认识对象是外在于我们而存在的,这样的认识对象对于我们的认识来说,只会出现两个结果:要么像康德的物自体那样使我们陷入不可知论,要么只能通过理性的方式、逻辑论证的方式而间接达到。造成这一结果的原因是,西欧的理性主义哲学的认识论长期以来一直坚持主客二分的认识论原则,这种思维方式造成的后果,就是整个世界被人为地分裂为两个世界:一个是此岸世界,一个是彼岸世界。在西欧数千年的哲学史上,无论是英国的经验论,还是大陆的唯理派,都坚持这样的外在的认识路线。俄罗斯哲学在俄罗斯东正教文化的影响下,强调直觉主义的认识方式,其主张,对于人的认识来说,有这样一种认识方法,就是我们深入到存在之中,和存在融为一体。具体说就是通过直觉和内在的体验的方式进入存在之中,并达到对存在的"内在证明"。这种"内在证明",实质上就是对存在进行纯直觉的、纯内在的、神秘主义的把握。索洛维约夫认为知识有第三个源泉——"理智直觉",他认为这是除经验和理性之外的"构成统一知识的真正基本形式",是"对绝对现实的瞬时经验"。弗兰克比较全面地论述了俄罗斯哲学的这一特点,他指出:俄罗斯哲学的自己的认识方式从来都不是冷冰冰的"纯粹的认知",相反,由于俄罗斯哲学对宗教生活的本体论,对形而上学,对客观性的理解都是从内在的方面进行的,所以"这就导致了哲学思想的深化和对哲学思考的深刻的

---

①　弗兰克.俄国哲学的本质和主题[J].世界哲学,1996(3):38.

和具体的形式的追求,这表现为神秘的、思辨的通灵论"①。

总之,俄罗斯东正教及在其基础上形成的俄罗斯东正教文化,在俄罗斯具有巨大的影响,它已经融入俄罗斯人的血液中,成为俄罗斯人的一种几乎是与生俱来的生活方式。对于俄罗斯民族精神的这一特征,19 世纪末的俄罗斯宗教哲学曾经有过深刻的研究。俄罗斯宗教哲学的创始人索洛维约夫在历史上第一次明确提出了俄罗斯理念的宗教本质。他说:"一个民族的理念不是它自己在时间中关于自己所想的东西,而是上帝在永恒中关于它所想的东西。"②被誉为"俄罗斯的黑格尔"的别尔嘉也夫曾经这样指出东正教与俄罗斯民族的密切关系:"俄罗斯民族,就其类型和就其精神结构而言,是一个信仰宗教的民族。俄罗斯的无神论、虚无主义、唯物主义都带有宗教色彩。出身于平民和劳动阶层的俄罗斯人甚至在他们脱离了东正教时也在继续寻找上帝和上帝的真理,探索生命的意义。……就连那些不仅没有东正教信仰,甚至开始迫害东正教会的人,在内心深处也保留着东正教形成的痕迹。"③

可以肯定地说,作为 19 世纪末的俄罗斯宗教哲学家舍斯托夫,其思想是在俄罗斯东正教文化这个大环境下形成的,俄罗斯东正教文化对他的思想的影响无疑是十分巨大的。因此,研究俄罗斯东正教文化的特点,是我们理解舍斯托夫哲学的一把"钥匙"。尽管舍斯托夫被一些他同时代的哲学家评价为"站在俄罗斯哲学传统之外的人",且舍斯托夫的生活经历也主要是侨居在欧洲,但是我们看到,在舍斯托夫的哲学思想中饱含着大量的受俄罗斯东正教文化影响的痕迹,我们可以看到大量的俄罗斯思想的民族特点,以及俄罗斯哲学的特点。舍斯托夫实际是俄罗斯精神在欧洲大陆的流浪者。关于这一点,是众多的舍斯托夫研究者所普遍公认的。马寅卯认为,"舍斯托夫继承了早期斯拉夫主义者和索洛维约夫所开创的批判西方理性主义的传统,拒绝承认在知识的获取中,理性具有至高无上的地位,坚持认为其他的因素,特别是直觉在认识中也有着重要作用"④。张百春也认为,"舍斯托夫具有不亚于教会神学家的宗教热情,他特别关注理性和信仰的问题(《雅典与耶路撒冷》),把自己的一生献给了为信仰辩护和证明的事业"。徐凤林的博士论文的

---

① 弗兰克. 俄国哲学的本质和主题[J]. 世界哲学,1996(3):35–41.

② 索洛维约夫. 神人类讲座[M]. 张百春,译. 北京:华夏出版社,2003:180.

③ Бердяев:"Русскаяидея",Вопросы философии. 1990. No1,c.118.

④ 马寅卯. 白银时代俄罗斯宗教哲学的思想路向和主要贡献[J]. 浙江学刊,1999(6):21.

题目是"舍斯托夫的圣经哲学——在俄罗斯思想背景下的解释",我们从这个标题就不难看出,这是一篇站在俄罗斯的文化和思想的基础上研究舍斯托夫哲学思想的论文。刘小枫在《走向十字架上的真》一书中说:"舍斯托夫的著作揭示了与受难基督和先知们为伍的俄罗斯魂的精神秘密,以自己的思想步履为走出价值虚无的困境开启了一条路,这条路,按舍斯托夫所示,乃是帕斯卡尔式的边呻吟边探索的人走的路,乃是约伯一边坐在炉灰中刮毒疮,一边赞颂上帝所启明的路。"①冯契主编的《哲学大词典》认为舍斯托夫的思想特点为关注宗教与道德问题,反对自古希腊以来的理性主义,对理性提出质疑,真正的真理是钉在十字架上的真理,等等。② 因此,目前世界上的任何一部哲学史或哲学教材中,在介绍讲解舍斯托夫的哲学思想时,总是要称呼舍斯托夫为俄罗斯宗教哲学家。

二、犹太教文化

舍斯托夫是生活在俄罗斯的犹太人。犹太民族千百年来形散而神聚,犹太人尽管在世界各地游荡数千年,但犹太文化(也叫希伯来文化)一直得以传承。世界各地的犹太人往往都过着较严格的由犹太教规和犹太伦理所规范的生活。希伯来文化对于每个犹太人来说,也是生于斯,长于斯,须臾不能离开的环境,这种耳濡目染式的接触,其影响是极其深刻的。舍斯托夫从小就是在希伯来文化气息极其浓重的家庭中长大的,舍斯托夫的父亲就是个对希伯来文化和犹太教典籍有较深研究的人,他能用古希伯来文自由地阅读各种文献和典籍。舍斯托夫的父亲非常重视教育孩子要尊重犹太民族传统,学习犹太民族文化,舍斯托夫小的时候就学习了犹太文。所以,我们有理由说,希伯来文化对舍斯托夫的影响也是非常大的。在研究舍斯托夫的思想过程中,我们发现,有一条和希伯来文化契合的线索。我们认为,这对我们全面理解和深刻认识舍斯托夫的思想是十分重要的。因此,研究舍斯托夫哲学,就不能不联系希伯来文化。

希伯来文化是世界上非常古老的一种文化,也是人类文化史上的一个瑰宝,对东西方的文化都有着很大的影响。希伯来文化是在古希伯来人长期的生活中形成的,产生于中东地区,在数千年的发展中流传到了世界各地。总的说来,希伯来文

---

①　刘小枫. 走向十字架上的真[M]. 上海:上海三联书店,1995:9.

②　冯契. 哲学大词典[M]. 上海:上海辞书出版社,1992:1039.

化具有以下三个主要特征：

第一，希伯来文化重视信仰，是西方文化中人本主义精神的源头。

犹太民族是一个信仰上帝耶和华的民族，正是凭着对上帝的信仰，散居在世界各地的犹太人才焕发出超常而惊人的生存能力，对上帝的信仰是他们的力量源泉。在犹太人的历史上，犹太人大部分时间居无定所，浪迹天涯，一再作为边缘人挣扎在动荡中，但是，犹太人却凭借着对上帝的信仰而建立起强大的无与伦比的精神家园和文化传统，使得散居在世界各地的犹太人仍然能够以信仰为神圣的纽带而凝聚起来。信仰成为犹太人生存的根本，信仰成为犹太人顽强生命力的核心要素。在犹太教的教义中，信仰上帝和上帝的惩恶扬善是犹太人生存和社会道德的最后根据。对于这样的一个宗教性的民族来说，信仰在他们的文化模式中具有决定性的意义。

犹太教是犹太民族精神信仰的终极来源，我国当代研究犹太教的学者徐向群说："犹太人是犹太教的外形，犹太教是犹太人的精神内核。"①千百年来的宗教生活，犹太教实质上已经演变成为犹太人的民族文化模式，也就是犹太民族生活的样式。我们知道，人实质上是"文化人"。每个人必然地会出生在特定的文化环境中，文化都具有这样的功能，它能使每一个生活于其中的成员都成为这个文化的"文化人"，这就是黑格尔所说的"教化"。犹太教作为犹太人的民族特性的标识，而与其他民族相区别。总体上说，犹太教具有一般宗教的共性，同时它又有其他宗教所不具备的个性特征。犹太教和犹太文化具有强大的生命力。英国学者汤因比指出，人类历史上发生的无数次的统一国家、统一教会、民族大迁移，是一种严酷的冶金术，世界上绝大多数的宗教和文化在这种冶金术面前都发生了巨大的变化：有的内容和形式发生了巨变，有的甚至淹没在历史中而成为了历史的尘埃。而"到今天犹太人还作为一种特殊的民族存在着"②。

犹太教的经典告诉我们，犹太教是世界上最早的一神教，犹太教只信奉唯一的真神"耶和华"。犹太民族和耶和华签有契约，犹太民族是上帝耶和华的"特选子民"，终会得到上帝派来的救世主弥赛亚的救赎。上帝耶和华惩恶扬善、公平正义的千年之国一定会在人间实现。按照著名学者柯恩的分析，犹太教对上帝的信仰

---

① 徐向群．沙漠中的仙人掌——犹太素描［M］．北京：新华出版社，1998：14．
② 汤因比．历史研究：上册［M］．曹未风，等，译．上海：上海人民出版社，1986：17．

意味着善的统治在尘世中的实现。科恩还分析了弥赛亚的含义,他认为"弥赛亚的确切含义即不正义终会消退"①。就是说,信仰上帝的终极意义并不在于其救赎的现实性,而在于人类实现其自身的伦理目标的现实性。正是在这种意义上,柯恩认为,弥赛亚式的上帝实质上就是伦理学的上帝。

随着希伯来文化和希腊文化的日益交融以及希腊化时代的到来,希伯来文化对欧洲逐渐产生了越来越大的影响。古罗马帝国建立后,随着帝国版图的急剧扩大和奴隶制在更广更大规模上的发展,古罗马帝国的经济文化得到了空前的繁荣,而各种各样的思想也在其中相互冲突和交融。到了古罗马帝国后期,经济凋敝,道德沦丧,社会风气败坏,带来了整个社会的普遍性的精神颓废和意志消沉。社会上层的统治者并没有从优厚的物质生活中感到满意,面对混乱不堪的现实,他们依然产生了焦虑、绝望、彷徨、怀疑的心理;生活在下层的奴隶和平民更是穷困不堪,痛苦不已,很多人对这种困苦的生活感到绝望。因此,这时的人们更加追求精神的解脱、心灵的安慰。宗教情感在这个时期逐渐盛行。

从宗教上说,在古罗马社会后期,悲惨的社会现实,一方面,使人们从祖先的"原罪"分析自身命运,解释悲惨的现实,认为现实是上帝对"原罪"的人类的惩罚;另一方面,使人们从人的精神道德角度来理解人生,认为人的肉体是肮脏的,只有灵魂的纯洁和心灵的美好才是人们所向往的最理想的精神境界。所以这个时候,上帝既作为至高无上、神秘的"全然外在者"而受到人们的敬畏,同时又是聆听、关注、拯救人的灵魂的"全然内在者"而与人同在,通过一种宗教式的内在情感上的人神合一,达到信仰上的超越与升华。把上帝作为一个"全然内在者",这就使人们对上帝的信仰,实际地表现为对集真、善、美于一身的绝对的爱,对无限、绝对和最高价值的热切渴求。

与此同时,希伯来文化和希腊文化相互冲击、交流、融合的结果,终于产生了一个新的宗教文化——基督教文化。希伯来文化也随着基督教而成了欧洲文化的有机组成部分。

基督教本是犹太教的一支,可以说,基督教和犹太教是一脉相承的。通俗地说,基督教可以说是扩大版的犹太教,是普适的宗教。简单地说,基督教认为基督

---

① Hermann Cohen. Religion of Reason: Out of the Sources of Judaism[M]. New York: Frederick Ungar Publishing C,1972,C,21.

教不仅仅是属于罗马人，不仅仅是属于日耳曼人、斯拉夫人或是犹太人的宗教，它应是所有人的宗教。它希望所有的人都信仰耶稣基督，都加入这个教会，认为"教会之外无拯救"，认为每个人都有原罪，人要拯救自己就要加入基督教信奉耶稣。而犹太教说到底，它还是一个民族性的宗教，只有犹太人才能信仰犹太教。其他民族的人也可以信仰犹太教，加入犹太教，但这并不容易，犹太人并不欢迎其他民族的人都信他们的宗教。

尽管基督教和犹太教有许多不同，但由于基督教是从犹太教内部发展起来的，它还是先天地接受了大量的犹太教的思想。最能说明问题的是对《圣经》的看法。新产生的基督教全盘地接受了这部犹太教的最重要的典籍，而继续成为自己宗教的最重要的典籍，只是对其内容做了新的补充——把耶稣诞生后的补充的部分称为《新约全书》，之前的则称为《旧约全书》。基督教全盘接受了《旧约全书》，也就接受了里面的全部思想，包括上帝造世说、"摩西十诫"中有关人与人之间社会关系的行为规范，等等。而且基督教认为，《新约全书》中的部分，在很大程度上是《旧约全书》中思想的延续和理想的实现。基督教在创立之初受到了罗马政权的镇压和迫害，但基督教还是得到了缓慢的发展。313 年，罗马皇帝君士坦丁公布了著名的米兰敕令，基督教获得了合法身份，之后基督教又被宣布成为罗马帝国的国教，这样希伯来文化在很大程度上通过基督教的承袭而渗入西方文化中。这正如恩格斯说的那样："基督教是从普遍化了的东方神学，特别是犹太神学和庸俗化了的希腊哲学特别是斯多葛派哲学的混合中悄悄地产生的。"①

这种"两希文化"的撞击所产生的结果——基督教文化，一跃而成为西方的主流文化，西方的政治、经济、科学以及人们的日常生活都受到了基督教文化的深刻影响。这种文化以犹太教—基督教文化为核心，又融合了一些希腊、罗马的古典文化和日耳曼文化成分。② 基督教文化的影响经过中世纪，一直作用于近现代，作用于今天。

希腊文化和希伯来文化是西方文化的源头。总的说来，这是两种不同的生活方式和思维原则。希腊文化重理性，希伯来文化重信仰。希腊哲学主张的是对人的智慧的爱，对普遍必然性的追求，对理性的服从。希伯来文化主张超自然的启示

---

① 马克思,恩格斯.马克思恩格斯选集:第4卷[M].北京:人民出版社,1972:251.
② 朱维之.希伯来文化[M].杭州:浙江人民出版社,1988:5.

和信仰。关于这两者的关系问题,占主导地位的一直是力图将希腊的理性哲学和希伯来的信仰加以调和的观点,这一观点在西方思想史和哲学史上占绝对的统治地位。但是,纵观两千年西方思想史的发展历程,我们也看到,也有少数的哲学家和思想家坚决主张希腊哲学与《圣经》精神的不可调和性,并坚决站在信仰这一边,以信仰反对理性,而俄国哲学家列夫·舍斯托夫应该说就是这些哲学家中的典型代表。在舍斯托夫的哲学中,舍斯托夫总是在说,他所说的上帝是亚伯拉罕的上帝、以撒的上帝、雅各的上帝、约伯的上帝,亚伯拉罕、以撒、雅各、约伯都是《圣经·旧约》中的人物,舍斯托夫所说的信仰就是《圣经》意义上的信仰。舍斯托夫哲学高扬信仰的旗帜,激烈地反对欧洲数千年占统治地位的理性主义传统,反对任何关于理性和信仰的调和观点。这一思想几乎成为舍斯托夫哲学的全部内容。

第二,希伯来文化中有苦难意识。

马克思说:"我们不是到犹太人的宗教里去寻找犹太人的秘密,而是到现实的犹太人里去寻找犹太教的秘密。"①马克思的这句话不仅告诉了我们一个研究的方法,而且还告诉了我们犹太人的秘密的所在。我们只能在犹太历史中才能够解释犹太教的产生、形成和发展,才能说明犹太人的文化模式。现实生活不断给犹太人提出一些实际的问题,犹太教以及犹太文化也要不断对之做出相应的有说服力的解释,犹太教和犹太文化也处于不断的变化和发展中。犹太教能历时3000多年而不衰,其强大生命力的来源就在于能随着犹太历史的发展要求而不断改变自己和发展自己。同样是犹太人的马克思说:"理论在一个国家的实现程度,决定于理论满足于这个国家的需要程度。"②同样的道理,宗教在一个民族的实现程度,取决于这个宗教满足于该民族的现实需要的程度。

犹太人的历史,是一部苦难史。犹太人的苦难首先表现为犹太人的历史是一个被征服、受欺凌、流浪的历史。在犹太人数千年的历史发展中,犹太民族除极少数的时间,基本上没有摆脱过外族人的统治和奴役。犹太人的祖先希伯来人在公元前14世纪上半叶由两河流域西迁而进入巴勒斯坦地区,他们与当地的迦南人逐渐融合,形成了以色列部落。公元前13世纪末,埃及法老梅尼普塔征服了巴勒斯坦,并刻下碑文炫耀战功:"以色列已化为废墟,但它的种族并未灭绝。"这是以色

---

① 马克思,恩格斯. 马克思恩格斯全集:第1卷[M]. 北京:人民出版社,1972:445 – 446.
② 马克思,恩格斯. 马克思恩格斯选集:第1卷[M]. 北京:人民出版社,1972:9.

列的名称第一次见于历史文献。从公元前 12 世纪以后,犹太人先后被许多民族所征服,几次被迫长途迁徙,处于失国的状态,尤其是在巴比伦人、波斯人、马其顿帝国、埃及托勒密王朝以及罗马帝国统治时,犹太人惨遭屠戮,流离失所,浪迹天涯,犹太人所遭受的苦难确实为世界各民族所少见。

公元前 586 年,巴比伦帝国攻陷耶路撒冷,焚毁了犹太人的圣殿,并下令将犹太国王齐德启亚带到巴比伦去示众,而全城居民则都作为战俘被押送到巴比伦尼亚,史称"巴比伦之囚"。公元前 332 年,希腊马其顿国王亚历山大在攻占了耶路撒冷后,为了打破各民族、各国之间的隔绝状态,下令对犹太人进行大范围的迁移,让原本独居一隅的犹太人和其他民族杂居混住。由此犹太人开始向南欧、北非、中亚等地区流散,以至于原本团结一体的犹太民族逐渐成了散布在世界各地,备受其他民族排斥、伤害的弱小民族。公元前 63 年,巴勒斯坦和耶路撒冷地区被罗马人占领,这次犹太民族进行了顽强的反抗,但是也遭受了更加残酷的迫害。罗马人对犹太人进行了大范围的屠杀,有 150 多万犹太人死在了罗马军队的铁蹄下,幸存者也被全部驱赶出了巴勒斯坦地区。这场浩劫结束了犹太民族以整体形式在巴勒斯坦稳定生存的历史。直到 20 世纪初,犹太人在政治、经济上与巴勒斯坦再也没有任何的联系,他们背井离乡,被迫远离了自己的祖居之地和长期生活的家园。

历史上,包括波斯、希腊、罗马、土耳其、俄罗斯等在内的 30 多个国家不同程度地存在着对犹太人的排斥和伤害现象。在古代,特别是中世纪时期,这样的事件就已频繁发生,排犹浪潮此起彼伏,比如大家都知道的十字军东征。就是在近代犹太人所遭受的伤害,仍然令人触目惊心。比如在 1881 年 3 月,沙皇亚历山大二世被刺杀后,沙皇俄国为了转移视线,就把这一严重事件的责任转嫁给了犹太人,煽动起了全国范围的屠杀犹太人狂潮,由此导致了在俄国居住的犹太人数以万计地遭到了残酷的杀戮。二战期间,纳粹德国对犹太人进行了史无前例的灭绝性的集体杀戮,600 万犹太人死于希特勒的魔爪。

经历了如此悲惨的历史磨难,犹太人自然会产生出浓厚的不幸意识,在现实世界中得不到幸福和安宁,就只能到宗教中寻找安慰。犹太人在犹太教经典中,找到了对这种悲惨历史的解释和生存下去的理由。

具体地说,犹太教用选择—立约—使命—目标的犹太神学观念来先定犹太人的历史。他们认为,上帝与犹太人之间的关系并不是单向的、静止的,而是一种双向互动的关系。犹太人是在自由的状态下与上帝订立了契约,于是犹太人成为上帝的特选子民而负有了崇高的历史使命。"历史与救世只有通过人类的自由和责任才能完成自身,将要到来的时日,如若为上帝所允诺,只能由人类的努力来赢得。上帝与人的契约假定着人会真正履行他与上帝的约定。"①犹太人主动与上帝订立了契约,这就意味着犹太人选择了契约所规定的生活,这在现实生活中突出地表现在犹太人要遵守契约中的道德和戒律、忍受苦难等行为上。同时,犹太教认为,如果犹太人不遵守与上帝订立的契约,就要受到上帝的严厉惩罚,犹太人因罪而与上帝疏远。在从使命到目标的历史过程中,犹太教又总是以犯罪—受惩—悔过—救赎的神学原则来警示犹太人。所以说,犹太人认为,犹太人的苦难是上帝对犹太人的考验和对犹太人违背约定的罪的惩罚。犹太民族和犹太人正是通过对民族苦难和人生苦难的思考,而更加确信了对上帝的信仰。

其实,苦难意识是犹太文化和俄罗斯东正教文化共有的特征。俄罗斯东正教文化中也有浓厚的苦难意识。苦难意识对舍斯托夫有着深刻的影响。舍斯托夫对人生和人类的苦难有着常人不易察觉的深刻体会。研究苦难意识成为舍斯托夫哲学的主要内容之一。舍斯托夫说:"悲剧哲学,这难道不是一种绝望的、悲观的、疯狂的,甚至是死亡的哲学吗? 难道这是在谈论任何哲学吗? 如果我们知道,这一学说是通过表现个体的毁灭来埋葬死,那我们就立即会理解和乐意赞同这一学说。"②舍斯托夫认为,人的现实生活总体上是处在悲剧之中,这甚至是人无法摆脱的命运。舍斯托夫认为,这种悲剧性的人生的根源在于,人的现实生活是受外在规律支配的,由具体事件所决定,也就是说人的生命被压制了,人失去了的自由,因此人感受到了极大的痛苦。舍斯托夫很早就对偶然性的冷漠进行了揭露和批判。舍斯托夫认为,人的生命价值和意义是第一性的,是看待一切存在和事件的出发点和标准,而事件是对人的命运的外部干预,是些偶然的状况,人的生命正是通过这样的悲剧性的事件才显现出意义和价值。必然性的规律则更是强制人的生命的"石墙",给人的生活带来了无尽的痛苦(详见第三章)。在舍斯托夫看来,悲剧性的生活是有重要意义的。通向上帝的道路,是受苦的道路。人们通向真理的道路,除了苦役、地牢和地下室外,别无他途。刘小枫说:"记住这一点是必要的,否则,就难以理解舍斯托

---

① 利奥·拜克.犹太教的本质[M].济南:山东大学出版社,2002:208.
② 舍斯托夫.思辨与启示[M].方珊,张百春,张杰,等,译.上海:上海人民出版社,2005:189.

夫为苦役哲学、绝望哲学大唱赞歌,宣称通向活的真理的唯一途径就是苦役。"①

第三,希伯来文化中有此岸性。

犹太教具有突出和重视今世的特点。拉比犹太教盛行的时期,拉比拉巴就明确指出:上帝创造这个世界时,拣选了以色列人去完成上帝在这个世界上的事业,否则,这就是一个没有意义的世界。以色列人作为肩负这一神圣使命的人,要在现实世界见证上帝的存在。以色列人若完成了使命,那么以色列人就见证了上帝的存在,耶和华就是神;以色列人若没有完成使命,就没有见证上帝的存在,这个世界就没有意义了。② 拉比拉巴这段话表达了犹太教对现实的指向性。犹太教的这种现实主义指向性表现在很多方面。

从犹太教的历史看,犹太教教义指出,上帝始终是与犹太民族历史上的重大事件和犹太民族的始祖、英雄、智者相联系的,表现为一系列的上帝启示、与上帝立约、违约与救赎的实际过程。例如,当犹太祖先遭到埃及法老压迫时,上帝以"大能"的手保护他们摆脱苦难;当犹太人背弃与上帝所立契约,追随邪教,屡屡犯错时,上帝又以最残酷的方式制裁他们,使他们国土沦丧,丧失家园;当犹太人漂泊流浪时,上帝又许给他们生息之地。但上帝始终不忘救赎他们,令其回归故土,上帝还承诺派一位全知、全能、全善的救主弥赛亚降临人间……所以可以看出,《旧约圣经》记述的不是神的谱系,也不是神与神之间或神与文学人物之间的故事,而是神与一个真实民族的交往历史。

由于上帝对犹太人的惩罚和救赎都在现世,而不在来世,因此,犹太教教义最初并没有地狱及来世报应说,即使后来有了地狱和来世报应说,它也不像基督教那样强调灵魂与肉体的对立,而且也不强调灵魂得救。犹太教始终教导人们要重视现世,人们在现实生活中要认真执行上帝和犹太人约定的戒律。"今世一小时的忏悔和善行胜过整个来世。"拉比弗雷萨·本·西门认为,评价一个人的功过是非的标准是,当一个人实际地遵守了诫命时,他就有功于上帝的事业;当他实际地违背了诫命时,他就有过于上帝的事业。③ 我们每个人的生命只有通过现实生活的谨守戒律和持之以恒的心,向上帝的努力才能获得意义。犹太教这一强调现世、突出现世的特点,也曾引起韦伯的极大关注,韦伯甚至提到了犹太教的这一特点对新教

---

① 刘小枫.走向十字架上的真[M].上海:上海三联书店,1995:4.
② 朱维之,韩可胜.古犹太文化史[M].北京:经济日报出版社,1997:412.
③ 朱维之,韩可胜.古犹太文化史[M].北京:经济日报出版社,1997:416.

的影响,他说:"《旧约》中的上帝由于人们在此生中的服从而奖励他们,这个上帝的全部力量必然对清教徒产生了类似的影响。"①

犹太教中的"与上帝立约"的故事,实质上也是用上帝之名来规范各种现实而又具体的社会关系。犹太人把现实生活中人和人之间的关系的准则的制定权,交给一个看不见、摸不着、无形无影,但又无处不在的上帝的原因,是要提高这一准则的权威性,给它戴上一个神圣的光环,让人们对它产生崇拜,以便人们在现实生活中能更好地履行这个标准。熠熠生辉的神圣光环最终要回归到现实生活中去,犹太教终究是以上帝的名义来实现人世间的幸福安康。犹太人的律法对人们的日常行为的要求十分详尽具体,所涉及的生活领域也极其广泛,既包括犹太教的祭祀仪式和上帝、选民的生活条例,又包括对世俗生活,诸如财产、婚姻、家庭、犯罪、刑罚等方面所作的具体规定,其中,"摩西十诫"是希伯来律法的基本原则,其他律例则是这些基本原则的具体化。

还有,犹太教的救世主也是尘世的"复国救主"。希伯来人将弥赛亚作为救世主是在失国以后,由于他们屡遭外族入侵和统治,备受亡国之痛,所以渴望重新建立独立的国家。这样的救世主的主要作用是把犹太人从外国统治者手中永久地解放出来,建立起一个公义的世界。这一点是和基督教有很大不同的,基督教宣扬的救世主,主要是灵魂拯救,即通过那个被钉死在十字架上的基督拯救人们的灵魂。

犹太教及其犹太文化中所具有的现实性的特点,究其原因,和犹太教教义认为上帝是可以和人直接对话交流的有一定的关系。《旧约全书》开篇就表现出犹太民族与其他民族的一个很大的不同,犹太教是世界上第一个一神教,它宣称,只有一个至高无上的神,一个在精神上把握世界,与人类精神道德、世俗生活、历史进程密切相关的神。虽然这个至高无上的神——耶和华具有至高无上的力量,但由于犹太教是为了引导犹太人去执行耶和华的意志,所以犹太教不以崇拜任何神秘的力量为最终目的。在犹太教教义中,上帝多次与犹太人直接对话,在对话中上帝启示犹太人,并与犹太人订立契约。在犹太教中,上帝也是有欲望,有意志,有情感的,上帝也有喜怒哀乐。上帝用洪水表达它的愤怒,用恩惠来表达它的嘉许。上帝的人性化和现实化使犹太教成为一种面向现实生活的宗教。当然上帝毕竟是神,它还有许多与人不同的地方,上帝全智、全能、全善,他创造了人,爱护着人。上帝

---

① 韦伯.新教伦理与资本主义精神[M].黄晓京,等,译.成都:四川人民出版社,1986:39.

引导着还有缺陷,不完善的人克服自身的局限,摆脱现实的局限走向天国和全善。顾晓鸣在《犹太——充满"悖论"的文化》一书中这样评价犹太教:无偶像的上帝崇拜,而这种形式的上帝,造成了神的唯一性和个人与上帝直接沟通的可能性,从而降低了神职人员的绝对权威,在特定的历史条件下,可能促使其形成一种自由主义的气氛。[①]

犹太教重视现实生活的特点和舍斯托夫哲学极端关注人的生活状况是一致的,舍斯托夫把自己的哲学叫作"悲剧哲学"。徐凤林解释说,舍斯托夫的悲剧就是现实的意思,"悲剧是现实,而客观现实、'世界',是物和事件的自足秩序,这种秩序的建立完全不以个人的意志和需要为转移"[②]。现实为秩序所困,为理性所肢解,这就是舍斯托夫的"悲剧"。

希腊化时期以后,犹太人越来越多地接触到希腊哲学,一些学者开始用希腊哲学来改造犹太教。其中,犹太学者斐洛是第一个尝试将犹太教的信仰与希腊的哲学理性相结合的人,斐洛将上帝说成是具有一切神性品格的造物主,它至尊、至知、至善、至全,它公正、仁爱。斐洛将希腊哲学中的理性解释为神的理性,并认为这种理性既是神的智能,也是人和上帝进行沟通的中介。斐洛的这些思想对基督教有很大影响,基督教的神学理论就是斐洛的思想演变发展出来的。斐洛也因此被称为"基督教之父"。斐洛实质上成了一种倾向的代言人,这个倾向就是调和犹太人的信仰和希腊人的理性。这种调和形成了理性占统治地位的西方文化传统和哲学传统,这一传统是舍斯托夫坚决反对的。舍斯托夫所坚持的是犹太教文化和基督教文化中强调信仰的一面,他所宣传的主要是犹太教和早期基督教的教义中的信仰至上的观点,这与中世纪基督教神学试图以理性证明上帝和近代理性至上的观点针锋相对。

第二节　舍斯托夫哲学的时代背景

一、19 世纪末西方传统理性主义哲学的危机

自古希腊哲学以来,尤其是自巴门尼德哲学之后,西方哲学的主流是理性主义

---

① 顾晓鸣.犹太——充满"悖论"的文化[M].杭州:浙江人民出版社,1990:46.
② 徐凤林.俄罗斯宗教哲学[M].北京:北京大学出版社,2006:277.

传统。理性主义哲学主张理性至上、科学知识万能、逻辑方法绝对无误,这种哲学主要是研究本体论和认识论的问题,认为有一个永恒的实体和超验的本质。理性主义哲学是欧洲哲学数千年发展的主要形式,形成了声势浩大的西方哲学的理性主义传统。这一传统一般认为始作俑者当数柏拉图,而在黑格尔那里取得了最完备的形式,形成了最高峰。因此,有的哲学家也把传统理性主义称为柏拉图主义或黑格尔理性主义哲学。

西方理性主义哲学经过数千年的发展,出现了众多的蔚为壮观的形而上学体系,出现了众多的名极一时的,甚至是光照千秋的哲学家,苏格拉底、柏拉图、亚里士多德、奥古斯丁、托马斯·阿奎那、笛卡尔、斯宾诺莎、莱布尼茨、康德、黑格尔,等等,就是这个群体中最耀眼的明星。理性主义哲学的千年发展,极大地推动了人类社会的进步和发展,极大地改变了人们的生活面貌。尤其是欧洲文艺复兴和启蒙运动以后,人类的理性逐渐摆脱了神学的束缚,人的主体地位日益显现。人为自然立法,人为自己立法。与此同时,自信的人们开始勇敢地在各个领域使用理性,人的认识能力得到空前的提高。这主要表现为,近几百年来,人类的科学技术得到长足进步;与此同时,人们的日常生活也由依据理性原则制定的各种规章制度而变得井井有条。一句话,理性已经渗透到人们生活的方方面面,成为人们须臾不能离开的日常生活方式。

但是,理性主义哲学的发展,在黑格尔以后,尤其到了舍斯托夫生活的 19 世纪末 20 世纪初,它的负面影响和弊端日益暴露出来,并出现了理性主义哲学的危机。这主要表现为以下两个方面:

第一,几乎所有的传统理性主义哲学都以追求具有最高普遍性、必然性的始基为最高理想,从苏格拉底开始便是如此。在苏格拉底的"对话"中,孜孜以求的真理就是普遍概念、一般定义。柏拉图提出的作为绝对存在的"理念",是多中的一,变中之不变。亚里士多德的第一哲学是研究"有中之有",即一般的存在。到了近代,在康德、黑格尔的哲学中,这一特征表现得尤为明显。康德哲学的出发点是先天综合判断何以可能,即普遍必然性的科学知识是怎么可能的问题。康德说:"有两样东西,越是经常而持久地对它们进行反复思考,它们就越是使心灵充满常新而日益增长的惊赞和敬畏:我头上的星空和我心中的道德法则。"①康德考虑的结果

---

① 康德.康德著作全集:第 5 卷[M].李秋零,译.北京:中国人民大学出版社,2007:169.

就是,具有最高普遍性、必然性的先验自我是这个世界的最后根据。黑格尔认为,处在非此即彼的矛盾中的事物及其概念思想,矛盾的每一方都是片面的,只有双方的同一才是真理。"绝对观念"是一切矛盾的调和、最高的同一、最大的普遍,因而是绝对真理。黑格尔的哲学就是描述思维和存在如何从对立到达同一的过程的。可以说,康德、黑格尔的这些基本思想,都是欧洲理性主义哲学传统发展到近代的典型表现。而且欧洲理性主义哲学传统一直发展到今天,在当今的世界哲学中,理性主义哲学尽管形式上已经发生了很大的变化,但它仍然具有强大的影响,仍然占据着非常重要的地位。

我们不难看出,理性主义哲学传统的主要观点是强调永恒法则、永恒真理和最高标准的意义。近代经验论者好像注重个体性,但他们所说的经验仍然是在多样性中概括出来的普遍性。总之,在传统理性主义哲学看来,普遍性、同一性高于特殊性、多样性。由于崇尚普遍性、同一性、必然性,传统理性主义哲学总是想方设法克服差异性,超越特殊性。以普遍性、必然性压制多样性、偶然性,就毫无悬念地成为理性主义哲学前进的一种精神抱负。于是,传统理性主义哲学就像医生给病人看病一样,无论各个患者的病情如何特殊,医生总是把各种差异的病情归纳到同一的模式之中,在一个同一的模式中寻找具有普遍性的灵丹妙药。理性主义传统重视普遍性、必然性,而对偶然性视而不见,这就造成了理性对人的个性的强制,从而渐渐地丧失了人们对它的普遍信任,并招致人们的普遍反感,引发信任危机。

第二,在西方哲学,尤其是西方传统哲学中,哲学一向被看成是理性的事业。西方哲学总体上呈现出唯理主义的基本倾向。这种倾向突出地表现在,理性在西方哲学中一向具有至高无上的地位,实际上,理性已被众多的哲学家看作是世界的本体。黑格尔的"绝对精神"就是这样。邹华正老师说,欧洲的近代思想史是一个"去魅"的过程。15世纪的文艺复兴运动,16世纪的宗教改革运动,17世纪的启蒙运动,再到之后的德国古典哲学,渐渐地抹去了笼罩在世界之上的"神"的面纱,向神权争人权,向教会争自由,向封建特权争平等,成为近代欧洲历史发展的方向和目标。而能够担当和完成这一历史使命的只有理性,是理性把人从神的统治之下解放出来。所以启发理性、启蒙理性成了那个时代的精英们和众多哲学家日思夜想的神圣事业,启蒙运动使理性成了时代的最强音。卡西勒在概括"启蒙时代的精神"时说:"所有形形色色的力量汇聚到一个共同的力量中心。形式的差别和多样性,只是一种同质的形成力量的充分体现。当18世纪想用一个词来表达这种力量时,就称之为'理性'。理性形成了18世纪的汇聚点和中心,它表达了该世纪所追求并为之奋斗的一切,表达了该世纪所取得的一切成就。"①正如康德所说的,启蒙的精义在于对理性的呼唤,在于让每个人都勇敢地使用自己的理性,于是,对理性的热捧追求就成为弥漫于整个时代的普遍意识。从近代哲学的始作俑者笛卡尔开始,现实的一切都要接受理性的审视和质疑,都要接受理性的评判和确认。"我思故我在",在笛卡尔看来,一切均是可以怀疑的,唯一不可怀疑的就是理性。随着欧洲近代思想的深入发展,随着理性地位的不断跃升,理性成为人们达到客观真理的可靠而必要的手段,甚至后来演变成理性成为揭示世界本质和规律的某种绝对的认识能力。应该说,理性在人类从"神"的统治下解放出来的过程中起过非常积极的作用,由于人是富有理性的生命,而拥有了绝对的主体地位,成为这个世界的立法者,但这很快就演变成为工具理性的僭越。黑格尔把理性主义哲学推向了"绝对"的顶峰,理性,即黑格尔所说的"绝对精神",成为支配人及其历史发展的总的原则。恩格斯尖锐地指出:"要知道,当这个黑格尔发现,他借助理性不能得到另一个凌驾于人之上的真正的上帝时,他是多么为理性而感到自豪,以至他干脆宣布理性为上帝。"②

黑格尔完成了使理性走上神坛的过程,应该说,这个过程是欧洲近代思想史发展的逻辑必然。理性取代了上帝,占据了至高无上的地位,人也由于理性取代上帝而成为世界的主人。"神"的面纱已经被揭去,一切都变成了科学和技术可以控制的领域,成了理性的领地。在现代文明的进程中,以科学技术为特征的理性的力量创造着奇迹。理性从形而上学的纯理论形式演变成为工具理性的可操作形式,并以它在向自然和社会进军的过程中所取得的惊人成就而得到世人的普遍肯定。但是,理性主义却带来了人的生活世界的巨大危机。按照韦伯的分析,近代理性主义的主要表现是工具理性在人们生活中的不断膨胀和扩张,使理性的价值维度逐渐让位于理性的工具维度,以至于价值理性在一定程度上被工具理性所遮蔽。理性的片面化发展和不断扩张使其逐渐以客观性为标准垄断了生活的方方面面,造成了技术统治的非人性化倾向。这样一来,人与自然、人与人的关系都陷入了工具理

---

① 卡西尔.启蒙哲学[M].顾伟铭,译.济南:山东人民出版社,1988:3-4.
② 马克思,恩格斯.马克思恩格斯选集:第4卷[M].北京:人民出版社,1972:211-212.

性的可计算之中，一切存在都被计量性所肢解，都被功利性所限定，工具理性对世界的压迫使作为完整意义的人也被纳入到利益最大化的逻辑之中。理性主义哲学把活生生的人变成不食人间烟火的人，把五彩缤纷的世界变成由概念编织成的苍白的、单调的世界。

基于上述原因，西方哲学发展到19世纪末20世纪初，终于引发了一场巨大的危机，这场危机使很多人有了开始重新评价理性、重新看待理性作用的机会。可以说，这场危机的后果还远远没有完全离去，很多内容还处在人们的消化之中。

二、19世纪末非理性主义哲学的兴起

西方传统理性主义哲学的发展所产生的消极后果直接导致了理性的信任危机和人的生存危机，由此促使了理性主义哲学的瓦解和现代哲学的兴起。这一变化的一个重要标志就是非理性主义哲学思潮的兴起。需要指出的是，非理性主义哲学不是现代的产物，它古而有之，可谓源远流长。远在古希腊时期，苏格拉底、柏拉图、亚里士多德等大哲学家，既造就了希腊哲学理性的辉煌，同时也初步论述了意志、激情、欲望等非理性因素对人的行为的影响。柏拉图把人的灵魂（精神）分为理智、激情和欲望三部分，并分别对它们的含义及相互关系做了分析。晚期的希腊哲学，尤其是新柏拉图主义哲学是非常强调非理性的作用的。普罗提诺哲学中的最高本原是"太一"，由它流溢出"理智""灵魂"和整个世界。这其中就有非理性。文艺复兴以来的西方近代哲学，虽然理性主义正式登上了哲学的王座，以致人们称这个时代为理性的时代，但是还是有不少哲学家在探索、肯定，甚至在不同程度上强调非理性因素在人类精神生活中的作用。休谟就分析过理智怎样服从激情、欲望和意志的问题。而帕斯卡和卢梭等人更是从人的本能、情感和意志的问题出发，提出了超越当时占统治地位的理性主义哲学范围的很多观点，甚至对理性主义进行了公开的挑战。康德、费希特、谢林的哲学中也有较多的非理性主义成分。但是，这些非理性主义的哲学观点，无论是在表现程度上还是在表达方式上，基本上只能是作为某种哲学的一种成分或一种倾向而存在，尚无完整的思想体系。个别哲学家（如帕斯卡）虽然在这方面有了较完整的理论，但这也是夹杂在理性主义浪潮中的几朵浪花，未能形成独立的哲学流派和思潮。

19世纪末20世纪初，由于理性主义哲学的负面作用日益显现，非理性主义作为一种广泛的哲学思潮在西方各国兴盛起来，非理性主义哲学成了现代哲学的一

个重要内容。非理性主义哲学思潮在产生之初就对传统理性主义哲学进行了猛烈的批判。由于理性主义在德国古典哲学中表现得最为突出,黑格尔哲学被公认为近代西方理性主义哲学的顶峰。以对黑格尔哲学的批判为主要形式的对传统理性主义哲学的批判,成了这种批判思潮的主要阵地和主要表现。丹麦哲学家克尔恺郭尔、德国哲学家叔本华被公认为非理性主义哲学思潮的主要奠基人。尤其是叔本华,由于他的哲学观点一经提出就被人们所认可,所以叔本华的影响在当时更大一些。英国哲学家罗素说:"有许多现代哲学家,……以这种或那种形式主张过意志至上说,……这是在我们这个时代哲学气质所引起的最显著的变化。这种气质由卢梭和康德作下了准备,不过是叔本华以纯粹的形式宣布的。"①

总的来说,19 世纪末 20 世纪初的现代哲学,尽管流派很多,不同的流派都从不同角度对西方理性主义哲学传统进行了批判,但归纳起来,现代哲学主要在以下四个方面对传统理性主义哲学进行了有力的批判。

第一,大部分现代哲学流派对传统理性主义哲学试图建立一个无所不包的哲学体系和把哲学当作一切科学和知识的基础,即成为"科学的科学"的观点进行了批判。传统理性主义哲学历来有一个本体论的诉求,要给这个世界找到一个最后的根据——始基,并在这个基础上建立起无所不包的"大全"。而近代以来,随着各种具体科学的发展,以及各门学科表现出的越来越强烈的独立化的意义,还有就是人们的生活方式日益呈现出多样化趋势,所以现代哲学一般认为,没有一个绝对的哲学原则可以作为一切的基础,更不需要哲学代替其他科学行使其职能。现代哲学重新思考哲学和其他科学的关系,重新思考哲学的本性和功能。虽然现代哲学中的各个派别对哲学的理解不尽相同,但现代哲学坚决反对和弃绝万能的哲学体系和统摄一切的始基却是它们共同的追求和特征。

第二,大多数现代哲学派别都反对传统理性主义哲学的主客二分的倾向,他们往往把主客、心物、思存看作是一个不可分割的统一的过程。理性主义哲学传统,尤其是近代认识论,基础是二元对立。笛卡儿的"我思故我在",就强调哲学就是从"我思"出发,以"我思"为第一原则去解决存在和知识问题的。我们知道,笛卡儿的"自我"是一个思维实体,主要是理性,"我思"表明的是自我意识的觉醒,它确立了近代哲学的主体性原则,也表明了欧洲的理性主义哲学发展到了新的历史时

① 罗素.西方哲学史:下卷[M].马元德,译.北京:商务印书馆,1981:310-311.

期。这种哲学在思与存、心与物、主与客的关系上是二元分立的,人们的认识的对象是先在于认识的主体之外的。"我们的一切认识都应投合对象"①,即主体要符合客体,这就是理性主义哲学的传统认识模式。康德认识到,在这种认识模式中,自我、主体、理性的能动性还受到很大的局限。康德通过批判,把这种传统认识模式颠倒了过来,"把对象设想成应该投合我们的认识"②,即客体符合主体。康德把这称为"哥白尼式的革命"。康德力图消除自笛卡儿以来哲学家们所说的主体或自我的个体中的心理成分,赋之以先验性。个体的心理意义上的主体或自我的最大的问题是缺乏普遍性、必然性,由此去解决存在和知识问题必会陷入困境;先验性的主体所具有的认识形式和道德律令独立于任何经验之外,不以任何个体为转移,是永恒的,又是普遍的、必然的,它们正是人类知识和行为的基础与根据。康德的"哥白尼式的革命"并没有克服主客分立的局面,反而使这种认识模式更加完备化了。现代哲学一般认为,这种主客二分的认识模式必然会把一个有机统一的世界割裂为二元世界。

还有,这种"主客二分"的认识模式,决定了对知识确定性的不倦的追寻,以及对"根据"和"理由"的究极式的追问,使得这种认识论成了滋养和哺育诸科学的母体。然而,随着分工越来越细密,社会结构的分化越来越向纵深展开,科学技术也就越来越演变成了一种全面的技术统治。这样主客二分的认识论模式不仅给人们带来了割裂的痛苦,还给人们带来了更加难以忍受的全面的异化和物化。要想弥合这种创伤,唯有抛弃这种主客二分的认识模式,否则,别无出路。

第三,现代哲学,尤其是其中的非理性主义哲学派别,对西方的理性主义哲学传统所表现出来的理性万能和理性独断的倾向进行了激烈的批评,普遍地提出了超越理性,转向非理性世界的要求。他们认为,绝对的理性导致了理性中心主义思想的泛滥,这就会形成普遍必然的理性之"墙"对人的能动性的全面禁锢。斯宾诺莎说,我们对待必然性能做到的是"不能哭,不能笑,不能诅咒,只能理解",不能有任何有效的作为;舍斯托夫在谈到理性的普遍必然性时,愤怒地说,必然性是在"说服人确信,人的生存理想是被赋予意识的石头",理性和理性哲学家是在"把活人变成石头"。③ 斯宾诺莎和舍斯托夫的这些思想都是在表达必然性的理性对人所

---

① 康德.纯粹理性批判[M].2 版.蓝公武,译.北京:商务印书馆,1997:14.
② 康德.纯粹理性批判[M].2 版.蓝公武,译.北京:商务印书馆,1997:14.
③ 舍斯托夫.雅典和耶路撒冷[M].徐凤林,译.杭州:浙江人民出版社,2000:30.

具有的强迫性质。许多非理性主义哲学派别认为,生活的内容要远远大于理性,理性不能解决人生的全部问题。罗蒂就认为,理性主义所犯的错误就在于,以一种统一性的、总体化的、极权化的理论模式,模糊了社会领域多元分化的性质。① 那么,理性究竟应该起什么样的作用呢? 现代哲学家费耶阿本德指出,"理性不再是指导其他传统的力量。它本身只是一种传统,它要求进入舞台中心的权利与任何其他传统同样多(或同样少)"②。舍斯托夫哲学的主要内容就是猛烈批评理性万能、理性至上的,这一点我们会在下面的论述中充分看到。

第四,理性主义哲学传统,由于所坚持的思辨的形而上性和二元论的思维模式,大都把人的存在抽象化了,把人要么看作是与对象相分离的纯主体,要么把人对象化,从而使其丧失了任何的价值和意义。现代哲学一般认为,这些倾向都意味着掩盖了人的真实存在,或者说人的本真性。现代哲学家们重新研究和阐释了人。一方面,他们反对把人对象化,反对把人看成是毫无意义的碎片,要求除去人的遮蔽状态,要求重新认识人的本真意义。现代哲学家强调指出,要从完整的意义上来理解人,要把人看作是一切行为的目的而不是手段。他们认为人是整个哲学的核心,而绝不是任何哲学体系中的某一组成部分或环节,任何哲学问题都是因为围绕着人的问题而富有意义的。传统理性主义哲学的最大失误,是它"遗忘"了人;而现代哲学的重建从根本上说,也是人性的回归。另一方面,一部分现代哲学家又反对把人当作纯粹的主体,把人理解为原子式的、孤立的自我存在。他们主张应当把人看成是与其对象有着紧密联系的不可分割的存在,或者说,人是处在一定环境中具有一定关系的存在。在对人作为主体的肯定的同时,也意味着对他人和环境的肯定。现代哲学家的这些观点,不仅揭露和批判了传统理性主义哲学所造成的人的异化现象和把人抽象化的种种弊端,而且表现出以一种崭新的人文精神完成了对传统哲学的超越。

西方现代哲学对传统理性主义哲学的批判和超越,是西方哲学史上一次具有相当普遍意义的理论思维方式的深刻转型。西方现代哲学用不同于传统理性主义哲学的思维方式来重建哲学。我们认为,现代西方哲学的确更全面准确地体现了当今时代西方社会的政治、经济和文化的变化发展状况,因而具有重大的进步意义和历史意义。而这正是舍斯托夫哲学产生的时代背景。

---

① 罗蒂. 哲学和自然之镜[M]. 李幼蒸,译. 北京:商务印书馆,2003:34.
② 费耶阿本德. 自由社会中的科学[M]. 上海:上海译文出版社,1990:15.

第三章　交流与交锋

从哲学史上看,舍斯托夫是一位非常独特的思想家,但他绝不是孤家寡人。在哲学史上具有和舍斯托夫相同或者相似观点的思想家几乎是连绵不断地出现。舍斯托夫的思想在哲学史上可以找到深厚的基础和来源。值得注意的是,舍斯托夫表达自己的哲学观点的方式,就是通过分析、诠释、评价那些哲学史上与自己的观点相同或相近的哲学家的思想来实现的。我们在阅读舍斯托夫的作品时,经常会看到这些哲学家的名字。下面我们有必要把对舍斯托夫影响较大的七位哲学家的哲学思想进行一番研讨,以便达到对舍斯托夫哲学的更好理解。他们是使徒保罗、德尔图良、彼得·达米安、帕斯卡、尼采、克尔恺郭尔、陀思妥耶夫斯基这七个人。

第一节　舍斯托夫与中世纪哲学

一、舍斯托夫与一些基督教哲学家的思想对话

(一)舍斯托夫与圣徒保罗的思想对话

保罗是谁?《罗马书》告诉我们说:"耶稣基督的仆人保罗,奉召为使徒,特派传神的福音。"①关于这段话的解释,也就是关于保罗的这种使徒职业和这种职业的工作性质。卡尔·巴特在《罗马书释义》中有过很独到的分析。卡尔·巴特认为,作为耶稣基督的仆人,被上帝召唤而成为使徒的保罗,不是没有才能,更不是要发挥自己的才能,他的唯一工作就是传授上帝的旨意,"他是一个'特选'的人,一个独特的人,一个与众不同者。他跟所有人和谐为伍,在一切关系中不脱凡俗,唯独在与上帝的关系方面是一个特例。……他的地位之所以合理,他的言论之所以

---

① 圣经·罗马书一. 中国基督教三自爱国运动委员会,2009:168.

可信,原因均在上帝"①。卡尔·巴特还解读了保罗所传的"神的福音"的性质,他认为,神的意旨不是一下就能完全把握住的,因为这种意旨是神不断发出的,需要人们以崇敬、虔诚之心来聆听的,这绝不是人们平时所说的感受、经验,而是"对无法耳闻目见者的朴素和客观的认识。这也就是说,是这样一种通告,……这种通告创造了对上帝、对上帝本身的信仰,从而以此为前提"②。就是说,使徒保罗是一个对上帝有着坚定信仰,对上帝的意志有着深刻的理解,并努力传播上帝福音的人。

在犹太—基督教中,确如卡尔·巴特所说,有一群特殊身份的人,而且他们在犹太—基督教的早期曾经连续不断地出现,这就是先知——使徒传统。按照《圣经》解释,"先知"和"使徒",是一些受到上帝的拣选、被上帝特别"呼召"的人,他们奉上帝之命,向世间的各个不同人群"转述"上帝的旨意。当时的人们由于相信先知、使徒所传讲的信息直接来自于上帝的启示,所以,这些转述的信息被信众确信为"上帝的真理"。站在非基督教的立场上,也许人们常常会质疑:如何才能确信先知的信息一定是出自上帝呢? 据《圣经》记载,现实生活中,确实也出现过一些假先知,他们冒用上帝之名而到处招摇撞骗,人们有时难免会被这些假先知所蒙蔽。但犹太—基督教的教义告诉我们,上帝一定会对这些假先知做出公正的裁断。③

相比较而言,信任理性并渴望引天下之人,以行理性要义的古希腊文化传统,有一种与犹太—基督教信仰完全不同的真理观。具体地说,使徒保罗声称他所传讲的是"上帝的真理",即来自上帝的启示性真理;而古希腊传统所追求的真理是理性真理,即合乎思想规律和逻辑的概念性真理。有些人认为,上帝的言说、上帝的真理,归根结底只不过是假托上帝之名而表达的人们的思想观念以及人们对事物的认识而已。使徒保罗却坚决反对这种观点。保罗捍卫启示真理的神圣性,反对用逻辑来理解上帝。

舍斯托夫对使徒保罗把上帝的真理和理性的真理对立起来的观点极为赞颂,认为使徒保罗的这一区分不仅仅宣布了希腊智慧的局限,而且还揭示出了上帝真理的深刻意味。保罗说"凡不出于信的都是罪"④,这句话被舍斯托夫多次引用,舍

---

① 巴特.罗马书释义[M].魏育青,译.香港:香港汉语基督教文化研究所,1998:40-41.
② 巴特.罗马书释义[M].魏育青,译.香港:香港汉语基督教文化研究所,1998:40-41.
③ 圣经·耶利米书二十八.中国基督教三自爱国运动委员会,2009:768.
④ 圣经·罗马书一.中国基督教三自爱国运动委员会,2009:181.

斯托夫还用克尔恺郭尔的话说"这是基督教里最重要的定义之一"①。在保罗那里,上帝的真理是对上帝的信仰,只有这种信仰才能使人得救,"信"之外没有出路。保罗的这些观点是和舍斯托夫哲学的观点相一致的。舍斯托夫还多次引用使徒保罗说的这句话:"世人凭自己的智慧,即不认识神,神就乐意用人所当作愚拙的道理拯救那些信的人,这就是神的智慧了。"②舍斯托夫用保罗的这句话,同样是强调人只有通过对上帝的信仰才能获救,而不是智慧的渴求。

(二)舍斯托夫与教父哲学家德尔图良的思想对话

德尔图良(约160—约225)与圣徒保罗有相似的观点。在西方宗教思想史和中世纪哲学史上,德尔图良开了信仰主义的先河。德尔图良生活的时代,基督教还没有在欧洲占据统治地位,还处在非常艰难的时期,面临着来自希腊哲学和政治统治者等多方面的诘难和打压。当时一些信仰基督教的具有一定的哲学修养的信徒站出来,试图从理论上论证和捍卫他们的信仰。他们借用古希腊哲学中的新柏拉图主义和新斯多亚派哲学制定教义、教规,奔走传教,著书立说,他们被教会尊称为"教父",他们的哲学也被称为"教父哲学"。

这时吸收、改造和利用希腊哲学来论证基督教的观念成为早期基督教辩护士的主导思想。基督教哲学的先驱,虔诚的犹太哲学家亚历山大里亚的菲洛用希腊哲学思想和概念来解释《圣经》;早期教父查士丁试图找到基督教与希腊哲学的相似之处;克莱门特要在知识与信仰之间寻求和谐,他认为提供知识的哲学是基督教的入门;奥利金认为基督教是希腊哲学的完善形式,神学家应该研究希腊哲学,来为基督教的观点辩护。早期基督教教父利用希腊理性哲学为基督教辩护的努力,为基督教哲学的产生和发展打下了坚实的基础。但这种努力隐含着只注重把两者融合的倾向,忽视了二者的差别和对立的因素。这在当时的情况下,对于不成熟的基督教来说,尤其是对于早期基督教中的核心内容——上帝信仰构成了严重的威胁。既然上帝的信仰是需要逻辑证明的,那么进一步就会产生"上帝真的存在吗"这样的疑问。德尔图良在西方思想史上第一次对神学家们过分信任希腊哲学的思想倾向提出了严肃反抗,强调了基督教信仰与希腊哲学的根本对立。德尔图良用信仰反抗理性的声音千百年来依然回响,这不仅表现在中世纪各种思想家的作品

---

① 舍斯托夫.雅典与耶路撒冷[M].张冰,译.昆明:云南人民出版社,1999:227.
② 圣经·林前1.中国基督教三自爱国运动委员会,2009:184.

中,还表现在近现代以后的很多思想家的思想中。

对于在罗马城和帝国四处冒出的各种异端(德尔图良认为希腊理性也是一种异端),德尔图良提出的根治之道,就是严禁基督徒在上帝的真理之外使用希腊哲学的范畴与观念。他认为在上帝的真理之外使用希腊哲学的范畴和观念的趋势,会使基督教理性化。德尔图良反对神学家采取辩证与哲学的方法来说明信仰,他坚定地说道,"这当然是可信的,因为它是荒谬的""这个事实是千真万确的,因为它根本就不可能"①。

因为荒谬,所以信仰,这大概是为基督教信仰辩护的最为著名的口号之一。它的原话在德尔图良的《论基督的肉身》一文中,德尔图良说:"上帝之子被钉死在十字架上,他并不因此乃耻辱而感羞愧;上帝之子死了,虽荒谬却因此而可信。埋葬后又复活,虽不可能却因此而是肯定的。"②舍斯托夫多次引述这段话,并不厌其烦地阐发。舍斯托夫认为上帝的真理就在这句话中,这是一种钉在了十字架上的真理。德尔图良的这段话实为舍斯托夫的全部哲学创作的灵感和基本立论的主要来源。

在《出自深渊》一文中,舍斯托夫写道:"除德尔图良外,在所有文学中我没有看到有第二个人产生过如此瞬间性的洞悟,全然挣脱理性的戒令。"③我们在这句话中可以看到,德尔图良在这里,尖锐地提出了两对矛盾:荒谬与完全可信;不可能与确定。然而恰是因为这些矛盾,我们才能从中看出信仰的本质。确实如此,信仰在某种意义上说本身就是荒谬的,这种东西并不需要任何理智的理由,在这里,理性是毫无用武之地的,至少对信仰者来说是如此。事实上,就哲学而言,每种哲学都有至少对自身而言不可置疑的原点,也就是所谓不证自明的东西,这种东西在某种意义上也类似于上帝存在,与其说是不证自明,不如说是无法证明的。所以只有挣脱理性的戒令,才能转向信仰。

德尔图良的另一句名言是"雅典和耶路撒冷有什么共同之处",这句话常常被人们看作是犹太—基督教的信仰拒斥希腊理性哲学的根本性宣言。舍斯托夫在很多文章中引用过德尔图良的这句名言,并且把自己认为最重要的、最能代表自己思想一部作品命名为《雅典与耶路撒冷》,借此号召人们摒弃希腊理性,转向耶路撒

①　奥尔森.基督教神学思想史[M].吴瑞诚,译.北京:北京大学出版社,2004:87.
②　转引徐凤林.基督教哲学的两条路线[J].浙江学刊,2001(6):15.
③　刘小枫.走向十字架上的真[M].上海:上海三联书店,1995:33.

冷的信仰。在德尔图良和舍斯托夫看来,雅典代表了理性,而耶路撒冷代表了上帝的信仰。他们认为,信仰与理性没有任何关系。"哲学家和基督徒有什么共同之处? 希腊的信徒和上天的信徒有什么共同之处? 追求名声的人和寻求拯救的人有什么共同之处? 只限于言辞者和行为高尚者之间,建设者和破坏者之间,引进错误者和支持真理者之间,真理的掠夺者和它的保护者之间有什么共同之处?"①

德尔图良要使信仰摆脱理性,也可以说,德尔图良发现了人的生命存在的另外一种可能,在这种可能中,生活不再是那种必然式的存在。舍斯托夫也看到了这种存在。舍斯托夫认为,理性主义者的真理就是"勿哭,勿笑,勿诅咒,只要理解"(斯宾诺莎语)的真理。在这种真理中,人成了生活的旁观者。舍斯托夫认为,人的生活本身在本来意义上应该是不需要理性真理提供的知识性的安慰;人们应该通过信仰来寻求那种来自生命最深层的安慰,就是犹太—基督教所说的"来自上帝的爱的安慰"。

德尔图良认为,一切世俗的知识,包括哲学,在上帝面前都是愚蠢的。人的理性非常有限,根本无法认识真理,也不能认识上帝的本质,而只有通过虔诚的信仰,依靠上帝的启示的帮助才能达到真理。在德尔图良看来,上帝的真理是最高的真理,当理性与信仰发生矛盾时,理性必须无条件地服从信仰。德尔图良这种解决信仰和理性矛盾的方式,被后来基督教神学的集大成者托马斯·阿奎那所继承和发扬,在托马斯·阿奎那那里,信仰高于理性被最终确定下来。但是,托马斯·阿奎那一再试图用理性证明上帝的存在,而这是德尔图良和舍斯托夫所坚决反对的。舍斯托夫和德尔图良的思想是很相似的,德尔图良的思想对舍斯托夫的哲学思想影响很大,以至于刘小枫认为:"舍斯托夫在诸多方面(尤其是信仰论和著作的风格方面)都让人想起二世纪的拉丁教父德尔图良。"②

(三)舍斯托夫与基督教哲学家彼得·达米安的思想对话

彼得·达米安(1007—1072)是一位著名的基督教思想家,教皇格列高利七世时期的著名大主教,《论神的全能》一书的作者。11世纪时,"神学家"和"辩证法家"之间正进行着一场激烈的论战。"神学家"是信仰的代言人,"辩证法家"则是逻辑的代言人。这又是一场理性与信仰之间的古老冲突的另一种表现。在这场论

---

① 转引徐凤林. 基督教哲学的两条路线[J]. 浙江学刊,2001(6):18.
② 刘小枫. 走向十字架上的真[M]. 上海:上海三联书店,1995:32.

战中,彼得·达米安成了神学家一方最为显著的人物,他攻击推崇语法和逻辑这一行为是恶魔的诱惑。达米安说,恶魔其实是第一个语法学家,以"你将如诸神一般"的允诺诱惑伊甸园里的亚当,并且就这样教他去用复数形式使"上帝"这个词降格。达米安还说,辩证法的第一个教师就是撒旦。按照彼得·达米安的观点,逻辑学丝毫无助于我们认识上帝,因为上帝就其本性来说是无法理解的,上帝是无所不能的,所以他超越逻辑的基本规律,超越矛盾律。上帝甚至能够取消过去,使已经发生的事不曾发生。在《论神的全能》中,他写道:"上帝能不能使已经发生的事情不曾发生?比如,如果一下子查明了少女已经失贞,那么能不能让她重新成为贞洁的呢?……上帝是自然源泉的创造者,他如果愿意,就能够消灭这些自然律。因为谁统治着受造物,他就不服从创造者的律,谁创造了自然,他就按照自己的创造意图支配自然秩序。"①可以看出,彼得·达米安坚决主张古希腊哲学的理性和犹太—基督教文化中的信仰二者的不可调和,他坚决反对理性,并把哲学说成神学的侍婢。他说:"哲学要像婢女服侍主人那样恭顺地为信仰效劳。"②

二、舍斯托夫与帕斯卡哲学的思想对话

布莱兹·帕斯卡尔(1623—1662)是法国 17 世纪著名的思想家,这位与笛卡尔同时代的伟大思想家,较早地对近代理性主义哲学的奠基人——笛卡尔的理性的旗帜进行了深刻、系统的全面批判。帕斯卡尔分析了人的理性在认识自然事物及认识自身时的局限。他认为,对自然的认识中,理性受到各方面的干扰和限制:理性认识的来源和基础——感觉经验往往不可靠,感官常常以虚假的表象欺弄理智。人的主观想象也常常欺骗着人:"想象——它是人生中最有欺骗性的那部分,是谬误与虚妄的主人。"③还有,人的认识能力不能达到各种极端现象:"我们的感官不能察觉任何极端:声音过响令人耳聋,光亮过强令人目眩,距离过远或过近有碍视线。"④于是,极端的东西对于人仿佛根本不存在。帕斯卡尔揭示了笛卡尔的理性的虚狂,舍斯托夫对此深有同感,舍斯托夫说:"笛卡尔是自己时代之子,而他的时代注定有局限性,也注定有谬误,他又注定把这些谬误当作真理来揭示和宣布。"⑤

---

① 徐凤林.舍斯托夫圣经哲学——在俄罗斯思想背景下的解释[D].北京:北京大学,2001.
② 参见徐凤林.舍斯托夫圣经哲学——在俄罗斯思想背景下的解释[D].北京:北京大学,2001.
③ 帕斯卡尔.思想录[M].何兆武,译.北京:商务印书馆,1985:45.
④ 帕斯卡尔.思想录[M].何兆武,译.北京:商务印书馆,1985:35 - 36.
⑤ 舍斯托夫.在约伯的天平上[M].董友,译.上海:上海三联书店,1989:261.

帕斯卡尔在批评笛卡尔的理性至上观时说,"真正的雄辩会嘲笑雄辩,真正的道德会嘲笑道德"。一句话,"能嘲笑哲学,这才是真正的哲学思维"①。因为面对着无限的自然,人何其渺小,人并无能力也无工具来完全认识它。帕斯卡尔给理性划定了一定的地盘,两个世纪后,我们在康德那里看到了同样的工作。尽管康德和帕斯卡尔心目中的上帝以及信仰的含义并不相同,但二者都认为,理性是有界限的,超出理性的界限就是信仰。其实我们任何一个人,当他面对着浩瀚的星空思考着自然和人生的问题时,都会感到自己的渺小。物理学家爱因斯坦说:"任何一位认真从事科学研究的人都深信,在宇宙的种种规律中间明显地存在着一种精神,这种精神远远地超越于人类的精神,能力有限的人类在这一精神面前应当感到渺小。这样研究科学就会产生一种特别的宗教情感,但这种情感同一些幼稚的人所笃信的宗教实在是大不相同的。"②爱因斯坦说的就是这种情况。

帕斯卡尔揭示理性认识的局限性,实质上是要说明人本身的重要性、人的生命的重要性。他最为关注的是人的意义、人本身、人的存在的意义。他在《思想录》中,用了大量篇幅来描写人的本性、人的状况,从而探寻人的最终出路。

帕斯卡尔研究人的方法是其独特的"帕斯卡尔方法",即在两极对立中把握人,人是伟大的,又是悲惨的。

人是伟大的,人的这种伟大性就在于他具有思想,"思想形成人的伟大。因而,我们的全部尊严就在于思想。正是由于它而不是由于我们所无法填充的空间和时间,我们才必须提高自己。因此,我们要努力好好地思想,这就是道德的原则"③。应当注意的是,帕斯卡尔的"思想"(Pensee),不同于理智(raison),不同于笛卡尔的理性的思维和纯粹的理智活动。在帕斯卡尔看来,思想与其说是人类本性中定义性的因素,还不如说是尊严性的因素。他的这个"思想"的意义显然不仅仅是认识方面,而是实践和价值方面。帕斯卡尔更多的是把"思想"作为一种人的实践能力。因此,"思想"(Pensee)的伟大主要是指一种带有浓厚的人生哲学色彩的沉思,一种对人自身、人的生命和死亡、人与自然的关系、人的境况、目标和使命的认识和沉思。正是在这个意义上,他说,人的伟大就在于人的思想。

思想的伟大首先表现为对人的悲惨状况的认识。人之所以伟大,就在于他认

---

① 帕斯卡尔.思想录[M].何兆武,译.北京:商务印书馆,1985:6.
② 杜卡斯,霍夫曼.爱因斯坦谈人生[M].高志凯,译.北京:世界知识出版社,1984:35.
③ 帕斯卡尔.思想录[M].何兆武,译.北京:商务印书馆,1985:179.

识自己可悲。一棵树并不认识自己可悲。因此，"认识（自己）可悲乃是可悲的，然而认识我们之所以可悲，却是伟大的"①。

帕斯卡尔认为，人的处境就是痛苦和悲惨的。人的痛苦就在于人一方面空虚和无聊，另一方面又劳作和消遣。人最不堪忍受的就是闲适和无聊，可是人却经常陷入无聊之中——无所用心，无所事事，没有激情，没有冲动。这时他就会感到自己的虚无、沦落、空洞。人们找不到真正的生活目标，不知做什么好。于是人们就以辛勤忙碌和游戏消遣来排解自己的无聊，用事情来填充自己的空洞，用热闹和纷扰来掩盖自己的心灵空虚，可是填充的往往不是真正有价值的东西。人有着幸福的观念，而又不能达到幸福；感到真理的影子，却又终将不得；追求是人的宿命，但人总达不到那根本的目标。徒劳无功，白费力气，却还是要追求，这就是人的悲剧。

帕斯卡尔认为，人的悲惨的原因，是人面对无限所产生的空前的渺小、自卑和虚无感，正是这种虚无及恐惧促使人寻找家园，寻找上帝，寻找意义。对此他有过极其精妙的描述："我不知道是谁把我安置到世界上来的，也不知道世界是什么，我自己又是什么。我对一切事物都处于一种可怕的愚昧无知之中。……我看到整个宇宙的可怖的空间包围了我。我发现自己被附着在那个广漠无垠的领域的一角，……我所明了的全部，就是我很快地就会死亡，然而我所最无知的又正是这种我所无法逃避的死亡本身。""正像我不知道从何处来，我同样也不知道我往何处去，我仅仅知道在离开这个世界时，我就要永远地或者归于乌有，或者是落到一位愤怒的上帝手中，而并不知道这两种状况哪一种应该是我永恒的部分，这就是我的情况，它充满了脆弱和不确定。"②"我们是驾驶在辽阔无限的区域里，永远在不定地飘移着，……没有任何东西可以为我们停留。这种状态对我们既是自然的，又是最违反我们的意志的，我们心中燃烧着想要寻求一块坚固的基地与一个持久的最后据点的愿望，以期在这上面建立起一座能上升到无穷的高塔，但是我们整个的基础破裂了，大地裂为深渊。"③

这些精妙的描述深刻地表达了人在追求无限时所感到的空虚失落和孤独无依。人要达到无限，就必须有一块坚固的基地和持久的据点。可是他却找不到自己的立身之基和行为之本。他寻求家园却无家可归，他寻求安定却到处漂泊。如

---

① 帕斯卡尔.思想录[M].何兆武，译.北京:商务印书馆,1985:199.
② 帕斯卡尔.思想录[M].何兆武，译.北京:商务印书馆,1985:105－106.
③ 帕斯卡尔.思想录[M].何兆武，译.北京:商务印书馆,1985:36－37.

果人不追求无限,这些情况可能对他是处于潜在状态,不为其所惑,但当他要追求无限时,这些情况就处于无蔽状态,十分清楚、鲜明地显现出来了。帕斯卡尔在深思中奔向了上帝,他要去寻找他的上帝,寻找那无限和永恒的存在。因为帕斯卡尔认识到,只有信仰,只有上帝才能使人类摆脱悲惨的境地,超越理性的局限,达致无限。帕斯卡尔和后来的舍斯托夫一样,都认为理性的特点是寻求确定性,西方哲学的历史,在一定程度上就是这种"确定性的寻求"(杜威语)的历史。但帕斯卡尔和舍斯托夫指出,理性只对科学有效,而当涉及人生终极的问题时,理性就只能无力地沉默了。

帕斯卡尔哲学中反对理性、对人的本性的悲剧性的揭示、高扬信仰等内容,对舍斯托夫有很大的影响。舍斯托夫专门写过一篇《帕斯卡尔的哲学》的文章。在这篇文章中,舍斯托夫全面分析和讨论了帕斯卡尔的思想,舍斯托夫说:"帕斯卡尔只想要贬低我们自豪的和过于自信的理性,剥夺理性审判上帝和人们的权利。"①舍斯托夫指出,帕斯卡尔的"那忧虑、不安同时又是如此深刻的思想所做的全部努力,目的就在于不让他自己卷进历史的洪流中去"②。应该说,舍斯托夫在帕斯卡尔的思想中,感到了与自己思想相一致的强烈共鸣。

第二节　舍斯托夫与现代哲学

一、舍斯托夫与尼采哲学

尼采在舍斯托夫的哲学创作中是一个十分重要的对话人。舍斯托夫接触尼采哲学的时间比较早,第一次去西欧游学时他就读了大量的尼采的作品,尼采的思想对舍斯托夫哲学的基调和走向有着重要的影响。确实,尼采是"最后一个形而上学家"(海德格尔语),他在西方哲学的发展历程中,具有十分重要的地位。所以,梯利在他的《西方哲学史》中这样评价尼采:"反对传统概念,这在德国个人主义者弗里德里希·尼采(1844—1900)的学说中,达到了登峰造极的地步。虽然尼采著书在美国实用主义出现以前,他却被认为是全部不满思潮中极其狂妄放肆的人。他不仅反对旧学说和方法,而且他扫除价值,谴责现代文化的整个倾向,认为历史的

---

① 舍斯托夫.在约伯的天平上[M].董友,等,译.上海:上海三联书店,1992:294.
② 舍斯托夫.在约伯的天平上[M].董友,等,译.上海:上海三联书店,1992:285.

态度是我们这时代怯弱的原因。坚强而可尊敬的、肩负重任的人，背着许多的奇谈和价值的包袱。因此他宣称，哲学的任务是变革一切价值，创造新价值、新理想和新文化。"①

尼采生活的时代，虚无主义逐渐在西方盛行。虚无主义是 19 世纪的"世纪病"。尼采曾经说过："我讲的是最近二百年的历史。我描述那正在来临，而且不复能避免的事情：虚无主义的到来。"②"虚无"这个词最早来源于拉丁语中的"ni-hil"，意为"什么都没有"，尼采将虚无主义定义为使世界，特别是人类生存没有意义、目标、可以理解的真相和本质价值。尼采认为，虚无主义的表现有很多方面，但归根到底，虚无主义是信仰危机，上帝死了，现代人失去了精神家园。文明丧失了信仰的维度，人类社会就会迷失方向，人类的精神就会枯萎，人们的生活就会走向平面化、平庸化。"颓废"是尼采用来描述现代文明特征的词汇。尼采认为，西方文明经过数千年的发展，却陷入了"颓废"的境地，这完全是理性主义哲学过度发展造成的，是理性主义泛滥而主宰了人类生活的全部造成的。尼采以推翻理性主义的统治、拯救西方文明为自己哲学的目标和使命，尼采的宏伟愿望是彻底改造西方文明。

尼采批判理性主义的第一个靶子就是古希腊哲学家苏格拉底。苏格拉底在哲学史上有一个很大的功绩，就是他首先提出了"认识你自己"这一哲学命题，苏格拉底实现了哲学由自然哲学到人生哲学的转变。苏格拉底认为，人生的最大幸福是拥有美德，苏格拉底理解的美德是知识，他提出了著名的"美德即知识"的观点。在哲学研究的方式方法上，苏格拉底是十足的理性主义，他用著名的"苏格拉底接生术"来从事哲学研究，而他的研究完全依靠概念、判断和推理等这些理性的方法去寻求普遍性的结论，可以说，苏格拉底开创了西方理性主义伦理学的先河。尼采把苏格拉底看作是理性主义哲学的始作俑者，称作"乐观主义科学精神的原型和始祖"。尼采对苏格拉底的这种看法，在舍斯托夫那里产生了共鸣。舍斯托夫说："创造后来被称之为自主道德的荣誉和功劳，是属于苏格拉底的，而说苏格拉底还奠定了科学认识的基础，也同样完全正确。"③舍斯托夫认为，苏格拉底的"哲学的使命在于，揭示现象间的必然性联系，获得知识的同时，向人们灌输这样一种信念，

① 梯利.西方哲学史[M].葛力,译.北京:商务印书馆,1995:626-627.
② 尼采.权力意志[M].孙周兴,译.北京:中央编译出版社,2000:277.
③ 舍斯托夫.雅典与耶路撒冷[M].张冰,译.昆明:云南人民出版社,1999:117.

即不能与必然性作对,而必须服从它"①。

尼采认为,苏格拉底的影响波及西方几千年,长期以来,人们把苏格拉底尊为圣贤。人们追随苏格拉底,相信万物的本性皆可思辨,认为知识和认识拥有包治百病的力量。而概念、判断、推理的逻辑程序被人们看作是人的最高级的认识活动,科学被当作一切行为的指南,以致人们认为最崇高的德行也都可以借由知识的辩证法推导出来。"理性 = 美德 = 幸福"这个苏格拉底的等式一直是西方人的传统观念,也是理性主义的基本信条。同样,舍斯托夫也认为,"在苏格拉底之后,人的真理和普遍必然判断融合在一起了。大家全都相信,思想在未与给任何求知精神及任何最远程的探索画上句号的必然性相遇之前,它是无权自行止步的"②。尼采和舍斯托夫都要破坏这个传统的观念和信条,于是,他们就向理性发出了挑战。

尼采批判理性主义的第二个靶子是西方理性主义的一个基本内容——逻辑。尼采认为,逻辑在西方理性主义传统中占有基础性的地位。尼采指出,逻辑是产生理性的前提,理性的本质就是对逻辑的迷信。正是因为西方哲学对逻辑的可靠性和权威性的迷信,才造成西方哲学对人的生活世界的不信任,造成理性主义哲学的虚狂。尼采分析了逻辑的本质,他认为逻辑仅仅是一种人为的工具、一种人的主观设计,因此由这种人为的工具推演出来的真理和知识体系,只不过是人的一厢情愿罢了,这样的知识只不过是人强加给客观世界的,根本就不是像理性主义哲学所说的那样,具有普遍性和必然性。他说:"在我们看来,世界表现出了逻辑性,因为我们事前使世界逻辑化了。"③所以,尼采认为,西方哲学理性主义哲学一开始就错了,逻辑是不可靠的,由逻辑建构起来的理性主义哲学也是靠不住的。

舍斯托夫也是坚决反对逻辑的,只是舍斯托夫反对逻辑的角度与尼采相比是不同的,尼采认为逻辑是人为虚构的,而舍斯托夫反对的是逻辑对人的漠视。舍斯托夫形象地说:如果我们说声音有重量,逻辑就会出面反对,同一律、矛盾律就会跳出来说"这不可能",但是,"当我们断言苏格拉底被毒死的时候,这两个定律却毫无反应。试问,是否可能有这样一种'现实',在这种现实下,同一律和矛盾律在声音有了重量的时候无动于衷,而当义人要被处死的时候则坚决反对呢?"④可以说,

① 舍斯托夫.雅典与耶路撒冷[M].张冰,译.昆明:云南人民出版社,1999:127.
② 舍斯托夫.雅典与耶路撒冷[M].张冰,译.昆明:云南人民出版社,1999:128.
③ 尼采.权力意志[M].孙周兴,译.北京:中央编译出版社,2000:240.
④ 舍斯托夫.雅典和耶路撒冷[M].徐凤林,译.杭州:浙江人民出版社,2000:310.

尼采和舍斯托夫虽然反对逻辑的角度不相同,但两人的结论是一致的,都认为以逻辑为特征和内容的理性对人造成了实质性的压迫。

尼采反对理性的第三个重要方面是他坚决把人的生活世界概念化、抽象化,强调人的感官的作用。尼采说:"我完完全全是肉体,此外无有,灵魂不过是肉体上的某物的称呼。"①尼采认为,西方几千年的理性主义哲学的一个最大的问题是,理性依据其逻辑的本性,拼命地追求世界的规律化、条理化,使这个世界充满了各种必然性的规律、铁的秩序和永恒的道德。尼采指出,造成这一情况的原因是传统哲学家们都把人看成了理性的动物,把人看成了理性的化身,把理性思维看成了人的本质,把人与理性等同起来。传统哲学家无视丰富多彩的感官世界,他们总是要蹲在冰冷的抽象的概念世界里,生怕自己受生动的感觉的诱惑而离开这个安全窝,到热带的海岛上去,因为如果到了那里,他们作为哲学家的贞洁将如残雪一样融化在阳光之下。于是,他们紧紧地捂住耳朵。害怕感官,篡改感官,是传统哲学家的通病。尼采感慨理性主义哲学家用概念肢解生活的这一事实,他说:"几年来凡经哲学家处理的一切都变成概念的木乃伊,没有一件真实的东西活着逃出他们的手掌。"②尼采把经理性处理的一切叫作"概念的木乃伊",这一点舍斯托夫深有同感。舍斯托夫说:"多数人只不过是外表像人而已,而实际上,他们不是人,而是赋有意识的石头。"③"赋有意识的石头"和"概念的木乃伊"在含义的本质上是一致的,都反映了理性原则对生活世界的强制。

尼采从肯定感官、称赞感官的作用出发,提出了一个强力意志的观点。尼采认为,人是通过感官接受外界信息的,但这绝不是经验论者所说的经验。尼采认为,人接受信息的过程,不是被动的,是被给予的。尼采提出,人在感知外界信息的时候,有一个主动选择的过程。就是说,外界的现象和事实是通过人的感官作用于人的,外界的现象和事物被人的感官所限制、所选择,这样选择的目的是保护生存能力,发扬生命力。尼采认为,人人都在进行选择,人人都有生命能力,外界的现象和事实不是天然地客观地存在在那里,其实它们都已经是人们选择的结果。尼采认为,每个人的生命力有强弱之分,意志力有大小之分,创造力有高低之分,这就决定了在每个人眼中的世界都是不同的,每个人的真理也是不同的,"有各式各样的眼

①　尼采.苏鲁支语录[M].徐梵澄,译.北京:商务印书馆.1992:220.
②　尼采文集——偶像的黄昏[M].周国平,译.北京:改革出版社,1995:441.
③　舍斯托夫.雅典与耶路撒冷[M].张冰,译.昆明:云南人民出版社,1999:57.

睛。连斯芬克司都有眼睛——因此就有各式各样的'真理'。因此,也就没有什么真理"。① 因此,尼采认为,这个世界根本就没有什么绝对的永恒的真理,有的只是依据不同的意志力、创造力、生命力的人们对世界上的现象和事物的不同解释。真理的本质是意志力、创造力、生命力所给予人的权力感。这就是所谓的强力意志。因为每个人的意志力、创造力、生命力都不相同,每个人的强力意志也就不同,所以,只有强力意志大的、强的人的真理才能真正成为真理,这就是尼采的超人哲学。世界是强力意志的选择结果,真理是超人的真理,在尼采看来,世界历史就是强力意志的历史,赫拉克利特所说的永不熄灭、永恒轮回的活火只不过是强力意志的象征,人的全部世界和人的全部生活都是强力意志自我创造、自我毁灭的永恒流转的过程,只有强力意志才是世界上唯一的、真实的存在。②

尼采的强力意志的思想在舍斯托夫那里引发了很大的反响。舍斯托夫通过尼采的强力意志看到了另一种情况存在的可能性,即抛开事实真理和理性真理的可能性,使已经发生过的事情不曾发生。舍斯托夫说:"据我所知,他只在《在善恶的彼岸》中,得以为这一思想找到足够等值的表达方式,但这却是绝无仅有的一次。'这是我完成的,我的记忆对我如是所云。这是我无法完成的,我的骄傲在说。——而骄傲,是不可战胜的。最后,还是记忆做了让步'。"③因为,唯有如此,苏格拉底才没有被毒死,基督的复活才有可能。"为其荒谬,所以信仰",德尔图良的这句话,经常萦绕在舍斯托夫的耳畔。而尼采的强力意志,可以成为这种信仰的来源。

二、舍斯托夫与克尔恺郭尔哲学

舍斯托夫是在较晚的时候,在胡塞尔的建议下去读克尔恺郭尔的作品的。但舍斯托夫一接触克尔恺郭尔,就立刻被克尔恺郭尔的思想所吸引,并全身心地投入了进去。我们能在这个时期舍斯托夫和他的朋友的书信中看到当时舍斯托夫读克尔恺郭尔作品的情况。在写给朋友的信中,舍斯托夫写道:"过去的一年(1929年)——是我与克尔恺郭尔相识的一年——对于我来说十分艰难。直到如今,每当我想起我在自己的漫游中所碰到的这颗'灵魂'时,我仍被迫付出极其巨大的努

① 尼采. 权力意志[M]. 孙周兴,译. 北京:商务印书馆,1995:610.
② 赵敦华. 现代西方哲学新编[M]. 北京:北京大学出版社,2001:16.
③ 舍斯托夫. 雅典与耶路撒冷[M]. 张冰,译. 昆明:云南人民出版社,1999:182.

力,以便不让自己转入康德式的批判之路上去,这条路必将引导我们倒退到斯宾诺莎""去年冬天为了研究克尔恺郭尔可把我给整苦了""多么想跟您就这些问题聊一聊,不然的话都得闷在自己心里,有时这会令我很不好受"。① 舍斯托夫的朋友芳丹在一篇文章中写道:"有一次,我见他的样子又瘦又疲倦……舍斯托夫……就说'不要紧,是与克尔恺郭尔斗争把我弄成这副样子的'。"②克尔恺郭尔不仅是舍斯托夫晚年最重要的思想对话者,而且舍斯托夫还在相当程度上把他看作是自己思想的同路人。在写给朋友的信中舍斯托夫说:"开始写论述克尔恺郭尔的报告,写得非常艰难但也非常激动。没有一位哲学家像克尔恺郭尔那样与我们如此接近——据我所知,没有一个人曾像他那样,如此激情澎湃地、奋不顾身地到《圣经》里寻找这些问题的答案。"③舍斯托夫重视克尔恺郭尔和他的思想,舍斯托夫认为克尔恺郭尔那种异乎寻常的思想具有重大的价值和意义。他说:"由于他(克尔恺郭尔)的思想有着与众不同的作用,注定会在人类精神发展里起着极其巨大的作用,他的思想将不现形迹地渗透于人类灵魂。"④

确实,在西方哲学史上,克尔恺郭尔被称为"存在哲学的奠基人",是一个具有十分特殊贡献的哲学家。克尔恺郭尔把以黑格尔为代表的西方近代理性主义哲学作为批判对象,认为他所处时代最显著的特点是把一切都要"平均化"(levelling)。这种"平均化"的过程,就是要"平均"人的个性的过程,要把"个体的人"平均到群体中、社会中,抹杀个性,抹杀作为个体的人的存在,取消人的独立性。克尔恺郭尔指出,造成现代人的这种"平均化"状态的原因,从根本上说,是信仰的缺失和理性主义的泛滥。克尔恺郭尔哲学从研究个体的生存状况出发,发起了对理性主义的猛烈批判,提出了以非理性主义、个体主义和信仰主义为基本特征的新型的哲学观。

具体地说,首先,克尔恺郭尔哲学具有鲜明的个体主义特征。克尔恺郭尔哲学当时批评的主要对象是黑格尔哲学。黑格尔作为理性主义哲学的杰出代表,在个人和集体的关系上,极力贬低个人的存在价值和独立性。他认为,"人作为这一个人来说,便不复仅仅是这一个别的人,而是与别的人站在一起,因而成为众人中的一

---

①　舍斯托夫.雅典与耶路撒冷[M].张冰,译.昆明:云南人民出版社,1999:3.
②　舍斯托夫.雅典与耶路撒冷[M].张冰,译.昆明:云南人民出版社,1999:3.
③　舍斯托夫.雅典与耶路撒冷[M].张冰,译.昆明:云南人民出版社,1999:3 - 4.
④　参见舍斯托夫.开端与终结[M].方珊,译.昆明:云南人民出版社,1998:374.

分子",因为人首先是"具有人的普遍性的人","要是这些个体的人没有类或共性,则他们就会全都失掉其存在了"。① 在黑格尔及其他理性主义哲学家看来,个体的人之所以是生动的、现实的,是因为他体现了人的类本质,个体的人说到底是这种人的类本质的表现形式。因此,黑格尔和这些理性主义哲学家都认为,集体高于个体,普遍性高于特殊性,集体主义是他们的一面旗帜。克尔恺郭尔对黑格尔和近代理性主义哲学家们把人抽象化、概念化,抹杀了人的主观性和个体性的做法非常反感。克尔恺郭尔感慨地说:这是"一种无节制的泛神论对个人的轻蔑"②。克尔恺郭尔认为,黑格尔和理性主义哲学家们的做法会带来非常严重的后果。现代人在现代社会中迷失了自己,他们离开集体、离开他人就不知所措,他们丧失了自由行动的能力,他们已经不知道自己是谁了。克尔恺郭尔指出,由于理性主义哲学数千年的迷惑和欺骗,现代的人们都愿意把自己的命运依附在集体上,愿意把自己的生命淹没在历史中,人们不希望成为独立的个人。而这正是理性主义哲学的可怕之处。针对这种情况,克尔恺郭尔提出了自己的观点,他认为人是个体的人,他把研究个体的人作为自己哲学的主题,他颠倒了理性主义哲学在个人与集体关系上的观点,认为个人高于集体,特殊性高于普遍性。他说:"作为特殊性的单一个体高于普遍性,这一点在普遍性之前得到了确证,但它并不作为普遍性的附属物,而是作为比普遍性更高的东西。"③克尔恺郭尔指出,只有这样,才能实现人的价值和意义,才能使人"成为自己",才能摆脱现代人在社会生活中的"平均化"的命运。

其实,克尔恺郭尔在这里谈的问题是社会伦理问题,按照通常的理解,伦理是对人们的社会行为的规范性进行的一般性的概括和总结。克尔恺郭尔发现一个秘密,就是伦理是和个人相对立的。因为,伦理是作为普遍性而存在的,这样的普遍性的伦理是社会上公开的通行的准则,而个人仅仅是一种特殊性,他作为一种心灵的、感觉的、直接的存在而处于隐秘状态,"个体的伦理任务就是使自己打破隐匿状态,公开于普遍性之中。因此,每当他想停留在隐匿状态中时,他就犯了罪,就处于受诱惑状态。他只有通过公开自己,才能摆脱这种状态"④。克尔恺郭尔还举了一个生动的例子来进一步说明这个问题,他说,有一对彼此倾慕的青年男女,深深地

---

① 黑格尔.小逻辑[M].贺麟,译.北京:商务印书馆,1986:350.
② 克尔恺郭尔.克尔恺郭尔日记选[M].吴可佳,译.上海:上海社会科学院出版社,2002:135.
③ 克尔恺郭尔.恐惧与颤栗[M].一谌,肖聿,王才勇,译.北京:华夏出版社,1999:50.
④ 克尔恺郭尔.恐惧与颤栗[M].一谌,肖聿,王才勇,译.北京:华夏出版社,1999:76.

陷入了爱河,但是由于他们二人的条件相差悬殊,因而他们的爱情招致许多人的反对。克尔恺郭尔说,这时"伦理学却无法帮助他们。他们对伦理学保守了一个秘密,因而冒犯了它,而这个秘密是他们出于自己的责任而造成的"①。按照克尔恺郭尔的理解,信仰的本质是个人的,信仰只能从一个人的唯一性出发,而不可能从整体出发,从集体出发。克尔恺郭尔多次说:"乃是个别人高于普遍性的一个悖论。"②这个悖论就是,要么个人从集体中超脱出来而成为独立的人,要么个人湮没在集体中而成为一粒尘埃。克尔恺郭尔是坚持前者而反对后者的。

克尔恺郭尔石破天惊的观点,常常被人冠以"个人主义""主观主义"的罪名而招致众多人的批评。但是,克尔恺郭尔作为存在主义哲学运动的先驱,他的关于个人和集体关系的观点,却是这一哲学运动的基础。这方面许多哲学家都有相关的论述,别尔嘉也夫就认为"个性是一种理性存在物,但个性不受理性决定,也不能把个性定义为理性的载体。理性自身不是个性的,而是普遍的、一般的和无个性的。在康德那里,人的道德理性本质上是非个性的,是一般的本质。希腊人把人理解为理性的存在物,这一理解也不适合人格主义哲学"③。舍斯托夫对克尔恺郭尔的这一观点给予了充分的认可,他说:"在克尔恺郭尔所采用的术语中,由苏格拉底的'伦理'带来的极乐,以人的观点看,比最可怕的灾难还糟糕。"④

克尔恺郭尔哲学注重对个体的人的研究,主要表现在对个体的人的恐惧、痛苦、绝望等生命体验的研究上。这是克尔恺郭尔哲学的非理性主义特征,这也是克尔恺郭尔哲学研究的出发点。人们在通常状态下,都是从心理学的意义上来理解恐惧、痛苦、绝望的,而克尔恺郭尔是从哲学的角度,从哲学的本体论的角度来分析恐惧、痛苦和绝望的。克尔恺郭尔研究人的恐惧、痛苦和绝望等生命体验的目的也不是给人们提供一种心理治疗,而是想为人们找到一条摆脱恐惧、痛苦、绝望的生存之路,克服非本真的生活状态,实现真正的自我。克尔恺郭尔对绝望有着独到的分析。克尔恺郭尔从基督教教义出发,用《圣经》中的原罪说来解释"绝望"的产生,他认为,绝望就是那个人与生俱来的原罪,因此,绝望是人们不可逃避的命运。克尔恺郭尔认为,人们获得罪的方式都是独立获得的,因此,绝望和罪是与个体的

①　克尔恺郭尔.恐惧与颤栗[M].一谌,肖聿,王才勇,译.北京:华夏出版社,1999:80.
②　克尔恺郭尔.恐惧与颤栗[M].一谌,肖聿,王才勇,译.北京:华夏出版社,1999:76.
③　别尔嘉也夫.论人的奴役与自由[M].张百春,译.北京:中国城市出版社,2002:24.
④　舍斯托夫.雅典与耶路撒冷[M].张冰,译.昆明:云南人民出版社,1999:212.

人相联系的,这样克尔恺郭尔所谓的绝望和罪就具有了伦理和宗教的意义。克尔恺郭尔还具体解释了绝望和罪的关系,他认为,罪不是一般的绝望,而是一种强化的绝望,是绝望的加强。这是因为,罪是人先天俱来的、不能逃避的宿命,是在上帝这个全知、全能、全善的"绝对"面前,人性的缺陷的彰显。克尔恺郭尔说:"那罪是在上帝面前,或者带着关于上帝的观念绝望地不想要是自己,或者绝望地想要是自己。这样,罪是那强化的软弱性或者那强化的对抗:罪是绝望的强化。"①

克尔恺郭尔还详尽地解释了绝望,他不仅指出了绝望是与生俱来的、先在的,而且还进一步强调说,绝望是彻底地没有希望,绝望是比死还要可怕的事情。因为,对一个久卧病床、饱受疾病折磨的病人来说,死可能是他唯一的解脱、最后的希望。克尔恺郭尔指出,绝望是人连死的希望都没有的彻底的绝望。他说:"这致死的病症就是:不能够死,但看起来却并没有什么生命的希望——没有希望,那无希望性在于:甚至那最后的希望——死亡——都不存在。"②这种彻底的绝望,作为人的宿命,使人陷入巨大的焦虑、痛苦和恐惧之中。

再有,信仰主义在克尔恺郭尔哲学中占有重要地位。但是,克尔恺郭尔哲学的信仰主义与中世纪的信仰主义哲学存在着很大的区别。克尔恺郭尔反对基督教哲学对基督教教义的理性解说,反对把宗教神学构建成理性化的哲学体系,他提出将信仰理解为人的一种生存状态,而把个人的生存方式同信仰结合起来,认为信仰是实现人生意义和自我价值的唯一途径。在克尔恺郭尔看来,信仰与理性之间没有任何关系,尤其是人们不能用理性为信仰进行辩护,因为信仰根本就不需要理性的辩护。克尔恺郭尔信仰所需要的是激情和荒谬,信仰是一个人的生存问题,而不是人的认识问题。克尔恺郭尔举例子说,基督教本身就是一种荒谬,所以基督教从来就不需要人去为它辩护,"去为基督教辩护是多么非凡地愚蠢"③。克尔恺郭尔尖锐地指出,那些千方百计地想为基督教辩护的人,其实从来就没有真正信仰过基督教,因为,基督教的本质是荒谬。克尔恺郭尔在《恐惧与颤栗》中写道:"以疑问的形式,从亚伯拉罕的故事中提取辩证因素,以便弄清信仰是一种何等可怖的悖论,这个悖论居然能将谋杀变成让上帝十分开心的事,这个悖论居然将以撒还给亚伯

---

① 克尔恺郭尔. 概念恐惧:致死的病症[M]. 京不特,译. 上海:上海三联书店,2004:347.
② 克尔恺郭尔. 概念恐惧:致死的病症[M]. 京不特,译. 上海:上海三联书店,2004:264.
③ 克尔恺郭尔. 概念恐惧:致死的病症[M]. 京不特,译. 上海:上海三联书店,2004:362.

拉罕。无论如何思考都无法理解这个悖论,因为,信仰开始于思考停止的地方。"①
后来,克尔恺郭尔在《致死的疾病》中又写道:"信仰就意味着为获得上帝而丧失理
性。"②克尔恺郭尔的信仰的观点对舍斯托夫有很大的启发,"可以说正是克尔恺郭
尔诉诸信仰的存在哲学决定了舍斯托夫晚期圣经哲学的思想倾向"③。

克尔恺郭尔在哲学史上是公认的"存在主义先驱",而舍斯托夫是国际社会公
认的著名的研究克尔恺郭尔的学者。④ 克尔恺郭尔是舍斯托夫思想最成熟时期的
最重要的思想对话者,舍斯托夫的许多思想灵感都和克尔恺郭尔有关。舍斯托夫
很多重要的哲学思想也是在其分析研究克尔恺郭尔的作品中表达出来的。

舍斯托夫哲学深受克尔恺郭尔哲学的影响和启发,但我们说这既是影响、启发
的过程,也是舍斯托夫对克尔恺郭尔的思想批判和超越的过程。我们在舍斯托夫
对克尔恺郭尔思想的大量的分析中都清楚地看到了这一点。在谈到克尔恺郭尔哲
学对理性主义哲学传统的批判时,舍斯托夫认为,克尔恺郭尔哲学的这一批判是很
不彻底的,认为克尔恺郭尔思想深处还有大量的黑格尔思想的痕迹。舍斯托夫说,
具有两千年历史的基督教的发展的结果是"就连上帝也不得不走向科学,并到其真
理业已成为一切未来时代哲学之原则的苏格拉底那里去寻找支持"⑤。上帝也需
要理性的支持,上帝除了心平气和地接受普遍性、必然性的命运以外,也别无选择。
克尔恺郭尔也表达了相同的观点,克尔恺郭尔所说的"基督教的训诫"就是这个意
思。克尔恺郭尔认为,基督教的慰藉是根据大众的评价,根据大众公认的标准的廉
价的安慰,这种安慰只会把人引向极端的麻木。舍斯托夫认为,克尔恺郭尔显然已
经明显地感到,那种普遍性真理的劝慰不仅是虚伪的,而且是一种渎神行为。但
是,舍斯托夫认为,克尔恺郭尔对基督教"普遍性真理"的劝慰虽然感到虚伪,但是
还是承认接受的,并认为承认接受的原因是克尔恺郭尔还未完全摆脱理性主义传
统的影响。舍斯托夫说:"在克尔恺郭尔那里,与在苏格拉底和斯宾诺莎那儿一样,
受奴役的意志扩展到了上帝本人那儿了",尽管"曾经有过这样一个关头,他甚至
毅然扑向荒诞去寻找拯救之途"。但是"甚至在他如此激情洋溢地宣告对上帝来

① 克尔恺郭尔.恐惧与颤栗[M].一谌,肖聿,王才勇,译.北京:华夏出版社,1999:47.
② 舍斯托夫.雅典与耶路撒冷[M].张冰,译.昆明:云南人民出版社,1999:207.
③ 徐凤林.舍斯托夫的圣经哲学[D].北京:北京大学,2001.
④ 舍斯托夫.开端与终结[M].方珊,译.昆明:云南人民出版社,1998:2.
⑤ 舍斯托夫.雅典与耶路撒冷[M].张冰,译.昆明:云南人民出版社,1999:225.

说没有什么是不可能的时候,他也无法摆脱这么一个想法,即'在精神的世界里',毕竟还有,也应该具有某种特有的秩序——这秩序与我们在此,在尘世间所看到的秩序不同——但毕竟也很严格,很精确,明确而又永恒:在那里,太阳一视同仁地照耀着罪人和正直人士,在那里,只有劳动者才得食,等等"①。

克尔恺郭尔还提出了人生发展的"辩证法"。按照克尔恺郭尔的观点,人的生活有由低级向高级上升的三个阶段。第一阶段是审美阶段,其特点是人的生活为感觉、冲动和情感所支配。在这一阶段中,人们追求无限的感官享受,但却总也得不到满足,感官的刺激在百无聊赖的重复中变得空虚而成为一种痛苦的煎熬,于是,人们面临着这样的选择:是继续在痛苦中煎熬,还是超越官能享受,做有道德的人?第二个阶段是伦理,其特点是人的生活为理性所支配,遵守普遍意义的道德标准。有道德的人相信理性能够克服自身的缺陷和弱点,相信道德自律和自我完善的可能性。但是,在现实生活中,人们终究不可能避免个人愿望和社会道德、个别和一般的矛盾和冲突,这样,有道德的人就会产生内疚感和犯罪感,于是,有道德的人又面临着一个选择:是在负罪感中不能自拔,还是皈依上帝,寻求拯救?第三个阶段也是人生的最高境界,即人生的宗教境界。在这一阶段中,人只作为他自己而存在,个人能和上帝直接沟通。但人和上帝的关系不同于人与人、人与事物的关系,这是理性所无法理解的一种关系。在宗教境界中,现实生活和理性思维中的一切矛盾,完全都由信仰来解决。但在理性看来,这种信仰是极其荒谬的和不可理解的。但克尔恺郭尔认为,荒谬是信仰的特征,而且是检验信仰强度的尺度,荒谬感越强,信仰也就越强烈,这就是克尔恺郭尔的人生发展的辩证法。这种辩证法虽然与黑格尔的观念辩证法有很大的不同,但是也有很多相似之处。它也讲述了一个由低到高的发展过程,同样强调事物的发展的真正原因是内部矛盾。正是这种辩证法才使克尔恺郭尔确信,他对他未婚妻列吉娜做出的牺牲是完全自愿的,是自己所做出的选择。而克尔恺郭尔在这种自愿的选择中,看到的是自然而然的辩证过程。舍斯托夫说:"在克尔恺郭尔所被迫承受的一切之中,最可怕的是这样一种意识,即在他身上所发生的一切,都是'自然而然'发生的,无论上帝,无论魔鬼,甚至也无论多神教的命运,都未曾有过任何参与。"②

---

① 舍斯托夫. 雅典与耶路撒冷[M]. 张冰,译. 昆明:云南人民出版社,1999:225 – 226.
② 舍斯托夫. 雅典与耶路撒冷[M]. 张冰,译. 昆明:云南人民出版社,1999:219.

克尔恺郭尔认为，信仰"是个别人高于一般人的一个悖论"。克尔恺郭尔还写道："但只限于此前曾经服务于一般，并通过一般而成为个别人，而且作为一般人之上的个别人的个别人。"①舍斯托夫认为这句话透露出了克尔恺郭尔的哲学的一个思维观点，这与"克尔恺郭尔试图把信仰骑士置于人类价值的等级阶梯上，比悲剧人物更高一级的位置有关"②。克尔恺郭尔的心目中毕竟有一个人类价值的阶梯，还有一个衡量价值的标准。舍斯托夫认为，"克尔恺郭尔终究无法与为所有未来时代哲学立法的苏格拉底之后人们业已掌握了的旧的思维技能，永远并彻底地决裂。如果克尔恺郭尔想要并且也能说出全部真相的话，他首先必须从自己的灵魂中剔除与记忆所提示给他的有关骑士道和伟大的一切"③。舍斯托夫批评说"悲剧就是无出路性，而无出路性已无任何崇高和美可言，有的只是渺小和丑陋"④。所以，舍斯托夫认为，信仰对于克尔恺郭尔来说，"根本就不是'伦理'的替代品，……归根到底，不过是在实现伦理的要求罢了"⑤。

于是，克尔恺郭尔终于"不敢走得比临时排除伦理因素更远。他不光从未将'伦理'与人的堕落联系起来，而且，对他来说，'伦理'永远都是人在向宗教发展的过程中一个必要的辩证法因素。而——正如他本人是一个正统的黑格尔分子一样确实——这一因素是绝对不可取代和替代的，而不过是被'悬置起来'罢了"⑥。舍斯托夫认为克尔恺郭尔深受黑格尔哲学的影响，这未免与人们一般性的认识相反，因为，大家都知道，克尔恺郭尔是一个坚定的黑格尔哲学的反对者。但比舍斯托夫稍晚一些的存在主义哲学大师海德格尔在这一问题上却有着和舍斯托夫相同的观点："在 19 世纪，克尔恺郭尔就把生存问题作为一个生存状态上的问题，明确加以掌握并予以透彻的思考。但他对生存论问题的提法却十分生疏，乃至从生存论角度看来，他还完全处于黑格尔的以及黑格尔眼中的古代哲学的影响之下。"⑦

克尔恺郭尔哲学在理性主义狂飙猛进的时代为非理性张目，在群体高于个体的时代为个体的价值辩护，在信仰普遍迷失的时代为信仰呼号，他指引了哲学发展

---

① 舍斯托夫.雅典与耶路撒冷[M].张冰,译.昆明:云南人民出版社,1999:215.
② 舍斯托夫.雅典与耶路撒冷[M].张冰,译.昆明:云南人民出版社,1999:218.
③ 舍斯托夫.雅典与耶路撒冷[M].张冰,译.昆明:云南人民出版社,1999:218.
④ 舍斯托夫.雅典与耶路撒冷[M].张冰,译.昆明:云南人民出版社,1999:219.
⑤ 舍斯托夫.雅典与耶路撒冷[M].张冰,译.昆明:云南人民出版社,1999:226.
⑥ 舍斯托夫.雅典与耶路撒冷[M].张冰,译.昆明:云南人民出版社,1999:224.
⑦ 海德格尔.存在与时间[M].陈嘉映,王庆节,译.北京:生活·读书·新知三联书店,1987:271.

的一个新的方向,对20世纪的人本主义哲学产生了重要影响。在对克尔恺郭尔作品的阅读中,在对克尔恺郭尔的观点的继承、批判和超越中,舍斯托夫看到了一种新的哲学,"即给人带来生活("遵守教规者以信仰为生")而不是理解的哲学"①。舍斯托夫知道,克尔恺郭尔在约伯的哀号中看到了通向真理的另一条道路,这就是争取可能性的疯狂斗争。舍斯托夫因此而把克尔恺郭尔看成是自己最重要的一个哲学思想的同路人。尽管舍斯托夫在晚年才知道克尔恺郭尔,但他一旦了解了他的存在哲学,就马上开始研究他,并认为正是由于他的思想的与众不同,注定会在人类精神发展里起着极其巨大的作用。对克尔恺郭尔的研究、阐述、赞许、批判,成为舍斯托夫哲学创作的源泉。

三、舍斯托夫与陀思妥耶夫斯基思想

陀思妥耶夫斯基不是经典意义上的哲学家,他没有写过专门的哲学著作,但是很多人却认为陀思妥耶夫斯基是另一种意义上的哲学家,而且是一个伟大的哲学家。别尔嘉也夫这样评价陀思妥耶夫斯基说,虽然陀思妥耶夫斯基自己也说"我在哲学上不行(不是指对哲学的爱,我对哲学的爱很强烈)",但"他的直觉天才知晓自己特殊的哲学之路。他是真正的哲学家,最伟大的俄罗斯哲学家。他给与哲学的无限多。他的创作对哲学人类学、宗教哲学、道德哲学无比重要"②。美国学者苏珊·李·安德森在其著作《陀思妥耶夫斯基》一书中说:把陀思妥耶夫斯基归为哲学家,是因为他"痴迷于哲学难题……他所关注的哲学问题,最重要的是这样的一个问题:人拥有的最重要的属性是自由,在明确了这点并且认识到这种自由有毁灭的可能时,他寻求一种与这种自由相适应的限制性力量"。安德森说:"不管我们是否同意他的最终立场,我们都不能怀疑陀思妥耶夫斯基对人的理解达到了一种罕见的高度。"③

确实,陀思妥耶夫斯基的小说含有大量的深刻的哲学思想,这些哲学思想对人性所思考的深度达到了罕见的程度。当然,这种思考带有浓厚的俄罗斯思想的特点,陀思妥耶夫斯基是俄罗斯思想的深刻阐释者和表达者,对后来的俄罗斯哲学产生了巨大的影响。而且陀思妥耶夫斯基的思想对欧洲哲学也产生了很大的影响,

---

① 舍斯托夫.旷野呼告无根据颂.[M]方珊,李勤,张冰,译.上海:上海人民出版社,2004:15.

② Н. Бердяев о русской филос[M]. офии. Часть1,Свердловск,1991. С. 40.

③ 安德森.陀思妥耶夫斯基[M].马寅卯,译.北京:中华书局,2004:2－3.

尤其是对非理性主义哲学思潮产生了极大影响。尼采在 1888 年 10 月 20 日致勃兰兑斯的信中,谈到自己和陀思妥耶夫斯基思想的关系,他说:"我将所有俄国人的著作,首先是陀思妥耶夫斯基的著作,视为最伟大的泉源之一。"①存在主义哲学大师海德格尔青年时期在弗莱堡求学时的书桌上就摆放着陀思妥耶夫斯基的画像,而现代存在主义哲学研究者一般都把陀思妥耶夫斯基看作存在主义的先驱。②

陀思妥耶夫斯基生于 1821 年,死于 1881 年。是和马克思(1818—1883)同时代的思想家。陀思妥耶夫斯基与马克思,面对相同和相近的社会现实,在寻找解决社会问题的出路上,提出两种截然相反的思路:马克思倚重科学理性和阶级斗争,而陀思妥耶夫斯基诉诸宗教和信仰。不仅如此,陀思妥耶夫斯基还把这两种思路对立起来,他认为正是科学技术和理性的无限膨胀和僭越,才造成了人的不自由状态和信仰危机。陀思妥耶夫斯基的一生,正处在俄罗斯社会剧烈变化的时期。沙皇专制制度仍然强大,广大农奴尚未真正解放;资本主义在俄国有了初步发展,工人阶级和其他处于社会底层的人们在生死线上苦苦挣扎;道德败坏,社会两极分化日益严重,社会矛盾日趋尖锐。这时俄国进步的知识分子热烈争论俄罗斯往何处去的问题,他们彼此意见尖锐对立,但关注的问题是共同的,即如何看待资本主义,如何看待封建沙皇制度,怎样改变"穷人"的悲惨处境,使他们过上人的生活,化解社会矛盾。

陀思妥耶夫斯基是俄罗斯思想史上第一个把复杂的社会问题归结为宗教问题的思想家,他认为,"个性的绝对自我的完善这一基督教理想,将把人引向神的王国,在这个王国里,每个人爱上帝胜过爱自己,爱上帝创造的一切的人,有如爱自己"③,人世间的一切苦难都将在这个王国里、在爱中消失。

陀思妥耶夫斯基坚决反对科学技术以及基于科学技术的物质生产力拥有对社会生活的决定权,否认一切社会革命,认为社会主义的实现和人类生活中现实苦难的消除不取决于社会关系的改变,只能靠基督教。具体地说,只能靠东正教。只有保留在东正教中的自由人之间的友爱,才能消除现实生活的苦难,给人以自由。

陀思妥耶夫斯基认为人的自由来源于神,但是人的内心无一例外地存在善恶两个方面,自由可以使人行善,也可以使人作恶。人性之恶是社会苦难的根源,而

---

① 丁放鸣.陀思妥耶夫斯基与尼采[J].湖南师范大学社会科学学报,1987(3):125.
② 考夫曼.存在主义[M].陈鼓应,等,译.北京:商务印书馆,1987:47.
③ Н. О. Лосский. Бог и мировое зло. М. 1999. стр. 242.

抑恶扬善属于个人的道德修养,道德修养只有在宗教生活中才能完成。因此现实生活苦难的消除,要靠宗教的教化和个人的道德提升。陀思妥耶夫斯基认为阶级斗争本身就是人性中的恶的表现,至于科学理性,它是对人的自由的扼杀,也是对人的生命的扼杀,因为自由与人的情感、意志、欲望等生命体验都是非理性的东西,它们作为理性的对立面而遭到扼杀。陀思妥耶夫斯基认为,在人性中,理性充其量只占"二十分之一"。陀思妥耶夫斯基指出:理性原则在人们的现实生活中,划分了许多不可能的禁区,这是一座座高大的"石墙",这些"石墙"坚固无比且不近人情,当千百年来人们只能对"石墙"既怕又恨的时候,陀思妥耶夫斯基却认为,"石墙"本来就与人的生活没什么关系。他说:"我的老天爷,当我由于某种原因对于自然规律和二二得四并不喜欢的时候,自然规律和算数与我又有什么关系呢?"①陀思妥耶夫斯基的结论是:像二二得四这样的自然规律已经不是生活,它已经是死亡的开始!理性主义强调规律、秩序,实际上理性主义思想所建设的不是人的社会,而是蚂蚁穴。那里秩序井然,但就是没有人。

陀思妥耶夫斯基有着对上帝的坚定的信仰。我们考察陀思妥耶夫斯基的一生,我们甚至能说,陀思妥耶夫斯基极有可能是俄罗斯作家中信仰上帝最虔诚的一个。陀思妥耶夫斯基信仰的上帝是能把完全的神性与完全的人性合一的耶稣基督的上帝。然而,这只是问题的一面。事情还有另一面,这另一面就是对上帝的怀疑。如果说陀思妥耶夫斯基是通过基督这个居间者实现了对上帝本质的领悟和对上帝的信仰,那么他也同样是通过基督传达了他对上帝的怀疑。这一怀疑在作品《白痴》中,通过伊波利特的独白,而向人们展现出来。当伊波利特面对《基督之死》这幅画时,他看到那幅画上画的是:耶稣死后,他的那些门徒和一些妇女站在他的尸体旁,看着他。面对这样一具正在腐烂的尸体,伊波利特说,耶稣生前多次战胜自然法则,多次呈现出"神迹"。但现在人们面对着这样一具尸体,又怎么能相信耶稣还能复活呢?耶稣最后也不能逃过自然法则的掌控,我们这些普通人又怎么能战胜这些自然法则呢?想到这些,伊波利特觉得,这必然规律、自然法则真的是强大无比,它就像一头默不作声的、巨大无比的、心如铁石的野兽,或者像一部硕大无朋且又结构奇特的机器,它冷漠地、无情地、毫无意义地随便抓住任何人,再把这个人碾得粉碎,张开大口吞进肚里。要知道,按照《圣经》的说法,一个人的价值

① 陀思妥耶夫斯基.地下室手记[M].北京:商务印书馆.1995:23-25.

就比得上全部自然法则的价值,比得上整个世界的价值,而上帝就是为了人的降生而创造出这个世界的。然而,这幅画分明是要表达出这样一种观念:整个世界,包括基督在内,都必须服从那个强大无比又毫无意义的自然法则的命令,任何反对都是没有希望的。这就是伊波利特的结论。如果事情到此止步,那还不是最坏的结果,问题是伊波利特的怀疑可以引申,我们可以就着这个思路接着怀疑:基督的复活是否可能? 天国是否存在? 人的灵魂不死是否真的可信? 最后,怀疑直指上帝是否存在。赵桂莲指出:伊波利特的怀疑"已经直接指向上帝本身了,指向上帝本身的永恒性了"①。

陀思妥耶夫斯基的宗教意识就是这样矛盾。他为这种矛盾受尽折磨,他在一封信中写道:"这种对信仰的渴望使我过去和现在经受了多么可怕的折磨啊! 我的反对的论据越多,我心中的这种渴望就越强烈。"②茨威格说:信仰问题造成的陀思妥耶夫斯基内心中的矛盾,犹如山峰和深渊一样,有着巨大的反差。"同一个灵魂中,他既是所有人当中最虔信的信徒,又是极端的无神论者,……他的虔信是流淌于世界两极间、是非两极间的汹涌澎湃的变幻之河。"③陀思妥耶夫斯基晚年时曾说:上帝的存在问题整整折磨了他一生。

陀思妥耶夫斯基宗教意识不只是纯粹意义上的神学问题,同时还是人学问题。二者不能随意割裂。我们甚至可以说,在陀思妥耶夫斯基那里,上帝问题就是人的问题,人的问题就是上帝问题。所以,对于陀思妥耶夫斯基来说,人如果没有信仰,那简直是无法想象的。陀思妥耶夫斯基作品的许多地方都涉及了这个问题,在《少年》中韦尔希洛夫问,"假如上帝不存在,人将会怎样生活";在《群魔》中大尉问道,"倘若没有上帝,我还是个什么大尉呢";还有索尼娅的问题,"要是没有上帝,我会是个怎样的人呢",等等,从这些疑问中我们不难看出陀思妥耶夫斯基对"人丧失信仰之后"问题的极大关注和对无信仰的虚无世界的极度恐惧。在陀思妥耶夫斯基眼中,一个没有信仰的无神论的俄罗斯人,已经不仅不是真正意义上的俄罗斯人,而且也不是真正意义上的人了,这种人不仅抛弃了自己民族的特点,而且还抛弃了上帝所给予的样式,这样的人的生活会丧失一切意义。

陀思妥耶夫斯基对舍斯托夫的影响巨大,舍斯托夫一生都极为重视陀思妥耶

① 赵桂莲.漂泊的灵魂[M].北京:北京大学出版社,2002:376.
② 陀思妥耶夫斯基.陀思妥耶夫斯基书信选[C].徐振亚,冯增义,译.北京:人民文学出版社,1993:64.
③ 茨威格.三大师[M].美丽,史行果,译.北京:西苑出版社,1999:156－157.

夫斯基的思想,他在众多的作品中,如《悲剧哲学——陀思妥耶夫斯基与尼采》《开端与终结》《在约伯的天平上》《旷野呼告》等,都论述到了陀思妥耶夫斯基的思想。在这些作品中,舍斯托夫对陀思妥耶夫斯基的思想中对人性深处的无限追问做出了响应,舍斯托夫说:"'一般'是陀思妥耶夫斯基的主要敌人,这是人们认为离开它生存便是不可思议的'一般'。……陀斯妥耶夫斯基,如同拯救自己灵魂的圣者一样,一向听到一种神秘的声音:要敢想敢干,要走向沙漠,走向孤独生活。"①舍斯托夫认为,"陀思妥耶夫斯基无疑是一位具有双重视力的人",他看到"另外世界的有生命东西,它不是'必然'存在,而是'自由'存在"。② 舍斯托夫赞叹地说:"令人惊奇的是,他虽然没有任何科学和哲学素养,可是却正确地看清了哲学的基本和永恒问题之何在。"③舍斯托夫高度评价陀思妥耶夫斯基在俄罗斯思想史上的地位,他说,"曾幻想的新生活的希望消失了,同时对以前曾看来是不可动摇的和永远真实的学说的信仰也熄灭了。毋庸置疑,不是学说支持着希望,而是相反,希望支持着学说。按照这种思想来看,对于人来说,千年的'理智和良心'的王国结束了。新的时代开始了。这一时代在我们俄国是由陀思妥耶夫斯基开拓的"④。从舍斯托夫前期哲学的代表作,即《悲剧哲学——陀思妥耶夫斯基与尼采》的书名,我们也能看出陀思妥耶夫斯基的思想在舍斯托夫哲学思想中的地位。

舍斯托夫在保罗、德尔图良、达米安、帕斯卡、尼采、克尔恺郭尔、陀思妥耶夫斯基等人的著作中看到了他所认为的真正的哲学。舍斯托夫指出,真正的哲学,不是寻求"理解",而是需求信仰,真正的哲学用"哭泣、诅咒和讥笑"来追求真理和自由,上帝称赞了这种哲学,"'遵守教规者将以信仰为生',先知这样说,接着使徒又这样说。又说:如果您的信仰微如芥末,那没有什么对你们是办不到的——'你们便无所不能'"⑤。就这样,舍斯托夫沿着这条历史悠久,但行人稀少的哲学道路,坚定而勇敢地行走了一生。

四、舍斯托夫与胡塞尔哲学

舍斯托夫和胡塞尔是同时代的哲学家,生前是很好的朋友,舍斯托夫曾得到胡

---

① 舍斯托夫.在约伯的天平上[M].董友,译.上海:上海人民出版社,2004:28.
② 舍斯托夫.在约伯的天平上[M].董友,译.上海:上海人民出版社,2004:21.
③ 舍斯托夫.在约伯的天平上[M].董友,译.上海:上海人民出版社,2004:32.
④ 舍斯托夫.思辨与启示[M].张杰,译.上海:上海人民出版社,2005:225.
⑤ 舍斯托夫.旷野呼告无根据颂[M].方珊,李勤,张冰,译.上海人民出版社,2004:47.

塞尔多次的帮助,舍斯托夫对胡塞尔的治学风格和严谨态度十分推崇,对胡塞尔的品格高度赞扬,胡塞尔病死后,舍斯托夫以病弱之躯写下了《纪念伟大的哲学家胡塞尔》一文,之后不久也离开人世。他俩都在 1938 年病逝。

胡塞尔哲学对舍斯托夫哲学的影响,主要表现在两人的哲学观上,胡塞尔想通过现象学还原、追求到一种像精确科学那样的哲学。而舍斯托夫则认为这正是哲学所应该反对的。

舍斯托夫认为,胡塞尔所理解的哲学,可以说就是理性本身,而且居于至高无上的地位。他引述了胡塞尔的话,"在当代生活的各个领域中,也许没有比科学思想更强有力、更不可遏止、更战无不胜的思想了。任何东西也无法阻挡它那胜利的进军。而实际上,就其合理目标而言,哲学也的的确确是无所不包的。如以理想的完美形态的哲学而言,那它可以说就是理性本身,没有任何权威可与之并列,或在其之上"①。就是说,科学和理性成了最后的标准。科学不承认任何权威是与自己平等并列的。这是胡塞尔最珍爱的思想,他说,"科学说话了,那么,从此时此刻起,智性就得向他学习"②,在另一处他又说,"罗马说话了,事情也就结束了"。胡塞尔这样说,显然是用了中世纪天主教宣布教皇之位乃是最高权威和绝对正确时用过的一些说法和术语。那么理性的地位是从哪里来的呢? 胡塞尔是一位严肃的理性主义的哲学家,他不愿意空口无凭地声明,而是力求对理性的地位加以论证。"一般性论断若缺乏根据,便很少能说明问题;想要成为科学的愿望如若未能找到所以实现这一目标的途径,则它不会具有什么意义。"③舍斯托夫评价说:"这话当然说的很对。如果我们仅只限于做出一些灵机勃发的、先知式的许诺的话,我们就会重返以前被庄严地否定了的智性。"④可胡塞尔追求的证实是怎样的呢?

胡塞尔宣布理性的地位,几千年来的哲学传统所确认的理性的至高无上的地位的依据是什么呢? 舍斯托夫认为这源于哲学史上的认识论传统。舍斯托夫说"认识论从古以来,就一直是哲学的基本问题""认识论绝非是对我们思维方式的一种无害的、抽象的反省。它先定的是认识活水的源泉。它滋润着我们的生活赖以从中导源的那个哲学是什么的问题。如同天主教为了有权向人类指示通向拯救

① 舍斯托夫.钥匙的统治[M].张冰,译.上海:上海人民出版社,2004:154.
② 舍斯托夫.钥匙的统治[M].张冰,译.上海:上海人民出版社,2004:154.
③ 舍斯托夫.钥匙的统治[M].张冰,译.上海:上海人民出版社,2004:155.
④ 舍斯托夫.钥匙的统治[M].张冰,译.上海:上海人民出版社,2004:155.

和永恒生活的途径而需要树立教会绝对正确的思想一样,哲学,为了要达到它为自己树立的目标,不能也不愿意与对其权利范围所做的任何限制行为相妥协。于是,理性权威宣布它不会迷路"。① 胡塞尔说:"想要成为精确科学的高度自觉的意志规定了哲学中苏格拉底—柏拉图革命的性质,同样,也规定了近代科学对经院哲学的反拨,尤其是笛卡尔革命的性质。他们所给予的这一推动,转移到了伟大的 17 和 18 世纪哲学中来,并以激进的力量在对康德纯粹理性的批判中得到更新,从而还给予费希特的哲学以巨大的影响。所有的研究都一而再,再而三地指向真理的起源,指向具有决定性意义的表述法,指向正确的方法。"② 舍斯托夫说:"这段话简直就是一张胡塞尔学术的简明谱系表:从苏格拉底和柏拉图发端,中经笛卡尔,直到康德和费希特。但这张谱系表只在某些方面是真实的。必须注意的是,胡塞尔对形而上学的根本否定,或不如说极端厌恶,使其明显有别于柏拉图、笛卡尔和莱布尼茨。"③ 舍斯托夫认为,胡塞尔同康德比较来说,形而上学的不可能是人所共知的、不言自明的。所以胡塞尔根本就没有提出"形而上学是不是可能的"。

这里表达了胡塞尔和舍斯托夫对形而上学的一个共同看法。胡塞尔和舍斯托夫所说的形而上学,也称之为智性,是指黑格尔意义上的哲学。舍斯托夫说"形而上学是一种智性,也即一种前科学的、仓促上马的、想要解决刻不容缓的创始论问题的尝试。因此,形而上学只能在纯实践性思维中得到有条件的证实"④。舍斯托夫指出:"我同样认为智性坐在不属于自己的宝座上的时间的确太久了。智性就像老者,它有一把长而白的胡须,宽大的前额,深陷的眼窝,下垂的眉毛和作为功德圆满的这一切标志的、苍老的、为人祝福的手——在所有这一切古老的宗教信仰中,能感觉得到一种认为掩饰无能的虚假。而任何虚假和做作,都使人愤怒和厌恶。"⑤ 而胡塞尔认为,科学哲学的最后的代表人物有康德,部分还有费希特。像黑格尔和谢林,包括古代的普罗提诺,不是作为精密科学的哲学的代表人物,而且已经不是什么哲学家,只能是智者,他们是"以一些已存在的首要和次要问题为题的、文采斐然、思想深刻的即兴作者"。形而上学(黑格尔主义哲学)是胡塞尔和舍斯

---

① 舍斯托夫.钥匙的统治[M].张冰,译.上海:上海人民出版社,2004:154.
② 舍斯托夫.钥匙的统治[M].张冰,译.上海:上海人民出版社,2004:155.
③ 舍斯托夫.钥匙的统治[M].张冰,译.上海:上海人民出版社,2004:155.
④ 舍斯托夫.钥匙的统治[M].张冰,译.上海:上海人民出版社,2004:156.
⑤ 舍斯托夫.钥匙的统治[M].张冰,译.上海:上海人民出版社,2004:151.

托夫共同批判的对象,舍斯托夫说道:"为了安慰饱受痛苦的人类,可以用上帝是存在的、灵魂是不朽的、恶在彼岸世界会因自己的所作所为而受到报复一类思想来开导人们。"①但这只是临时性的、过渡性的需要。胡塞尔同样告诫我们:"我们应当牢记我们对全世界所担负的责任。我们不能为了时代而牺牲永恒,我们不能为了缓和我们的需要而把对需要的需要作为全然不可避免的恶传给后代……世界观(即各种智性)会争论,而只有科学能够解答,而且,它的答案带有永恒的烙印。"②胡塞尔要通过精确科学的研究途径寻找到哲学,而且也只有这一条途径。因此,胡塞尔说:"在认识论里应当寻找形而上学以前的那些学科。"就是说,胡塞尔同意并予以承认的,只是这样一个理性,即将对之做出证明的上帝,因为,众所周知,任何别的权威都无法也不可能与理性并列。而古代和近代人的上帝,却是通过非科学的途径,也即在理性之外而被发现的。这在胡塞尔看来是不可能的。于是,这里胡塞尔和舍斯托夫就产生了一个共鸣,舍斯托夫说"我们认为,和胡塞尔本人一样,人们永远也不会承认,也不愿承认连理性也不会提供证明的那个上帝"。可是,尽管"哲学连同它那些最重要的代表人物,不也曾极为紧张地想用理性洞悉理性",可是"这里却连科学学说的奠基石都尚未铺好,再不就是不加分别地、一团模糊地把世界观和理性认识混淆在一起"③。

但是舍斯托夫认为,胡塞尔没能拿出强有力的证明,证明自己所追求的像精确科学的哲学的存在,现象学还原的道路走不通,他没有达到自己的哲学目的。这一点主要表现在胡塞尔哲学与相对主义哲学的关系上。

胡塞尔哲学是直接从驳斥心理主义出发的,他把当代哲学思想界里无一例外的代表人物的思想都视为心理主义。对于胡塞尔来说,心理主义,也就是相对主义。胡塞尔认为,由于相对主义所包含的内在矛盾使其变得毫无意义,因此理性是根本不能忍受相对主义的。胡塞尔甚至认为,当时著名的密尔、冯特等心理主义学者,之所以完全不能接受普罗塔哥拉等相对主义的立场,就在于普罗塔哥拉式的心理主义者还不是百分之百的相对主义者。胡塞尔深刻地认识到:"他们虽然看出每个人都有自己特殊的真理这一论断毫无意义,但却未能发觉,反过来说什么人作为类的存在物有其自己特有的、纯人类的真理这一论断毫无意义,其所包含的矛盾丝

① 舍斯托夫.钥匙的统治[M].张冰,译.上海:上海人民出版社,2004:156.
② 舍斯托夫.钥匙的统治[M].张冰,译.上海:上海人民出版社,2004:156.
③ 舍斯托夫.钥匙的统治[M].张冰,译.上海:上海人民出版社,2004:157.

毫也不亚于前者。这样一种特殊的(也即类属的)相对主义,丝毫也不比个人相对主义更优越。因为,当一个人断言作为整体的人类尤其纯人类的真理时,他须以相对论点是绝对虚假的作为自己的前提。又因为他的论断具有绝对真理性,所以与自身相矛盾。"①理性惧怕自相矛盾,理性惧怕左右摇摆,理性要把认识建筑在牢不可破的基础上。胡塞尔哲学的一个重要特征就是,他在所有现代认识论中毫不留情地寻找着,并驱逐着相对主义的痕迹,他在这方面表现得坚忍不拔,完全彻底。舍斯托夫认为,这是胡塞尔的一个主要的巨大的功绩。但舍斯托夫认为,胡塞尔过早地宣布了这种证明的真理。胡塞尔郑重宣布"真实的,即是自然而然绝对真实;真理是同一和统一的,他不取决于人、怪物、天使或神祇在论断中对它是否接受"。舍斯托夫指出:问题在于,"他在责备自己的同时还要人们不要相信由结果引出的论据。而他本人却不但相信这些个论据,也即作出某种论断,而且,进而勇敢地、全无顾忌地全盘接受从中得出的所有结论,而且,进而把百分之百相对主义的王冠除掉以后"②,他就匆忙地宣布了上面的结论。

被胡塞尔视为心理主义的代表之一的西格瓦特曾写道:"确立思维中普遍必然进步之标准及规则的可能性,是建立在区分客观必然思维与客观非必然思维的能力上的。对此种意识的体验及其可靠性的信仰,是一个不能让步的公设。如果我们问一下自己,是否有可能整体地解答所提出的这一问题,如果可能,那么需要怎么做?对此问题,实话说,除了向主观体验到的必然性、向伴随着我们部分思维的自明性的内心感受、向在此前提之下不可能与我们所想的有所不同的意识发出诉求外,没有别的答案。对此种感觉正确性及可靠性的信仰,是任何一般真理性的最后支柱。一个人如果不承认这一点,那么,对他来说也就不存在任何科学,而只有偶然的见解。"③这就是说,对西格瓦特来说,仅仅是公设,是未得到任何证明的假设,到胡塞尔那里,却是公理。如果胡塞尔是正确的,那么西格瓦特就是错误的。要知道,西方哲学主流传统一直相信,我们的真理,应该是普遍的、绝对的真理。应该说对这一点,西格瓦特是清楚的。舍斯托夫说:"如果一个终生探索真理之根据的严格的学者,当其老年行将到来之际,承认说我们的真理归根到底是只靠公设在支撑,对显而易见的感觉的信任是我们科学信仰的最后一根支柱的话,那么,我们

① 舍斯托夫.钥匙的统治[M].张冰,译.上海:上海人民出版社,2004:157.
② 舍斯托夫.钥匙的统治[M].张冰,译.上海:上海人民出版社,2004:159.
③ 舍斯托夫.钥匙的统治[M].张冰,译.上海:上海人民出版社,2004:159.

认为，对于这样一个学者的这样一种供词，我们未必能心平气和地绕过去，而且以为自己可以有权以其含有内在矛盾的理由将其抛在一边。"①"至于西格瓦特，我们可以确信地说，相对主义是他一个沉重的十字架。只是出于一位学者的诚挚和认真，他才作出了痛苦的供认。"②舍斯托夫认为，西格瓦特没有沿着这条路走下去，其实在这条路上，我们会发现，理性的权限是有一定范围的。在那一范围之外，另一种新的、与理性无任何共性的势力开始行使其权利，而我们这些人，即使是在这里，在我们所生活的这个经验世界上，也都以某种方式感觉到了它的存在。

舍斯托夫认为，康德也是如此，"按照康德的说法，我们最无可置疑的判断——首先是综合判断——是最虚假的判断，因为它们不是为理性洞悉事物之本质的可能性所决定，而是为从外部强加给理性，又被理性冒充为创造起自己的，并且只对它自己有意义的思想——也即幻觉或虚构——的必然性所决定。康德的结论——作为一种对先天综合判断而言并不具有特殊来源的形而上学，是不可能成为科学的——实际上，只是出于误会，才一度被当作，并且现在也被当作是对形而上学的否定，之所以这样说，是为了给他辩护。数学和自然科学之所以具有精确性和必然性，是因为它们决意盲目地听从盲目的向导和统治者。而形而上学战士还是自由的，因此，他无法也不愿意成为一门科学，而是力求成为一种独立的知识"③。这是舍斯托夫认为的康德哲学的本质，康德哲学不能克服自身的矛盾，不能克服现象界和自在之物的绝对分裂，我们的理性无法真正认识事物的本质，必然形成了为形而上学辩护的事实。"于是，便不能不允许非科学的、幻想性的形而上学的存在"④。给理性划界，以便给信仰留下地盘。舍斯托夫说："哲学宁愿采取中间道路。哲学虽不觊觎绝对真理，但也不会放弃理性的主权。实证科学的存在和迅速繁荣这一事实，就证实了这一点。而在逻辑学中，没有出现比西格瓦特和洛采那样的供认走的更远的现象。"⑤于是，康德哲学的实质在于"为了证明诸如此类的自我克制，人们开始想要把心理学和认识论观点加以区分。认识论的任务并不是弄清我们认识的起源。它的工作仅限于鲜明展现认识的结构和思维借此得以将人们引向真理

① 舍斯托夫. 钥匙的统治[M]. 张冰, 译. 上海: 上海人民出版社, 2004: 160.
② 舍斯托夫. 钥匙的统治[M]. 张冰, 译. 上海: 上海人民出版社, 2004: 160.
③ 舍斯托夫. 钥匙的统治[M]. 张冰, 译. 上海: 上海人民出版社, 2004: 161.
④ 舍斯托夫. 钥匙的统治[M]. 张冰, 译. 上海: 上海人民出版社, 2004: 161.
⑤ 舍斯托夫. 钥匙的统治[M]. 张冰, 译. 上海: 上海人民出版社, 2004: 161.

的、各类法则之间的内在联系。至于这些法则是从哪来的,这不是认识论的事,而是心理学的工作,而且,认识论的任务不应与心理学的工作有任何交叉"①。应该说,舍斯托夫对康德哲学的这种认识是切中要害的。

舍斯托夫认为,胡塞尔和康德不同,他绝不模棱两可,胡塞尔既不愿明确地,也不愿包容地接受无论以何种形态出现的相对主义。舍斯托夫认为,胡塞尔的一大功绩就在于有这种决心。在舍斯托夫看来,胡塞尔哲学向西方哲学传统做了最后的摊牌:或者人类理性有可能说出对人、对天使和神祇同样必要的绝对真理;或者被迫放弃雅典人的哲学遗产,并恢复被历史所戕害的普罗塔哥拉的权力。

胡塞尔在对旧认识论的批判中,采用了一个经典论证:凡包含有与理论自身相抵牾的论点的理论,都是荒谬的。胡塞尔的做法是,现象学悬置。这和康德的做法很不相同。康德是给理性划界,以便给信仰留下地盘。而胡塞尔干脆就把未经考察的信念悬置起来。但舍斯托夫问道:"认识论观点和心理学观点,能够精确地划分出来吗?"②胡塞尔认为是能的,他在《逻辑研究》第一卷和第二卷中,数十次地重复指出,他不想涉足谱系学问题。这个"谱系学"是尼采的用语。胡塞尔说,"我们认为可能有事实证明逻辑概念有其心理起源,但我们否认以此为据而得出的心理学结论",因为"心理学论述相应的抽象概念是如何产生的问题,对我们这一学科来说,不具有任何意义"。③ 就是说,无论真理的来源是什么,都无法改变这样一个事实,那就是:真理存在着,是它在支配着我们,因此,我们的工作可以归结到一点,那就是通过不偏不倚的分析,为我们弄清真理借以行使其最高权力的那些方法和规律。舍斯托夫指出,道德家们也是这样谈论"善"的。舍斯托夫举了这样一个例子,杀死一个人,可能会使我体验到快乐,因为我从此摆脱了一个竞争对手;可能使我获得好处,因为我把死者的珍宝据为己有,或占据了他留下的宝座。所有这一切都有可能,但尽管如此,我的行为仍然是,并且永远是不好的,这倒不是因为我给死者造成了危害。因为,也可能被我打死的那个人,正要摆脱尘世的烦恼,要到美丽无比的极乐世界去,并且世上没有一种力量能将罪恶的烙印从我的行为中抹去。善拥有主权,它不承认在其上有任何权威,这就是"不受节制的善"。舍斯托夫认为,柏拉图就深知这一点,在其所有的推论过程中,他都把善作为基本原则。尽管

---

① 舍斯托夫.钥匙的统治[M].张冰,译.上海:上海人民出版社,2004:161.
② 舍斯托夫.钥匙的统治[M].张冰,译.上海:上海人民出版社,2004:162.
③ 舍斯托夫.钥匙的统治[M].张冰,译.上海:上海人民出版社,2004:162.

舍斯托夫认为,柏拉图"在分析人的行为时,他发现,人的行为总是取决于某种完全独立的因素,我们无论如何也无法根据我们的日常生活经验而将其纳入我们所熟悉的其他某些本质中,也就是说,它既非有益,也非快乐,更不是某种别的什么"①。而柏拉图心中的"理念",更是一个永恒的基本原则,"时间之外的理念,那么,它永远都会有、永远都有过、将来也还会永远都有——而且,即使现实世界根本没有产生,或者虽然产生,但即刻又退回到了它由以产生的虚无中去了,即使是这样的时候,理念也还是会有的"②。

舍斯托夫还把胡塞尔等人的这种做法比作宫廷御用律师在为皇帝权力辩护一样。御用律师们从不允许,也不会允许人们讨论专制政体思想的历史演化过程。按照他们的观点,君主是任何权利、任何人的权利的来源,既然如此,其权力就不可能导源于别的某种东西。这些权利在时间之上,在时间之外,是最高存在物。而在神学那些漂亮辞藻大行其道的场合之下,上天本身成了君主权力的来源。君主是上帝的宠儿,君权神授。

舍斯托夫指出,尼采没有这样。尼采从试图阐释道德走向了"在善恶的彼岸"这一公式。确切地说,当善在尼采眼中丧失了它的魅力和支配他的力量时,尼采开始探索在其支配之下任何人都不再愿意对善顶礼膜拜的"道德的谱系"。舍斯托夫称,尼采的变化是他看到的奇迹。舍斯托夫一针见血地指出,正是尼采身上的这种变化,才使胡塞尔等这些认识论者顽固地坚决不愿与认识论中的谱系和逻辑问题对质。而彻底抛弃谱系问题在他们看来也不大可能,因为那样一来,他们就得被迫接受早已被当代清醒的思想界搞得威望彻底扫地的形而上学或神学假设。

舍斯托夫认为,胡塞尔哲学所提出的任务,是仅以自然人为据来奠定哲学的基础的。因此必须赋予自然人以绝对权利。胡塞尔为达此目的而采用的否定法,与新康德主义者的并无二致:他不允许任何人通过探索理性的起源来检验理念的诉求。但他所做的不以此为限。他提出了自己的理念论,其任务是以证实方式证明我们对理性的无限信任。

从根本上舍斯托夫认为,胡塞尔哲学是一种假设。因为胡塞尔认为他所说的唯心主义根本就不是"一种形而上学学说,而仅指认识论的这样一种形式,该形式

---

① 舍斯托夫. 钥匙的统治[M]. 张冰,译. 上海:上海人民出版社,2004:162.
② 舍斯托夫. 钥匙的统治[M]. 张冰,译. 上海:上海人民出版社,2004:162.

一般说承认客观认识的可能性乃是一种理想条件,并不用心理学的阐释排除客观认识"①。由此,舍斯托夫认为,胡塞尔哲学的实质是,他追求客观认识,承认理想存在,但他又确信,自己没有必要求助于形而上学。胡塞尔的认知真理,如何才能实现? 人如何能摆脱价值取向去认识客体? 这是胡塞尔的真理观备受责难的地方,所以,舍斯托夫认为,这说明胡塞尔的真理也是一种假设。舍斯托夫指出,胡塞尔的这个问题,和笛卡尔的是一样的,形而上学的前提是思维的必要条件。"理念论之所以有意义,仅仅是因为在他看来,它是通向形而上学发现的一条通衢,反之,他之所以认为理念论是真理和永恒,仅仅是因为它植根于形而上学的幻象。"②胡塞尔在批评埃德曼将存在相对主义化时指出:"也许存在着一种特殊的生物,我们姑且称之为逻辑超人,我们的原理对他们无效;毋宁说,对他们有效的是另外一些原理,以至于对我们来说为真的东西对他们为假。对于他们来说合理有效的是,他们不体验他们所体验的心理现象。也可能我们的存在以及他们的存在对我们来说为真,对他们来说则为假,如此等等。我们这些逻辑普通人当然会判断说:这些生物疯了,他们谈论真理并且取消真理的规律,他们声称拥有他们自己的思维规律,并且他们否定那些决定着整个规律可能性的规律。他们提出主张并且又允许否定这个主张。是与否、真理与谬误、存在与非存在,在他们的思维中不具有任何相互的差异。"③这里,舍斯托夫认为,胡塞尔给相对主义者设立了一个底线,我们和他们的存在是不能怀疑的,是不能为假的。舍斯托夫认为,这段胡塞尔对相对主义的批判,使我们想起笛卡尔,笛卡尔把一切都怀疑了,就连上帝在一切方面都在骗人,但是有一点上帝是不能骗人的,那就是人的存在。因为即使被骗,也需要以存在为前提。舍斯托夫说:"胡塞尔也正是这样反驳相对论者的:你否定什么,相对什么都随你的便,可你自己的存在及有关你存在的真理,你是无法否定的。因此,你已不是什么相对论者,而是和我一样的讲逻辑的、专制制度的拥护者。"④舍斯托夫接着说:"看来,这一论据是根本无法反驳的:一遇难题,柏拉图的遗产(因为笛卡尔的论述效法的是柏拉图)会来解救。"⑤

---

① 舍斯托夫.钥匙的统治[M].张冰,译.上海:上海人民出版社,2004:164.
② 舍斯托夫.钥匙的统治[M].张冰,译.上海:上海人民出版社,2004:164.
③ 胡塞尔.逻辑研究[M].倪良康,译.上海.上海译文出版社,2006:148.
④ 舍斯托夫.钥匙的统治[M].张冰,译.上海:上海人民出版社,2004:165.
⑤ 舍斯托夫.钥匙的统治[M].张冰,译.上海:上海人民出版社,2004:165.

笛卡尔确信怀疑本身是不能怀疑的,他似乎会热烈欢庆人类理性对一切参与反对他的阴谋的、高尚的和卑下的势力的全胜,顷刻之间,他似乎品尝到了胜利之果。然而,没过多久,笛卡尔开始不安起来,像柏拉图一样,他开始在寻找形而上学的避难所。按照我们的概念,此即无知的避难所,也就是胡塞尔的术语——智性,舍斯托夫的术语——形而上学。笛卡尔要树立一个信念,上帝不愿当骗子,因为这和上帝作为一个最高存在物的尊严不相容。而且,归根到底,他对理智的信任也是奠基在这一信念之上的。舍斯托夫说:"笛卡尔亲眼看到,以天然理性战胜上帝,这在人是无法办到的,因此,无论你愿意也好,不愿意也好,面对宇宙的造物主,你得屈膝下跪,但不是向他要求真理,而是恭顺地向他企求仁慈。如路德所写的那样,'人应当相信自己的事业,应当像一个手脚无力的麻痹症患者那样含着眼泪祈求造物主的仁慈'。"①

这样我们整理一下我们的思路,我们看到了三个哲学派别。问题是谁对了,是黑格尔主义的形而上学哲学家吗? 是胡塞尔式的以精确科学为榜样的哲学家吗? 还是被胡塞尔竭力抨击的相对主义哲学? 舍斯托夫指出,关键是,人以其全部存在感受到,生活业已溢出了能被所有人都同等接受的判断所表述的和用传统方法论论证的真理的范围,因此,无论是西格瓦特和埃德曼的特殊相对主义还是胡塞尔那不可遏止的理性主义,都同样无法使他满意。接着舍斯托夫做了进一步的分析,"人的生存——也许这听起来有点似是而非——根植于一种人无以企及的形而上学需要之中,这种需要在时间之前即已无所不在地被赋予个体的'理性',或是使其永远只知道自己的皮壳,只有在这种情况下,人才愿意整体地接受胡塞尔的论据。的确,特殊相对主义和个体相对主义无任何差别。无论前者还是后者,都是在把我们真理的世界变为幽灵和梦的世界。逻辑学和认识论所赋予我们的无可置疑性和牢固性的全部保障,都消失了:我们必须生活在永久的无知之中,永远忍受或是准备接受任何随便什么东西。此时此刻哲学公设不仅不能给人以安慰,反而使人更加不安和激动。哲学还是在巴门尼德时代就已许诺给人以牢不可破的真理和绝不颤抖的心脏。而且,如果胡塞尔的的确确不光弄清了传统认识论的相对主义,而且还在自己的心灵中克服了它,并且在人类经历了数千年之久的恐惧不安以后,把最终的安慰还给了它——那么,难道他把认识论提高到了一切科学之上有什么

---

① 舍斯托夫.钥匙的统治[M].张冰,译.上海:上海人民出版社,2004:165.

不对吗?"①

　　如果胡塞尔的认识论的真理是成立的,那么,由于有这种绝对的知识,笛卡尔所说的什么上帝不愿意当骗子的假设,就很成问题,而且,和西格瓦特所提的那一公设一样,完全是多余的。舍斯托夫追问道:"今天谁还会说:我们的灵魂早在我们诞生之前曾在另一个世界里生存,在此生活里,灵魂仍在追忆着它在那里时一度曾见过的真理?"②

①　舍斯托夫.钥匙的统治[M].张冰,译.上海:上海人民出版社,2004:166.
②　舍斯托夫.钥匙的统治[M].张冰,译.上海:上海人民出版社,2004:166.

第四章　悲剧与拯救

哲学上的"主题"，是指任何一个哲学家、思想家在他的一生的哲学研究中，或一段时期的哲学研究中，或一部作品中所呈现出来的最主要的思想旨趣和最关心的问题指向。一般来说，一个哲学家一生都要至少有一个，或几个思想主题。我们研究一个哲学家的思想主题，是研究一个哲学家哲学思想的至关重要的一环。尤其是那些带有一生性质的思想主题，对于我们理解和揭示一个哲学家的哲学思想更有着极其重要的意义，因为这样的思想主题是贯穿于一个哲学家全部思想的主旋律，是统领一个哲学家全部哲学作品的灵魂。舍斯托夫哲学就有这样一个一生未变的主题。

第一节　舍斯托夫的哲学观

马克思有言，任何真正的哲学都是自己时代的精神上的精华。我们知道，任何哲学思想都是时代的产物，任何哲学问题都能显示出它所处于的那个时代的特征。哲学就其本质来说是对时代精神的思想把握，因此，每一个真正的哲学思想所反映的都是那个时代脉搏的跳动，每一个真正的哲学思想所演奏的都是那个时代最强的音符。舍斯托夫哲学也是如此，舍斯托夫哲学本身就是思想中的时代，是 19 世纪末 20 世纪初西方社会现实的真实反映。

一、舍斯托夫哲学的主题

每一个人都不是天生的哲学家，都有一个走上哲学的学习、研究道路的契机和过程。舍斯托夫也是这样，在舍斯托夫所写的《纪念伟大的哲学家埃德蒙特·胡塞尔》的文章中，舍斯托夫对自己踏入哲学研究的事业的起因进行了这样的表白："在某些人看来似乎很奇怪，我最初的哲学老师居然是莎士比亚，是他的谜语般的、不可理解的、带威胁性和阴郁的话：'这时代是纷乱无序的。'当时代纷乱无绪的时候，当存在露出它的可怕的情况时，我们怎么办呢？我们能做些什么呢？从莎士比亚，我满怀热情地转到康德……但是康德并没有回答我的一些问题，于是，我就转向另一个不同的来源——《圣经》。"①寥寥几句话，舍斯托夫不仅清楚地告诉了我们他踏上哲学研究之路的最初起因，而且还向我们透露出了他所关注的这个时代的一个大问题——"纷乱无序"。就是说，舍斯托夫认为，这是一个没有大家能普遍接受、普遍信服的统一标准的时代，是一个各种思想、观点层出不穷和争论不休的时代。那么，人类的思想领域和哲学领域有没有或者应不应该有一个永恒不变的最高标准呢？如果有，那么这个作为评判一切思想的最高标准又是什么呢？我们从舍斯托夫的这段话中知道，舍斯托夫先是试图到康德哲学那里去寻找答案，在没有获得满意的结果后，舍斯托夫才转向另一种智慧——在《圣经》中寻找答案。

　　舍斯托夫生活的时代是纷乱无序的时代，在这个时代中，西方文明、西方哲学陷入了严重的危机。确切地说，是西方文明的主流——传统理性主义思潮陷入了严重的危机。对于这个危机，生活在那个时代的大多数哲学家、思想家都有着很强烈的感受和体会，很多思想家和哲学家都对这个时代的难题写下了许多名篇巨著。俄罗斯白银时代宗教哲学的奠基人索洛维约夫就写了《西方哲学的危机》这样著名的文章。和舍斯托夫同年出生，同年去世，也是舍斯托夫的很好的朋友，著名哲学家，现象学的开创者胡塞尔，也写下了《欧洲科学危机和超验现象学》这样著名的文章。舍斯托夫对这场欧洲哲学的危机也有着深刻的体会和敏锐的理解，他对这场自欧洲哲学诞生以来史无前例的危机进行了深入的研究，并在研究中形成了自己独特的哲学观点。

　　舍斯托夫说："想去检查人类知识基础的最小裂缝的每一种企图都会把时代弄得纷乱无序，但是我们是不是必须不惜任何代价去保护知识呢？是不是必须使时代重新恢复正常秩序呢？还是要进而推它一下，把它打得粉碎呢？"②舍斯托夫的研究过程是这样，舍斯托夫首先是求教于康德。康德在《实践理性批判》中有一个著名的公设，康德认为，只有把德性和幸福结合起来以后，才算达到至善。然而，这样的至善概念本身就必然地包含一个二律背反。把道德和幸福这两种根本对立的

---

　　①　舍斯托夫.开端与终结[M].方珊,译.昆明:云南人民出版社,1998:335.
　　②　舍斯托夫.开端与终结[M].方珊,译.昆明:云南人民出版社,1998:334.

东西协调起来，光靠人力是办不到的，只有假设一个超自然的最高存在者——上帝，才可能实现。康德用这个上帝存在的公设，来试图弥合这个破碎的世界。但舍斯托夫不接受、不认可康德的努力。他认为康德的这个公设只是一种偷梁换柱，使人们"用这些假设去缓和，或者去忘却，去无视纯粹理性的真理毁灭一切的力量"①。

　　一般来说，人们对康德哲学的评价有两种不同的态度：一些人认为，康德是推翻对上帝信仰的凶手，这也是舍斯托夫赞同的观点；另一些人则认为，康德对理性的批判的目的只是限制理性，给信仰留下地盘。舍斯托夫认为，从康德哲学提出的先验哲学、先天综合判断和实践哲学的著名"公设"来看，康德哲学和斯宾诺莎哲学别无二致，"他捍卫笃信宗教和道德，却出卖了上帝，用他按数学真理之最高标准创造出来的概念取代了上帝"②。

　　舍斯托夫认为，虽然康德声称"我应当否定知识，以便给信仰留下地盘"，但是康德哲学的实质并没有这样做。舍斯托夫认为，康德哲学的内容实际上已经在斯宾诺莎的《几何秩序中的伦理维度》中得到了充分的说明，康德哲学并没有超出斯宾诺莎哲学的范围。"批判哲学没有克服那种构成前批判哲学之内容和灵魂的东西，而只不过是将这种东西化解于自身，掩盖于我们的视线。"③康德在《纯粹理性批判》中，把形而上学所研究的对象上帝、灵魂和自由都驱逐出了现象界，但是，在《实践理性批判》中，康德又把它们全部地请了回来，理性得到了几乎完全的补偿，而且还具有了应该、义务和无上命令的能力。因此，舍斯托夫说："不错，康德确认，他限制理性的权利是为了给信仰开辟道路。但康德的信仰是在理性界限内的信仰，也就是理性本身，只不过换了一个名字。"④就是说，舍斯托夫认为，康德所说的信仰或他们称之为信仰的东西，其实处在理性的永恒监护之下。

　　舍斯托夫感受到"纯粹理性那毁灭一切的力量"。这个毁灭一切的力量，就是理性的必然性、科学规律、伦理道德、社会秩序等对人的生命和生活的全面强制。这种全面强制的力量，在西方理性主义思潮兴盛数千年后，在 19 世纪末 20 世纪初

---

①　舍斯托夫.开端与终结[M].方珊，译.昆明：云南人民出版社，1998：335.
②　舍斯托夫.在约伯的天平上[M].董友，徐荣庆，刘继岳，译.北京：生活·读书·新知三联书店，1989：17.
③　舍斯托夫.雅典和耶路撒冷[M].徐凤林，译.杭州：浙江人民出版社，2000：3.
④　舍斯托夫.雅典和耶路撒冷[M].徐凤林，译.杭州：浙江人民出版社，2000：83.

已经达到了前所未有的程度,它以一种吞噬一切的态势,渗透到人的生活的各个领域。面对这个问题,康德等人的努力显得十分苍白无力,甚至是刻意回避。于是,舍斯托夫才把目光转向了《圣经》,他找到了《圣经》中的上帝。舍斯托夫认为,《圣经》中有他苦苦寻找的答案。这实质包括了两个相互联系的方面,先是舍斯托夫认为,人们的生活和生命陷入悲剧之中,其原因是理性主义的泛滥和理性原则对人的生活和生命产生了强制;其次是舍斯托夫认为,把人从悲剧性的生活中拯救出来的唯一出路是对上帝的信仰,这种对《圣经》中上帝的信仰,是解决时代困境和人的生存困境的根本出路。这就是舍斯托夫哲学的思想主题:悲剧与救赎。

需要指出的是,在舍斯托夫从事哲学研究的一生中,他的问题旨趣和主要的思想观点基本上没有发生什么重大变化,没有什么思想上的"断裂"(如海德格尔、维特根斯坦那样),这个思想主题贯穿在他的所有的哲学作品之中,并伴随了他一生。正像布尔加科夫说的那样:舍斯托夫一生写了太多的著作,研究了太多的论题,但在这些各种各样的著作和论题中,我们不难找到一个一直未变的主题,"舍斯托夫属于那类思想专一的人,他没有思想的演进。他的思想宗旨在早期作品中就已确定"①。

舍斯托夫一生只专注一个主题,是因为他认为这个问题对人的生存来说是具有决定意义的。舍斯托夫的视野不仅仅是他所生活的那个时代,还有整个西方哲学的数千年历史。而由于几千年来在西方占统治地位的理性主义哲学思想的影响在人们的心中已经根深蒂固,所以,舍斯托夫认为,需要反复呼喊才能把人们从这种传统思想的统治下唤醒。他说:"人们生我的气,因为似乎我总在说老一套。人们也曾为此生苏格拉底的气。仿佛别人就不说老一套似的。显然,人们生气是由于某种别的缘故。假如我说了老一套,但这种老一套是大家所习惯的、易于接受的,是大家所能理解的和令大家愉快的,那么人们就不会生我的气了,也不会觉得我说的是'老一套',即总是同样地不像人们想听到的东西。因为,亚里士多德之后已经几千年了,大家都在反反复复地说,矛盾律是最不可动摇的原则,科学是自由研究,即便上帝自己也不能使曾经发生过一次的事情成为不曾发生的,人的使命是战胜自私,万物统一是最高理想,等等。这样也毫无关系:谁也没有生气,大家都

---

① С. Н. Булгаков. Некоторые черты религиозного мировозрегия Л. И. Шестова. Сочинания в двухт. Москва. 1993. Т. 1. Стр. 552.

很满意,大家都认为很新。但如果你说矛盾律根本就不是规律,自明性是欺骗,科学惧怕自由——那么,大家不仅不让你重复两三遍,而且从第一遍开始大家就会生气。大家所以生气,大概就像一个睡着的人被推醒时他就会生气一样。他想睡觉,却有人老缠着他叫:醒醒。"①舍斯托夫对一个时代问题如此的执着,从根本上说,是缘于舍斯托夫对人的生存状况的深切关怀和对人的本质的深刻思考。

二、舍斯托夫的哲学观

什么是哲学?这是一个永恒的问题。传统的思辨哲学的主要观点是,哲学是反思。"反思是思想以自身为对象反过来而思之"②。西方传统中的主流观点认为,哲学发源于爱智慧,起步于自我意识,黑格尔说的"哲学就是哲学史",马克思说的"真正的哲学是时代精神的精华",大约就是站在哲学是反思的角度上说的。人们通常认为的哲学是对自然科学的概括和总结,哲学是对自然、社会和人类思维最一般规律的反映,哲学是关于世界观的学问,等等,也是这个意思。俄罗斯宗教哲学家舍斯托夫对上述传统观点进行了分析。

舍斯托夫先谈起一个非常普通但又十分重要的问题:哲学与其他科学的区别是什么?舍斯托夫认为,哲学和其他科学"有一个区别性特征",总是被人们有意回避了。因为早在古希腊时代,人们就千方百计竭力证实哲学与其他科学的构造绝没有什么不同,而且人们的实际作法比这还走得更远。人们相信,哲学是科学中的科学,它的特点是用一种统一的方法解决所有的问题。舍斯托夫引用巴门尼德的话来揭示哲学与其他科学的这种区别。巴门尼德说:科学有的只是见解,而哲学提供的却是真理。见解和真理的表现方式不同。见解一般表现为,诸如石头落水就会沉,白天过去是黑夜等,是一种现象。而真理却只是瞬间迸射的火花,刚一闪亮便熄灭了,并且总是动摇不定,像白杨树叶一样颤抖不已。见解的错误是它的偶然性的特征,而真理的错误,显然则是以某种神秘的方式与其存在本身相关。比如,对于一个事实判断,我们只要有了足够的材料,就能得出正确的答案。火星上是否有人?有人说有,有人说没有。而时间一到,大家就不再"说"了,而是确知火星上有人或没人。而哲学问题的情形与此截然不同。巴门尼德认为思维和存在是

①　舍斯托夫.雅典和耶路撒冷[M].徐凤林,译.杭州:浙江人民出版社,2000:279.
②　孙正聿.哲学通论[M].上海:复旦大学出版社,2007:146.

同一的。有的人同意,有的人不同意。可谁都无权断言他的论断包含真理。最后,人们迟早会得出,在形而上学领域,没有确实的真理。正因为如此,洛斯基在《俄罗斯哲学史》中说,舍斯托夫是极端怀疑论者。舍斯托夫认为,哲学的真理的这种情况的原因在于,哲学争论的根源根本就不在于对象不明。哲学的论争产生于哲学本身。舍斯托夫说:"正是由于古人——其提出的假设至今仍持续地支配着我们的生活和思想——如此坚持不懈地想使哲学更多地成为科学,我们才真的有必要对这一论断提出怀疑。"①这是舍斯托夫理解的科学和传统哲学。他把传统哲学看成是,"以为哲学就其逻辑架构而言与任何其他科学一样"②。对于这一点,一些人认为舍斯托夫有失偏颇,认为只有实证主义才明确提出哲学应像科学那样。但我认为,这确实代表了舍斯托夫对传统哲学的理解。

舍斯托夫认为,哲学从古代起就有了一种理想,就是以科学为榜样成为精确科学的。在古希腊时期,人们对信仰的不稳定感到非常的不安,就像我们在巴门尼德身上看到的那样,他们千方百计地想要避开摇摆不定的种种见解,而在永恒真理的怀抱中安息自己的灵魂。而且,舍斯托夫指出,对于古代哲学的这一理想,到了20世纪,到了舍斯托夫生活的年代,依然如此,这就是"无论如何也要证实我们的科学是唯一可能的认识,并进而提出正是哲学应当成为一门科学"的原因。舍斯托夫认为,哲学的这种确定性的寻求,是几千年来哲学发展的主流。但舍斯托夫并不赞同这种主流的观点,他对两千多年公认的哲学传统提出了自己的质疑。

针对传统理性主义哲学所说的"哲学是反思",舍斯托夫鲜明地提出了自己的哲学观,他说,"哲学是伟大的和最后的斗争""宗教哲学不是寻求永恒存在,不是寻求存在的不变结构和秩序,不是反思,也不是认识善恶之别(这种认识向受苦受难的人类许诺虚假骗人的安宁)。宗教哲学是在无比紧张的状态中诞生的,它通过对知识的拒斥,通过信仰,克服了人在无拘无束的造物主意志面前的虚假恐惧(这种恐惧是诱惑者给我们始主造成的,并传达给我们大家)。换言之,宗教哲学是伟大的和最后的斗争,为的是争取原初的自由和包含在这种自由中的神的'至善'"。③ 舍斯托夫把哲学看成是同知识和理性原则做斗争,把和思辨哲学的斗争看成是自己哲学的全部内容和唯一使命。这样的哲学观在哲学史上确实是很罕

---

① 舍斯托夫.钥匙的统治[M].张冰,译.上海:上海人民出版社,2004:150.
② 舍斯托夫.钥匙的统治[M].张冰,译.上海:上海人民出版社,2004:150.
③ 舍斯托夫.雅典和耶路撒冷[M].徐凤林,译.杭州:浙江人民出版社,2000:22.

见,在近现代史上更是无人能比。

　　舍斯托夫的哲学观表面看来显得相当偏激,但是,在西方哲学史上,舍斯托夫也不乏有一些志同道合的同路人。在近现代,尤其是尼采、克尔恺郭尔、陀思妥耶夫斯基这三人对舍斯托夫影响最大。但舍斯托夫认为,尼采、克尔恺郭尔、陀思妥耶夫斯基这三人,在反对理性主义的问题上最终都是不彻底的。尼采曾提出过"善恶的彼岸"的重要思想,但舍斯托夫认为,尼采最后还是在必然性面前低下了头。在《看哪这人》中尼采写道:"我衡量人之伟大的公式是爱命运:不要改变从前、以后乃至永远的任何东西。不仅要忍受必然性——更不要逃避它,因为在它面前一切理想主义都是虚伪的——而且要爱它。"①舍斯托夫在这里看出,尼采"最终在必然性面前瘫痪了。他成了理性的必然性的同盟和奴隶,他的锤子不再去敲顺从于必然性的人的脑袋,而是去敲那些拒绝恭奉必然为至善的人的脑袋。他的哲学像苏格拉底和斯宾诺莎的哲学一样,变成了这种教诲:人必须平静地忍受命运,善人不会遭厄运"②。

　　克尔恺郭尔曾被舍斯托夫誉为"信仰的骑士",但是,舍斯托夫认为,就在"他如此激情洋溢地宣告对上帝来说没有什么是不可能的时候,他也无法摆脱这么一个想法,即'在精神的世界里',毕竟还有,也应该具有某种特有的秩序——这秩序与我们在此,在尘世间所看到的秩序不同——但毕竟也很严格,很精确,明确而又永恒:在那里,太阳一视同仁地照耀着罪人和正直人士,在那里,只有劳动者才得食,等等"③。因此,舍斯托夫认为,信仰对于克尔恺郭尔来说,"根本就不是'伦理'的替代品,……归根到底,不过是在实现伦理的要求罢了"④。

　　陀思妥耶夫斯基也是这样,舍斯托夫把地下室时期的陀思妥耶夫斯基看成是以头撞墙的勇士。但是,当陀思妥耶夫斯基成为大名鼎鼎的名人之后,舍斯托夫认为他就不再前进了。陀思妥耶夫斯基开始伪装,害怕孤独,不愿意扔掉名誉、地位、家财等已经拥有的一切,于是他"突然想起理性并寻求其作证"⑤。

　　舍斯托夫对理性的这种彻底的批判精神,很容易使我们想起二世纪的德尔图

①　舍斯托夫. 雅典和耶路撒冷[M]. 徐凤林,译. 杭州:浙江人民出版社,2000:136.
②　刘小枫. 走向十字架上的真[M]. 上海:上海三联书店,1995:27.
③　舍斯托夫. 雅典与耶路撒冷[M]. 张冰,译. 昆明:云南人民出版社,1999:225 – 226.
④　舍斯托夫. 雅典与耶路撒冷[M]. 张冰,译. 昆明:云南人民出版社,1999:226.
⑤　舍斯托夫. 开端与终结[M]. 方珊,译. 昆明:云南人民出版社,1998:53.

良。德尔图良认为,真理在《圣经》之中,除此以外无真可言,雅典和耶路撒冷没有任何关系。① 刘小枫认为,舍斯托夫是现代的德尔图良这是有道理的。

舍斯托夫的斗争哲学向我们展示了一幅斗争的画卷。舍斯托夫认为,在人们的生活中,人除了有知识和道德以外,还有丰富的情感。舍斯托夫敏锐地感觉到,"恐惧"和"痛苦"是人的最主要的生命体验,它们甚至构成了人们生活的总的背景。舍斯托夫认为,这种"恐惧""痛苦"的感受,归根到底是来源于人们在必然性的真理面前感到的压迫和无奈。舍斯托夫以斯宾诺莎和路德两人的哲学思想为例,探讨了在这种必然性真理面前,二人感到的极度的"恐惧",以及二人对这种"恐惧"的不同反应。"他们体验到了某种被活埋的人所体验到的东西:被活埋的人感到,他还活着,但他知道自己没有任何力量使自己得救,只能羡慕被埋的死人,因为后者没有得救的需要。……这样一种令人难以忍受的绝望,这种绝望是他在发现了他的意志被麻痹和不可能与将来的毁灭作斗争时所体验到的"。这样一种绝望的体验在斯宾诺莎和路德身上最后却激起了完全不同的反应。斯宾诺莎则要人们服从理性,接受这一现实。"神并不依据意志的自由而活动""万物除了在已经被产生的状态或秩序之外,不能在其他状态或秩序中被神所产生"②,因此斯宾诺莎告诫人们"勿哭,勿笑,勿诅咒,只要理解"。既然必然性的知识告诉我们没有自由,那就是没有自由。而路德开始疯狂地反击理性,他要消灭人的理性的自以为是和傲慢,"因为人心里充满了傲慢,以为自己有知识,自己是正义的,是神圣的,所以,必须用律法来制约人,必须杀死人心中的自以为是这个怪物,因为不杀死这怪物,人就不能生存"③。

舍斯托夫站在路德的立场上,视路德为自己的同路人,而坚决反对斯宾诺莎,他问道:我们为什么应当服从理性?我们为什么不可以用"哭和诅咒"来对抗知识呢?舍斯托夫认为,在"经验"中,在"知识的直接材料"的本身中,并没有这样的禁令,"知识的直接材料"在尚未超出自己界限的时候,既证明人的意志是不自由的,又证明人是能够哭泣和诅咒的。只有当"将纯经验及确定事实的判断转变为普遍必然判断的能力,换言之,即使'现实的'成为终极的和永恒不变的,并在 in saecula

---

① 刘小枫.走向十字架上的真[M].上海:上海三联书店,1995:32.
② 斯宾诺莎.伦理学[M].贺麟,译.北京:商务印书馆,1983:31－32.
③ 舍斯托夫.雅典和耶路撒冷[M].徐凤林,译.杭州:浙江人民出版社,2000:117.

saeculorum 方面,使其得到强化"时①,这样,必然性的知识就成为人们生活的桎梏。

和必然性的知识做斗争,以头撞墙是非常痛苦的过程。舍斯托夫说:"他开始感到,年轻时代所行不通的那些幻想是虚假的、骗人的和反常的。他痛恨而无情地抛弃了曾经相信和热爱的一切。他试图告诉人们自己新的心愿,但大家都害怕他、误解他。在他那张被可怕思想所折磨的脸上,在他那闪烁着陌生光泽的眼里,人们想看见疯狂的特征,以便有理由回避他。他们求助于唯心主义和可靠的认识论。由于这些理论,很久以来他们一直能够平静地生活在眼前发生的莫名其妙的可怕现象之中。……唯心主义和认识论警告他们:他是疯子,是精神失常的人、犯人、死人。"②那我们还有没有其他路径可走,从而来避免这种痛苦的磨难呢?舍斯托夫说:"别无出路。只要我们一天不挣脱苏格拉底式知识的统治,只要我们一天不回归无知的自由,我们便将永远都是把人从 res cogitans 变成 sinus turpissimus 的那种迷惑力的俘虏。"③

那么人能不能通过同必然性知识的顽强斗争,而摆脱它的束缚和压迫,获得拯救呢?对这一点,舍斯托夫表现得是既很悲观,但又不是完全没有希望。他说:"但人是否可以凭借自己的力量摆脱必然性将其驱赶进去的那个怪圈呢?尼采和路德告诉我们,堕落和原罪的可怕之处恰恰相反,那就是:在堕落者寻求拯救之路的地方,等待他的却是灭亡。必然性不能使堕落者感到屈辱。堕落者热爱必然性,服从必然性,而且还把自己的服从视为伟大,视为美德——诚如曾把苏格拉底的 deca-dence 揭露得体无完肤的尼采本人曾向我们坦诚的那样。"④舍斯托夫认为,情况之所以是这样,是因为,"知识和美德对我们的意志造成了如此大的戕害,使我们的精神达到了麻木僵化的地步,以至使我们把软弱无力和消极顺从视为自己的完善"⑤。

但是,毕竟生存高于知识。无论知识怎样劝导我们说必然性是无比强大的,无论智慧怎样使我们相信有德性的人即便在法拉里斯的公牛里(注:法拉里斯:西西里的阿克拉加斯僭主,以残暴著称。传说他把自己的牺牲品放入铜质的公牛里烧

---

① 舍斯托夫. 雅典与耶路撒冷[M]. 张冰,译. 昆明:云南人民出版社,1999:162.
② 舍斯托夫. 思辨与启示[M]. 张杰,译. 上海:上海人民出版社,2005:197.
③ 舍斯托夫. 雅典与耶路撒冷[M]. 张冰,译. 昆明:云南人民出版社,1999:236.
④ 舍斯托夫. 雅典与耶路撒冷[M]. 张冰,译. 昆明:云南人民出版社,1999:236.
⑤ 舍斯托夫. 雅典与耶路撒冷[M]. 张冰,译. 昆明:云南人民出版社,1999:237.

死,公牛的外壳把这些受害者的惨叫变成悦耳的声音)①也能找到幸福,但知识的压迫、道德的安慰都永远消灭不了人的哭和诅咒。舍斯托夫说,"无论知识怎样劝导我们,说必然性是万能的,也无论智慧如何教导我们,说一个有德之士即使是躲在法拉里斯公牛的肚子里也会获得极乐,它们也永远无法扑灭人身上的那一哭和诅咒。而先知们以及路德的那一柄'神的铁锤',就是从这些哭和诅咒,从这类生存的恐惧中锻造出来的"②,"而必然性所赖以支撑自己的恐惧,转变成了自己的反对者。或许,人终究会在这一场最后的生死搏斗中取胜,最终为自己取回本真的自由、无知的自由,即初人早已丧失了的摆脱了的自由"③。

舍斯托夫认为哲学是斗争,是同理性主义传统的斗争,这比较集中地体现在《凡人皆有一死——论埃德蒙德·胡塞尔的认识论》中,因为舍斯托夫把胡塞尔看作是理性主义哲学的高峰和典型代表。在这篇文章中,舍斯托夫比较集中地剖析了理性主义哲学难以克服的困境和矛盾。

舍斯托夫指出,胡塞尔理性主义赖以支撑三点:第一,允许有排除任何理论论断存在的理论,这一点,古已有之;第二,把认识论观点和心理学观点对立起来,这和新康德主义的观点也是一样的;第三,胡塞尔在阐发他的哲学观点时表现出了一种非凡的勇气和决心。舍斯托夫认为,在胡塞尔那里,实际情况是,归根到底,理性是不需要论证的,而它却能论证一切。舍斯托夫认为,正因为这样,胡塞尔坚决捍卫第一个支撑点;并且也因为这样,胡塞尔坚持理想对象的存在或者生存,对此我们可以经由直观来予以鲜明的确证。舍斯托夫指出,胡塞尔把理想对象和现实对象纳入同一个范畴,其所根据的,是现实对象的基本属性——存在或者生存。如果这些"论据"的的确确无可辩驳,那么,胡塞尔就可以认为自己的事做完了,心理主义就得永远被抛916绝对真理统治的王国。科学就有权平平安安地向前进,不必担心来自后方的任何打击。它的所有决断都是最终的和不可逆转的。它旁边和它之上不会有任何更权威的审级,正如"罗马说话了,一切都结束了"。

舍斯托夫指出,如果胡塞尔是对的,那么,当人类追求真理时,自明性就是人类精神所追求的最后的那一点。这种自明性是人的手段完全能达到的。所有人,只要他不懒得伸手,都可以染指于理性的最高统治权,拥有理性的帝王权杖和王位。

---

① 亚里士多德. 尼各马科伦理学[M]. 苗力田,译. 北京:中国社会科学出版社,1990.
② 舍斯托夫. 雅典与耶路撒冷[M]. 张冰,译. 昆明:云南人民出版社,1999:237.
③ 舍斯托夫. 雅典与耶路撒冷[M]. 张冰,译. 昆明:云南人民出版社,1999:239.

但这时的"真理",由于它是理想对象和现实对象的同一体,所以,它就不是不可动摇的。这样,就让我们想起了被胡塞尔弃之如敝屣的那些不成熟的"智慧"。胡塞尔所说的"智慧",也就是康德所说的"形而上学",这样,胡塞尔哲学的结果是,"智慧"虽不是什么科学,而是一些类似科学的体系,但其所依赖的,毕竟也是理性。舍斯托夫认为,胡塞尔哲学绕了个圈子,又与形而上学是一样的,最后他们走到了一起。

在舍斯托夫看来,胡塞尔反对相对主义主要有两条原因:第一,就是亚里士多德所认为的,具有内在矛盾的理论,是自取灭亡;第二,就是胡塞尔的面向事物本身,即自明性。舍斯托夫认为,胡塞尔的现象学,其哲学所追求的全部性质,禁止了他把现实和历史当作一种完全独立的因素来对待。胡塞尔预先就确定,任何事实都应纳入人的思维范畴,因为思辨具有非经验性的所有纯洁性,"我们无法证实从逻辑和几何学观点看是荒谬的东西,从心理学看却是可能的"①。这确实是胡塞尔哲学的一个致命缺点。他没有历史感。他无法解释价值和社会交往。所以,舍斯托夫说,有一个事实吸引了我们的注意,就是在哲学史上,"无论人们曾经多少次地想要把不祥的相对论逐出哲学,可它仍然持续存在着,而且,它的生命力和感染力,在经历了数千年的流浪和无家可归的存在以后,不仅没有消退,反而,显而易见的是,有所增强了"②。于是,舍斯托夫得出了对胡塞尔的自明性的根本性认识:像笛卡尔那样,假设上帝除在人的存在上不能骗人以外,在一切方面都在骗人。这是一个纯形而上学的假设。那么,胡塞尔的纯粹脱离经验的、将一切归之于自明性的理论,也是不可能以之为据的。因为,对于上帝来说,"人类的真理恰恰就是一种对人来说是适宜的、有用的、必要的,但在彼岸世界却是无所依凭的真理"③。这里,舍斯托夫指出了胡塞尔哲学的真理,它仍然是人类学领域中的"真理",也就是胡塞尔反对相对主义的利剑指向了他自己。

舍斯托夫对胡塞尔哲学的总的认识是,胡塞尔的自明性理论并没有那么强大,"我们并非总是有权根据结果推出结论,也并非总是需要对判断可能包含矛盾如此忌惮"。舍斯托夫批评胡塞尔道:"如果硬要把认识论观点和心理学观点分开,那么,兴许仿效埃德曼和西格瓦特的榜样,可以说,将相对主义从认识论论断的总括

---

①　舍斯托夫.钥匙的统治[M].张冰,译.上海:上海人民出版社,2004:171.
②　舍斯托夫.钥匙的统治[M].张冰,译.上海:上海人民出版社,2004:171.
③　舍斯托夫.钥匙的统治[M].张冰,译.上海:上海人民出版社,2004:166.

号内移到自己的认识论中,反倒更正确一些。这样一来,至少它遵守了人们合理地向认识论提出的基本要求:前提得到了清晰而又明确的表述。在这种条件下,你仍不失为一个实证论者,而且也不必跨域内在性的疆域。"①

胡塞尔的问题是,胡塞尔既对相对主义毫不妥协,又害怕或厌恶形而上学,"结果——尽管他对此毫未起疑——变得一筹莫展、毫无出路,他还清楚地看到,一个决意将真理相对化的人,会得出多么荒谬的结论,但他却压根没有发现,如果我们不跨越内在论领域,而想把我们的真理绝对化的话,则我们所面临的威胁丝毫也不亚于前者"②。

舍斯托夫认为,胡塞尔关于认识对象的观点主要是理性真理和事实真理,即理性真理和事实真理是同一种下的两个类别。而且,理性真理具有完全独立的存在形式,它根本就不取决于现实存在。舍斯托夫称之为主要的存在。他说:"即便世间连一个活的生物都不复存在,即便所有现实物体连最后一个也消失得一干二净了,一般法则、真理及一般概念,也仍将持续下去。假使现实世界从来就没有产生过,也不会对理想世界的存在构成什么影响,单有理想世界,也足以包括目前现实世界所被纳入的整个范畴。即便连一个生物也从未思考过 2 乘 2 得 4,这一论点也仍将存在。"③那么,两种真理的关系是怎样的呢? 理性完全自主地发布自己的法则,根本就不必管现实是有还是根本就没有。而且,既然实际上理念是存在的,它有自己的存在,那么,它又何必非要顾及任何其他的存在呢? 但现实真理却需要理性真理来解释,胡塞尔说:"为对于自外于我们的感性事物的事实真理提供保障的现象间的联系,是通过理性真理来检验的,如同光学现象在几何学中寻找对自身的解释一样。"④理性自身是理性化了的,是非现实的、非心理的和非此时此刻的东西。理性之外再没有任何权威。类似于以前那些学派的"一般意义"或"认识论主体",理性怎么决定,事情就会是怎样。

舍斯托夫认为,胡塞尔哲学的必然结论可以这样说:"你只须向理性提出有关现实对象存在的问题,立刻就能得到最明确、最不容置疑、决绝断然的答案:没有什么现实存在,而且也不可能有。现实存在不过是一种'有矛盾的形容法',它一点

① 舍斯托夫.钥匙的统治[M].张冰,译.上海:上海人民出版社,2004:174.
② 舍斯托夫.钥匙的统治[M].张冰,译.上海:上海人民出版社,2004:174.
③ 舍斯托夫.钥匙的统治[M].张冰,译.上海:上海人民出版社,2004:174.
④ 舍斯托夫.钥匙的统治[M].张冰,译.上海:上海人民出版社,2004:175.

也不比近视的哲学家不顾理性的禁令而一次又一次地向之求助的心理主义更好，而且更糟糕得多。"①胡塞尔说"没有任何有关真实存在的论断"，接着，舍斯托夫用了三个反问："既然理性是自主的，你又能用什么手段迫使它承认它根本对之不具有支配力的个体性现实呢？你又如何能够强迫本身就在强迫所有人和万物的理性呢？又如何能强迫就其本性来说无法容忍哪怕一丁点儿暴力的阴影笼罩在自己头上的理性呢？理性永远也不会容忍对其自身的这样一种限制，因为它知道得很清楚，这一切都意味着什么。"②这里我们不仅看到了柏拉图的理念论，而且这里，舍斯托夫谈到了一个问题，理性为什么贪婪地追求普遍性和必然性？或者说，理性的本质就是普遍性和必然性。一切现实的东西，亦即胡塞尔所谓的此时此刻的东西，在理性面前，都是彻头彻尾的荒谬。对胡塞尔来说，现实存在乃是理性最不共戴天的主要敌人。现实存在所依赖的现实性的理念，如时间和空间理念等，理性尚可接受；现实的东西本身，我们的理性是不会接受的。因此，如果说现实性就其存在而言尚须理性认可的话，那么，它迄今为止仍将持续存在于不存在中。用胡塞尔的术语说，在理性和现实之间，存在着一种不可调和的对立，存在着一场最残酷的争取存在权的斗争。理性争夺的地盘越大，留给现实的地盘越小。理念本质的全胜就意味着世界和生命的毁灭。

为了进一步说明胡塞尔的观点，舍斯托夫还做了一个生动的比喻，他说："这有点儿像棋子和象棋游戏本身。在象棋中——胡塞尔本人会告诉你——国王或王后，总之，任何棋子都是理念本质，丝毫也不会因其现实具现而有所改变。至于说国王是金子做的，还是象牙或面团做的，国王的大小是形如一头犍牛还是麻雀，国王头上戴的是王冠还是王冕，他的理念本质丝毫也不会因此而有所改变，就如同即便连一个棋子也从未在现实中得到具现，棋子的理念本质也不会有所改变一样。其他棋子亦复如此。与此相应，无论个别经验意识如何接受国王这一理念，理念本身始终与自身相等，而且，就其严格意义的本意而言，也始终是同一的。而且，我们还可以庄严地宣告，即便是巨灵恶怪、天使神祇，它们从理念中所能见到的，也应与我们人的所见相同。由此我们可以得出这样一个结论，即理念本质上是超越时间的，是永恒的——因为即使全世界都消失了，象棋的理念也仍将存在。"③

---

① 胡塞尔. 逻辑研究：第二卷[M]. 倪良康，译. 上海：上海译文出版社，2006：22.
② 舍斯托夫. 钥匙的统治[M]. 张冰，译. 上海：上海人民出版社，2004：175.
③ 舍斯托夫. 钥匙的统治[M]. 张冰，译. 上海：上海人民出版社，2004：176－177.

但理性和现实毕竟存在,胡塞尔也曾想通过将二者纳入一个总的存在范畴,以弥合理念和现实、理想和现实的鸿沟。舍斯托夫认为,这种方法非但不是解决问题的好方法,反而使问题模糊了,因此它只能是可行的。舍斯托夫认为,在这一过程中,隐藏的,是那个总在被人追打,已经多少次化为灰烬,而每次都能如火中凤凰得以再生的相对主义。

于是胡塞尔坚定地站在了理性的一边,他断言,即使所有具有重力的物体都消失,万有引力定律也仍将存在。舍斯托夫说:"不光在万物消失的情况下,万有引力定律会不复存在,而且,即使万物得以保存,这一定律也会终止其存在。"①密尔设想,一种情况是,万物不是相互吸引,而是自由地或分或合,在运动中没有任何事先预订好的计划。舍斯托夫说:"这样的假设不光可以,而且应该。"舍斯托夫指出:我们有关规律的理念,如胡塞尔所说,是纯粹来源于经验,但胡塞尔有意地忘掉了这一点,因为不然的话,就有像历史上发生的被惩罚的危险。因为,理念来源于经验,"只有记住这一点,我们也就能够弄清,理念本质超乎于时间之上,因而似乎是永恒的存在,乃是最具有一种暂时的、易朽的实质"②。

尽管如此,舍斯托夫还是明确地表达了这样的看法:"我本人倾向于这样的观点,理念的统治不会很快就被取消,而且,甚至也许永远都不会从大地上消失。理念的理由对人的精神具有一种不可抵御的统治力。这种力量如同道德的魅力一样不可抵御。当允许一个人在理念和现实中进行选择时,他总会站在理念一边。而胡塞尔在哲学上所判明的东西,归根到底,不过是绝大多数正常人内心情绪的一种勇敢而公开的表现:就让世界毁灭吧,只是要把公正留下;就让生命消失吧,而理念却是不能放弃的。"③

然而,舍斯托夫说:"转瞬之间,神奇的童话便烟消云散了。一些人常有这样的瞬间,与其时也,唯理主义那无上的命令和善这个冷美人的谣曲,突然失去了自己的魅力。与其时也,这些人确信,什么理念,什么善,都不过是人们手工制作的东西。"④舍斯托夫肯定地说,所有的哲学家们都有过这样的时刻,可是人们或者把它们视作心灵弱点的表现,或者不愿,而且也不善于在其自己的创造中给它们以充分

---

① 舍斯托夫.钥匙的统治[M].张冰,译.上海:上海人民出版社,2004:176.
② 舍斯托夫.钥匙的统治[M].张冰,译.上海:上海人民出版社,2004:176.
③ 舍斯托夫.钥匙的统治[M].张冰,译.上海:上海人民出版社,2004:177.
④ 舍斯托夫.钥匙的统治[M].张冰,译.上海:上海人民出版社,2004:177.

的表现。

舍斯托夫进一步分析道,按照精确科学模式建立起来的科学,想要成为解答人类任何问题的最高法官和权威,就得将理念作为自己的研究对象。而胡塞尔的"理念"的含义,是没有,也不可能有现实性的。那么,舍斯托夫问:"现实不知是从哪里向我们走来的?"舍斯托夫说:"就连胡塞尔本人也承认,任何科学都无法对付任性无常的现实。科学所能找到的,只有那些不变的,或如胡塞尔所说的'理想的、因而也是凝固了的'东西;只有在属于它的那些领域中,它才能当家作主。"这正像斯宾诺莎所说的那样,"由于上帝直接进行的行为,乃是最完美的行为,而且,为了要让某种事情发生,所需要的间接原因越多,这种事情就越不完善"①。

这样,按照理性主义哲学的观点,我们的真理实质上不是人类的真理,而是绝对真理。理性还顽固地要我们承认,相反的证明显然毫无意义,因而不能允许。理性还断言,现实是没有的,也不可能有,因为现实存在乃是对理性存在的一个挑战。接下来,理性还要求人们接受一切由上述论断推导出来的结论,并把一切背离这一要求的行为指责为对人类的犯罪。

舍斯托夫指出,"对于一个哲学家来说,一个问题就产生了",就是,是服从理性的绝对统治,还是拒绝服从理性,把它看作一个不合格的统治者、一个有意跨越其权限范围的篡权者呢?按照舍斯托夫的看法,这对于一个哲学家来说是性命攸关的问题。因为按照胡塞尔的说法,不承认由结果推倒而来的论据,其危险性不亚于一座疯人院。这样一些'由结果推导出来的论据',对人来说具有无可辩驳的作用。舍斯托夫认为,胡塞尔就是用这种逻辑的方法来批驳相对主义的。舍斯托夫说:"要知道,'归谬论证'是与思想上的对手斗争的最佳方法,有时甚至是比揭露更有效的方法。胡塞尔本人也一直在运用这一方法,而且,用的是那么的成功呐!所有深受特殊相对主义蛊惑的,甚至就连如西格瓦特或埃德曼这样'杰出的研究者',在胡塞尔笔下,也干脆被贬入疯人之列。"②

胡塞尔说:"将深思的渴望转变成为明晰合理的构造,新兴精确科学这一重要进程的意义正在于此。精确科学有过一个长期的深思过程。在文艺复兴时期,它们在斗争中从深思上升到科学的明晰性,与此相仿,哲学——我敢于瞩望于此——

---

① 舍斯托夫.钥匙的统治[M].张冰,译.上海:上海人民出版社,2004:179.
② 胡塞尔.逻辑研究:第一卷[M].倪良康,译.上海:上海译文出版社,2006:131.

在其目前正进行的斗争中,也将登上同样的高度。"①胡塞尔认为,他的现象学将引导人类来实现这一"伟大的目标"。按着西方理性主义传统,人是政治动物,也是社会动物。其全部精神能量都用于达到宇宙的简洁明晰的秩序的目的,因为在混沌中,要知道这是不需要证明的——社会生活是不可思议的。不光自然科学家,而且,人,任何我们时代和过去时代的人,都曾经认为,现在还认为,将来也将长久地认为,"杜撰自由的自然观"乃是一种"科学之罪"。舍斯托夫认为,胡塞尔不害怕使用《圣经》上的语词,这不是偶然的,就连实证主义中也隐藏着某种完全非实证主义的、想要研究不该它研究的东西的欲望。舍斯托夫还认为,尽管有如此美妙的自明性,以及逻辑的合理性,但是在某些场合下,他们都没有给最主要的东西,即给"判断的真理性"以保障。

柏拉图说,哲学是对死亡的练习。世人皆有一死。那么,胡塞尔直到生命的最后一天,是否对其信念坚贞不渝呢?这真是个大胆的假设,也是一个真正的富有哲学意义的假设。舍斯托夫说:"对他来说,那一可怕的时刻,那一连他也不得不逼问自己的时刻,是否会到来呢?理性真的是圣彼得的继承人、上帝在大地上的全权代理人,在他之外,没有,也不可能有另一个,以派他而来的上帝的名义说话和登级的权威——抑或他始终摆不脱一种朦朦胧胧,实在说,无影无形、星星点点的疑心,为此,多数人时刻准备着把一个人送进疯人院。"

当人触及死神时,他们已不复渴望依偎着将他们与他人联系在一起的、唯一的中心。而是相反,他们聚集起全部力量,为的是超越昨天在他们眼中还是永恒疆界的世界。他们首先力求打破的,是意识统一性的幻觉以及这种幻觉赖以滋生的土壤——自明性。如果用现代语言表述,就是他们必须登上人类真理与谎言的"彼岸"。而真理与谎言,乃是由有益的科学——其中最完善的乃是数学——的存在这一事实演绎推导出来的。这时,哲学追求的是不愿成为"所有人"真理的真理。尼采在《在善与恶的彼岸》中有过类似描述:"哲学家,是一个经常能体验到非同寻常之事的人,是一个对所体验之事能有所闻、能有所见,且对其有所怀疑、有所幻想、有所指望的人;对此人来说,就连他自己的思想似乎也能从外面、从上面和下面,如他所熟知的事件和雷击一样,把他惊吓。哲学家自己本身就应该是一片带雨的、充满新的雷电的云。哲学家应该是一个被雷鸣电闪、轰轰隆隆、噼噼啪啪及一切可怕

---

① 舍斯托夫.钥匙的统治[M].张冰,译.上海:上海人民出版社,2004:181.

之事所笼罩的人。哲学家，啊，是一个这样的生物，他甚至逃避自己本身，往往会害怕自己——然而他是那么的好奇，以至常常无法重新'苏醒'，无法回到自己本身。"①

舍斯托夫认为，以胡塞尔为代表的传统理性主义哲学的一个根本性误区是理性的僭越。胡塞尔在那种想要使哲学成为一种有关绝对真理的科学的追求中，是不懂得什么是节制的。他的认识论不光向自然数学出示了自己的权力，而且还要向历史颁布自己的戒令，也就是说，确定人类精神的所有表现形态。舍斯托夫认为，这主要表现为一种"异类转移"的逻辑错误。异类转移指在证明过程中对客体类比的一种转移，即用另一类别进行证明。舍斯托夫说，这一次"胡塞尔的思想也开始不仅仅想要成为存在的谓词，也就是说，想要实施'异类转移'，显然，只是为了这样做，胡塞尔才需要把理想对象和现实对象纳入同一范畴的"②。而这样做的结果却是理性的僭越。胡塞尔"压根就还未曾真正地思考过世界之谜，也未思考过生活之谜，而是像多数人那样，把这个'问题'一天天地搁置下来。他始终站在存在的中间地带，从未走到它的边缘，却根据这样一种推断，即由于存在的'统一性'，任何研究过中间地带的人，仅凭推理，即可判断边缘，因此才如此信心十足地谈论着边缘问题"③。唯理主义有一个永远都在重犯的错误，就是相信理性具有无限的支配权——客观理性的无限性。理性已经做了那么多，就意味着，它能做到一切。

舍斯托夫认为，在胡塞尔那里，由理性的僭越而导致的"异类转移"的一个直接表现就是胡塞尔的宗教观。胡塞尔十分希望他的理性能解决所有问题，即不光能描述作为一种"文化体系"的宗教和艺术，而且还能判断什么宗教自身具有意义。舍斯托夫分析道："遗憾的是，胡塞尔还没有写出宗教现象学，但我大胆断言，这样一种现象学他是永远也写不出来的，因为，老实说，在内心深处，他并不认为自己有权向自己的理性——除他之外没有，也不可能有另外的权威——提出宗教的'意义'问题。"④"可尽管如此，他也还是指望单凭他的现象学就能解决终极真理何在的疑问！"舍斯托夫说，"我已经不止一次说过，认识论是哲学的灵魂。此话还可

①　尼采.善恶的彼岸[M].朱泱,译.北京:团结出版社,2001:9.
②　舍斯托夫.钥匙的统治[M].张冰,译.上海:上海人民出版社,2004:186.
③　舍斯托夫.钥匙的统治[M].张冰,译.上海:上海人民出版社,2004:186.
④　舍斯托夫.钥匙的统治[M].张冰,译.上海:上海人民出版社,2004:187.

以说的更有力些:你如能告诉我什么是你的认识论,我就能告诉你你的哲学是什么。这是不难理解的:一个人会根据他所想要知道的东西来设想出认识方法和特定的'真理'"①。理性主义哲学就是这样,他们依据他们所认可的中心,来对外面的一切进行取舍,甚至对宗教、艺术、法律和道德也是这样,根据它们是否符合这个中心,而才能具有意义和含义。舍斯托夫说:"唯理主义者想要不惜一切代价地达到让宗教具有'意义'的目的,这也就是说,要让宗教身上带上商标,那是理性的官员们在将所有商品投放到精神市场以前,加盖在它们身上的。他甚至连想都没想过,任何监督或商标,都是宗教所根本无法容忍的,记录员的手哪怕只是轻轻地碰它一下,它就会变成它的反面。只需一宣布宗教是真理,它也就立刻不复存在了。"②

舍斯托夫认为,胡塞尔有关"意义"的思想,当然不是他自己的想象,他只不过是根据自己的习惯,用自己的方式,尖锐、明确、彻底地公开地表达了"正统"宗教界代表人物无时不在竭力想要表达的东西。所有这些人追求的,首先是他们所宣扬的"真理"的客观意义,他们相信其他一切问题会跟着"迎刃而解"。他们一点也不会想到,追求客观性,乃是摆脱来自彼岸世界那个狡猾的国王;追求客观性,乃是对彼岸世界彻底淡漠的可靠表征。舍斯托夫说:"一个人最难摆脱的是这样一种思想,就是他的真理乃是也应是所有人的真理。"舍斯托夫指出:唯理主义相信的这种"真理","却从未也永远不会被用在'普遍用途'方面,因为,'就其本性而言',此种东西是断难接受任何普遍用途所提出的条件和规则的。只要逻辑学占统治地位,通向形而上学的道路便是封闭的。一个人有时会觉得,只要他未从自明性的梦中醒来,通向真理的道路就不会向他敞开"③。

胡塞尔说:"我们断言,任何主观表达都可以被客观表达所代替,这一观点所说明的,实质上不是什么别的,而正是客观真理的无限性。"④胡塞尔这句话的蕴意,乃是人类最狂热地追求的永恒对象,如同犹太人心目中的迦南。舍斯托夫说,"理性已经多次欺骗我们,就像对待外部感觉那样——日常经验表明,此种感觉更具欺骗性——不那么信任它。数千年中始终在蚕食着业已确定的真理的哲学怀疑主

---

① 舍斯托夫.钥匙的统治[M].张冰,译.上海:上海人民出版社,2004:187.
② 舍斯托夫.钥匙的统治[M].张冰,译.上海:上海人民出版社,2004:188.
③ 舍斯托夫.钥匙的统治[M].张冰,译.上海:上海人民出版社,2004:188.
④ 舍斯托夫.钥匙的统治[M].张冰,译.上海:上海人民出版社,2004:189.

义,是在业已察觉的迷误的基础上,产生和繁荣起来的"①。胡塞尔坚定地认为,有一个最高的和最后的标准,这就是理性。胡塞尔的研究者"知道,压根就不是他赋予思维和思维体验以客观意义的,对于这里所说的似乎是他本人和同族类精神中的偶然事件,研究者只不过察觉了它们,发现了它们。他懂得否认真正的客观性真理和理念,须以否定任何一般的现实共存,甚至包括主观现实存在为前提"②。《逻辑研究》第一卷中有这样一段话:"所思与相应体验物——话语被体验到的语义和所体验到的事物的关联——相吻合的体验,即为自明性,而这种吻合的体验就是真理。但真理的理念性构成了它的客观性。在此时此地,特定思想与所体验关联的吻合,不是一件偶然性事件。相反,这种关系涉及判断的同一意义和事物的同一关联。真理性或客观性(或是非真理性和非客观性)不是作为临时性体验的话语所固有的,而是纯粹和同一的话语,以及 2 乘 2 等于 4 一类的话语一起固有的。"舍斯托夫批评说:"又一次从算术中取例来加以说明,这当然不是偶然的。胡塞尔的全部哲学都是这样建构起来的,即世界上存在着的只有一个数学。"③但是,舍斯托夫指出:"然而,它所向往的,远比这大得多,而且,它也是作为一种远比这大得多的东西而为人们所接受。当胡塞尔回答人类'永恒'的追问时,当他读到我们理性的无限性,读到除理性之外,没有,也不可能有任何权威时,他所说的,当然,已经不是什么乘法口诀表了。"④这里,胡塞尔的追求和托马斯·阿奎那的追求是一致的。托马斯·阿奎那在追问"信仰的终极根据"时认为,这一问题不可能有两种答案。或用胡塞尔的术语说,只能有一个具有客观意义的答案。马丁·路德也是这样,马丁·路德曾把理性称作迷途的羔羊,并批驳过亚里士多德。但是,马丁·路德一样坚信,"生灵不是一个怀疑者,它植入我们心中的不是怀疑和沉思,而是一定的信念,这种信念比生活本身和任何经验更可靠、更牢固"⑤。这个信念,也是胡塞尔哲学的基础。

在形而上学真理的王国里,如同在经验真理的王国中一样,不可动摇的秩序乃是最高的理想。数千年来,宗教和哲学,为了迁就人类的弱点,之所以对人们公认

---

① 舍斯托夫.钥匙的统治[M].张冰,译.上海:上海人民出版社,2004:190.
② 舍斯托夫.钥匙的统治[M].张冰,译.上海:上海人民出版社,2004:190.
③ 胡塞尔.逻辑研究:第一卷[M].倪良康,译.上海.上海译文出版社,2006:165.
④ 舍斯托夫.钥匙的统治[M].张冰,译.上海:上海人民出版社,2004:190.
⑤ 舍斯托夫.钥匙的统治[M].张冰,译.上海:上海人民出版社,2004:191.

的上帝和真理的醋意如此能容忍,其源盖在于此。1525 年,路德曾就农民起义说:"对驴子,就得鞭打;对平民,就得用暴力来管理,这也就是上帝交给统治者的不是狐狸尾巴,而是剑的缘故啊。"①舍斯托夫批评说:"举剑之人必死于剑刃,路德本人和阿奎那,以及他那个世界里的许多上层人物,在他们亲手将其捧上王位的暴君的专制统治下,所受的痛苦一点也不亚于被他们所蔑视的平民。这是因为,归根到底,暴君会首先要求那些帮他登上王位的人对他驯服。"②

舍斯托夫还指出,不仅是对形而上学,就是对实验科学和心理学等其他科学,同样也是如此。胡塞尔说,"在实验科学中,任何理论都只是一种推断。它不是根据明显确实可靠的,而是根据明显可能的基本法则来提供阐释。因此,理论自身只具有说明的可能性。它们实质上不过是预定的,而非最终结论",还说,"如果我们能够不言自明地观察心理过程的精细法则,则这些法则便也可以如自然科学理论的基本法则一样永恒不变。因此,即使不存在任何心理过程,这些法则也是必要的"。③ 由此,舍斯托夫深有感慨地说道:"现在,就是一个盲人也看得出,胡塞尔是多么不加节制地不愿将自己限制在由他捧上台的'实证主义'的限域以内呀。或更确切地说,胡塞尔以为自己有权给其实证主义戴上形而上学的桂冠。让理念世界和现实世界在存在谓词问题上权利相等之后,胡塞尔还是让后者服从了前者。理念世界是一种存在已逾数百年的秩序,它自我决定,同时也充当现实世界赖以支撑的基点。现实世界昨天产生明天消失,而理念世界却不产生也不消失。理性的无限性正植根于此。而且,也正是为此,我们才能把每个主观论断变成客观的。"④

舍斯托夫认为,在西方哲学史中,由希腊人产生出的逻各斯,经过托马斯·阿奎那和马丁·路德,转变成了胡塞尔的理想宇宙,但是圣灵却为人们创造奇迹——他们认为是奇迹的东西——提供了可能。靠信仰得以拯救的路德懂得这一点,而且不仅是路德,就是所有的人也得靠信仰得救。当然,在我们这个时代,学者已不可能用教会语言说话了,理念论取代了圣灵的位置,这就像在人们已不再相信理性的那个时代里,他们在逻各斯的位置上放上了圣灵一样。然而,哲学的延续到"未来"的永恒使命,在于给人提供一种可能,从而让他从主观话语转向客观话语,把有

---

① 1525 年路德反对农民起义的檄文.
② 舍斯托夫.钥匙的统治[M].张冰,译.上海:上海人民出版社,2004:192.
③ 舍斯托夫.钥匙的统治[M].张冰,译.上海:上海人民出版社,2004:192.
④ 舍斯托夫.钥匙的统治[M].张冰,译.上海:上海人民出版社,2004:192.

限体验转变为无限的。舍斯托夫说："人们，而且在现在，首先是埃德蒙德·胡塞尔，多少已经做到了。他的论著已经得到许多当代哲学家的反响。大家全都已满怀激情地想要昂首宣告绝对的永恒的真理。当胡塞尔勇敢地谈起他的理念时，成百个嗓音响应了他的号召。如今还有谁不掌握绝对真理呢？还有谁不相信，这一次，绝对真理已经是绝对最终真理了？对哲学来说，牢固的科学发现的时代，已经来临。人们重新沉浸在那无忧无虑的、唯理主义的梦境中去了。"①但是，柏拉图的"凡人皆有一死"又把人们拉了回来，从一直持续不断产生的相对主义到死亡来临，都在惊扰着——尽管只是瞬息之间——而且，都只是惊扰着个别不愿破坏受到魔力掌握的，即一个人注定在其中开始和结束其昙花一现般生存的那个王国的安宁的人。

舍斯托夫最后指出："唯理主义，即使它有全部'由结果推导而来的论据'和送进疯人院的威胁，也注定无法消除人心中潜存的朦胧感觉，即终极真理，即我们的祖先如此成功地在天堂里寻找的终极真理，在于'万物之始始于词'，在于理性以及理性所及之物的彼岸，而在只有唯理主义才善于统治的、死气沉沉一动不动的世界里，是不可能找到它的。"②这是世界，就是信仰世界。

舍斯托夫认为，哲学是同以必然性真理为代表的理性主义原则进行的生死斗争。可以看出，这样的哲学观的存在的意义和价值完全是相对于传统哲学而言的。就是说，我们没有必要一定在舍斯托夫和胡塞尔的争论中做一个非此即彼的选择。相反我们认为，舍斯托夫和胡塞尔的关于哲学观的争论，大大拓展了哲学的内涵。哲学既要反思世界的本质，还要给现代人孤苦无靠的灵魂以终极性的关怀和依靠。在哲学史上，像舍斯托夫这样以哲学作为自己的生死事业，作为自己的生活方式的哲学家并不少见，在古希腊时期，苏格拉底就把哲学作为他为之生为之死的生命；柏拉图也将哲学视为一种死亡的练习，认为哲学与灵魂的救赎密切相关。舍斯托夫的哲学观，在某种意义上是在接续这个伟大的传统，努力让哲学获得一种内在的神圣之光。在过于喧嚣的理性时代，无疑愈加需要一个置身高处的神圣坐标，才有可能真正找到人类自身的恰切坐标。

---

① 舍斯托夫.钥匙的统治[M].张冰，译.上海：上海人民出版社，2004：193.
② 舍斯托夫.钥匙的统治[M].张冰，译.上海：上海人民出版社，2004：193.

第二节 舍斯托夫的悲剧哲学

舍斯托夫在1903年所写的《悲剧哲学——陀思妥耶夫斯基与尼采》一文中,称自己的哲学是悲剧哲学。按照舍斯托夫的看法,人目前的生存状态正陷入巨大的悲剧之中,这个悲剧的实质在于,人的自由、人的生活、人的生命本质被理性所强制和压迫。舍斯托夫说:"在人的心灵深处有一种无法消除的需要和永恒的梦想——按照自己的意志生活。但既然要合理还要必然,那么这还算什么自己的意志呢?有这样的自己的意志吗? 人在世间最需要的是按自己的意志生活,哪怕是愚蠢的意志,只要是自己的意志。"①舍斯托夫指出,人的需要、人的意志被科学和道德拒绝了,这使人深深地感到压抑,人生活的现实世界是个被理性统治的世界,理性在这里统治着一切。但人的意志、人的生命的本性是不接受、不服从这种统治的,他们希望从理性、科学和道德的强制下挣脱出来。于是,理性普遍性、必然性,以及与此相关的科学规律、生活秩序、道德等对人的生命的压迫和强制,以及人在这种统治下的苦苦挣扎,就造成了人的生存悲剧。正如刘小枫所说:"所谓悲剧乃是个体的灵魂永远告别了一切先验判断,一切普遍性,一切必然性,一切稳靠性,永远告别了一切稳靠的根基和基础时的必然遭遇的处境。"②

舍斯托夫认为,悲剧是由于理性无度的僭越和扩张造成的人们的一种生活状态,而且随着理性主义思潮的日益兴盛,理性在人们生活的所有领域已经实现了全面统治,悲剧已经成为人们的一种生活常态。徐凤林说,在舍斯托夫那里,"悲剧就是现实"③。而且,由于理性的必然性的统治过于强大,时间过于长久,以至于我们社会中的大部分人对这种统治都已经麻木了,已经习以为常了,所以舍斯托夫认为,哲学的一个重要任务就是唤醒人们,使人们从理性的统治下解脱出来。舍斯托夫说道:"陀思妥耶夫斯基和尼采的作品的意义不在于回答,而在于提问。这个问题就是:人们究竟有没有为科学和道德所不容的欲望? 也就是说,是否存在着悲剧的哲学?"④这一问句,实际上是舍斯托夫在更加肯定悲剧哲学的存在。

---

① 舍斯托夫.雅典和耶路撒冷[M].徐凤林,译.杭州:浙江人民出版社,2000:282.
② 刘小枫.走向十字架上的真[M].上海:上海三联书店,1995:21.
③ 徐凤林.俄罗斯宗教哲学[M].北京:北京大学出版社,2006:277.
④ 舍斯托夫.思辨与启示[M].方珊,张百春,张杰,等,译.上海:上海人民出版社,2005:197.

的确,理性主义哲学传统认为,现实的世界完全是由客观事实和必然性的规律来统治的,这些客观事实和必然性的规律是自足的,是不以人的意志为转移的。舍斯托夫经常引用古希腊哲学家亚里士多德的话:必然性不听从劝告。人在这个世界上生活,人的命运不取决于人自己,而是被外部规律和外部的偶然性事件所左右,这就是悲剧。

一、人的生存的根基问题

舍斯托夫的悲剧哲学首先表现在人的生存的根基问题上。舍斯托夫认为,人的生存至今还没有找到可靠的根据,因而人的生命还没有找到价值和意义。而过去理性主义哲学所说的,把人的生存的根基归结为理性,这是不可信的,靠不住的。舍斯托夫指出,"人以其全部存在感受到,生活业已溢出了能被所有人都同等接受的判断所表述的和用传统方法论论证的真理的范围"①,就是说,人的生活世界要大于理性的范围,人的生存价值和意义已经远远超出了理性所能承载的范围。由于人的生活的范围大于理性的范围,所以人的生存的根基和意义不能简单地归结到理性上,理性不是人的生活的根基,不能为人的生活提供全部价值和意义。

舍斯托夫对人的根基问题的思考具有本体论的意义。从哲学史上说,一般认为,本体论一般有两个方面的含义,一方面是指关于世界的本原的学说,另一方面是指关于世界的逻辑起点的学说,也是关于哲学体系的逻辑起点的学说。前一方面在古希腊哲学中表现得比较典型,后一方面在德国古典哲学,特别是在黑格尔哲学那里表现得比较典型。这种传统的本体论的观点,在很长时间里一直是大多数哲学家普遍接受的观点。但是,到了18世纪以后,实证主义和人本主义兴起,许多哲学家对这种传统的本体论的观点提出了激烈的批评。人本主义哲学家认为,这种传统意义上的本体论观点过于依赖理性,把理性看作哲学的基础,完全忽视了非理性的存在。他们指出,只要我们认真剖析一下,就会发现作为这种本体论的基础的理性是极其脆弱、空泛无物和抽象的。唯意志主义哲学家叔本华提出,本体论理应关心人类的生存问题,而不能变成包罗万象的抽象体系,他认为世界本原是生存意志;尼采则用权力意志取而代之,对他来说,传统本体论把万物之源归结为抽象的实体,从而忽略了人的价值与意义,这不仅是不能接受的,而且也是欧洲文明病

---

① 舍斯托夫.钥匙的统治[M].张冰,译.上海:上海人民出版社,2004:166.

痛的根源;柏格森则认为,真正的东西只是纯粹意识的泛变——绵延,因为它变化无穷,川流不息,而又相互交融联成一体,可以成为主客体得以统一的基础,等等。

我们能够看出,这些现代哲学家们,一边在批判传统哲学的本体论时,一边也在构建自己哲学的本体论。我们认为,从根本上说,本体论是哲学所固有的独特的存在方式,哲学不能没有本体论。美国现代哲学家奎因就认为,本体论对任何理论、学说都是必需的,他说:"一个人的本体论对于他据以解释一切经验乃至最平常经验的概念结构来说,是基本的。"①这就是所谓的"本体论的承诺"。

我们认为,舍斯托夫哲学也有自己的本体论,当然,这个本体论相对于传统本体论来说,是在非常不严格的意义上说的,我们可以称呼舍斯托夫的本体论为个体生存的本体论。因为个体生命的生存状况和意义,是舍斯托夫哲学的全部出发点和唯一归宿。这是我们纵观舍斯托夫的全部哲学作品和他的一生的哲学研究的思想历程所得出的结论。这一点随着我们对舍斯托夫哲学的分析的不断展开会看得越来越清楚。可以说,舍斯托夫哲学的本体论意义在于,舍斯托夫从单个的人的生存立场出发,以其独特的视角对传统本体论的独断设定提出质疑,消解了理性相对于非理性的优越性,从而彰显了非理性的本体意义。

我们在舍斯托夫的第一部哲学作品《莎士比亚及其批评者勃兰兑斯》中就能看到这一点。在《莎士比亚和他的批评家勃兰兑斯》中,舍斯托夫讨论了这样一件大家都熟悉的事件:一个人走在大街上,忽然一块砖头从楼房顶部脱落,正好砸在这个人的头上,他被砸死了。应该怎样看待这一悲剧事件呢?绝大部分人都会这样认为,这一事件是必然中的偶然。房顶上的砖头,由于热胀冷缩和风吹日晒,再加上年久失修,慢慢地在重力作用下,在某时某刻脱落了,这种脱落可以说是必然的,是一定会发生的。一个人在这一时刻恰巧经过这里,这是偶然的。偶然经过的生命,遭遇必然的自然规律,虽然值得同情,但最终只能服从自然规律,自认倒霉。但是,舍斯托夫问道,这样理解正确吗?能这样解释吗?能说石头下落的必然性规律比人的生命更具有本质性和重要性吗?舍斯托夫说,对于那些早已被必然性思想所麻痹的绝大多数的人来说,石头下落的规律是第一位的,是具有本质意义的。偶然经过的生命,是偶然现象,是第二位的。但是,舍斯托夫说,莎士比亚就不这样认为,莎士比亚认为,人的生命和人的生命的意义才应该是最重要的。人的生命和

---

① 蒯因.从逻辑的观点看[M].江天骥,宋文淦,张家龙,等,译.上海:上海译文出版社,1987:10.

人的生命的意义应该是看待一切存在和事件的出发点和标准。因为一切事物都是因为人而拥有了意义的,一切事物的意义都是相对于人来说的。石头的下落是对人的命运的外部干预,它才是偶然的状况。人的生命所包含的丰富的内涵和价值,正是通过像石头下落这样的规律性事件而强烈地彰显出来的,生命本身正是在这些必然性的规律中,不断地显示出自己的无限的特征和悲剧性的色彩。

舍斯托夫通过对这一事件的讨论,是在强调传统哲学所认为的理性作为人的生命根基的不可靠、不可信。他分析道,在人的一生中,人们会经历许多悲剧性的事件:亲人的离散、死亡,生老病死,失恋,等等,人们对这些事件总会感到不接受,感到痛苦和悲伤。人的这些不接受,痛苦和悲伤的感觉说明了什么? 舍斯托夫认为这些感受说明,人是一种不同于自然的、具有超越性的存在物,人的生命的根基不在自然存在中,不在自然秩序中,人的价值在自然存在和自然秩序中找不到最终的满足。

舍斯托夫对"死"这样事件的分析也能深刻地说明这一点。舍斯托夫同比他稍晚些的著名哲学家海德格尔一样,对"死"有着十分深刻的研究。海德格尔在他那本著名的《存在与时间》中,对"死"有着十分精彩的论述。海德格尔认识到,任何人最后都逃脱不了人生的大限——死,而对死的领会能把人从非本真的存在带到本真的存在。他说:"本真的存在的本体论结构,须待把先行到死中去之具体结构找出来了才弄得明白。"①海德格尔这里所说的"找出先行到死中去之具体结构",不是指在生理上、心理上或经验上揭示人的死亡结构,而是指要揭示死亡的本体论意义,也就是分析死对领会生的意义。海德格尔认为,死是人失去人本身的东西,它作为行将到来的、随时都能发生的可能性,而成为在此生存的总的背景,因此,死在海德格尔那里是具有本体论意义的。海德格尔指出,由于死是最本己的、与他物无关的、不可超越的可能性,所以,人面对着只属于自己的死,不能不超脱本身以外的一切,而关注于自己的生存,从而领会出生的意义。"向死而在"就是把人投入死的境界,然后才能从人与他人和世界的交往中超出常人的眼界,不受他人和世界的束缚,而获得真正的自由。

1917 年舍斯托夫发表在《哲学与心理学问题》杂志上的《凡人必有一死》,所表述的关于"死"的观点,与 1927 年海德格尔在《存在与时间》上的观点有着很多的

---

① 海德格尔.存在与时间[M].陈嘉映,王庆节,译.上海:上海三联书店,1999:307.

相似之处。舍斯托夫写道:"柏拉图说得对,人不光活着、安排生活,而且也在死去,并为死亡作准备。而当他们被死神触及之时,他们已不复渴望依偎着将他们与他人联系在一起的、唯一的中心。而是相反,他们聚集起全部力量,为的是超越昨天在他们眼中还是永恒疆界的世界。他们首先力求打破的,是意识统一性的幻觉以及这种幻觉赖以滋生的土壤——自明性。如果用现代语言表述,就是他们必须登上人类真理与谎言的'彼岸'。而真理与谎言,乃是由有益的科学——其中最完善的乃是数学——的存在这一事实中演绎推导出来的。"①这段话的意思是说,当人触及死神的时候,人们就能够从自己平时与他人、与世界的关系的缠绕中清醒过来,从而积聚力量冲破这种缠绕,打破常态,回归人的本真世界。这段话说明,舍斯托夫和海德格尔一样,都是把必"死"的态度和决心看成是把人们从非本真的存在带回到本真的存在的途径。置之死地而后生,向死而在,向死而生,死能使人摆脱掉自在事物、现存关系、现存秩序的羁绊和束缚,死成为打破人的常人状态的最有力武器。由此,我们认为,舍斯托夫是最早提出"死"能使人从非本真状态回归本真状态,并赋予"死"以本体论意义的哲学家之一。

按照舍斯托夫的看法,凡人皆有一死,"向死而在"本身也恰好向世人证明了这样一件事:人生命的本质不是日常生活中的秩序、道德和规律及冰冷的理性所能完全理解的,它远远超越了理性的范围,有着更多的内容和意义。有趣的是,舍斯托夫的这种观点,在海德格尔那里也有相应的表述,海德格尔把以前的传统理性主义哲学称作无根的哲学,而自称自己的哲学是有根的本体论。②

德国当代哲学家 B. Foudane 在《与舍斯托夫相遇》中指出:舍斯托夫哲学的开端之处,恰是海德格尔哲学的终止之处。③ 我们也认为,舍斯托夫和海德格尔的思想有一个交会点。这个交会点就是二人对人的存在的相似的理解。海德格尔认为从柏拉图以来的整个形而上学的历史是"存在的遗忘的时代",存在被存在者遮蔽了,他说:"形而上学不断地以各种不同的方式说到存在。形而上学表示并似乎确定,它询问并回答了关于存在的问题。实际上形而上学从来没有解答过这种问题,因为它从来没有追问过这个问题。当它涉及存在时,只是把存在想象为存在者。虽然它说及存在,指的却是一切存在者。自始至终,形而上学的各种命题总是把存

---

① 舍斯托夫.钥匙的统治[M].张冰,译.上海:上海人民出版社,2004:183-184.
② 刘放桐.新编现代西方哲学[M].北京:人民出版社,2000:339.
③ 刘小枫.走向十字架上的真[M].上海:上海三联书店,1995:39.

在者和存在相互混淆。……由于这种永久的混淆,所谓形而上学提出存在的说法
使我们陷入完全错误的境地。"①而舍斯托夫认为理性主义哲学在出发时就已经错
了,"哲学陷于罪恶始于泰勒斯和阿那克西曼德。泰勒斯宣布说:万物是一,阿那克
西曼德把渎神和不应有视为多,即永恒的可疑。他们之后哲学便开始系统地驱避
多而颂扬一。易懂的和统一的东西成了现实的和应有的东西的象征。个体的、孤
独的、不同的东西,必定是不现实的和敢想敢为的东西。当然,这需要加以限制。"
然而,"生命的基本特点就是敢想敢为,整个生命就是创造性的敢想敢为,因而是永
恒的,不是准备好了的和易懂的宗教神秘剧。"②也就是说,理性主义哲学从一开始
就远离了人们的生活,远离了人们的内心真实需求。别尔嘉也夫把舍斯托夫哲学
归为存在哲学,由 H. Dahm 编的《俄罗斯思想的基本特质》一书中也认为:舍斯托
夫思想才堪称存在哲学传统在本世纪的先声和经典。③ 这些看法都说明了他们认
为舍斯托夫哲学在人的生存论的问题上,即在人的生存问题上,与存在主义哲学的
相近立场和相似观点。就是说,舍斯托夫和海德格尔等存在主义者都强烈地意识
到现实生活中人的生存的无根基性。舍斯托夫认为,人生有远远超出理性所能承
载的价值和意义,在理性主义哲学传统占主导地位的情况下,人的生存陷入非本真
的无根基的状态,人的存在丧失了精神的家园。舍斯托夫认为,生命的本质不在于
理性,而在于非理性,和理性相比,信仰才是人的更深层次的需要,信仰是人的生命
的根基。这一点,海德格尔晚年有了一定的认识,海德格尔在逝世前对《明镜》记
者说:"只有一位上帝能拯救我们。"④

在对"死"的认识上,舍斯托夫和海德格尔有一点是不同的,就是舍斯托夫十
分强调西方理性主义哲学传统对人的生活、生命的意义的全面压制和桎梏,他认为
正是西方理性主义哲学才把人置于浑浑噩噩的常人之地。在人的日常生活中统摄
一切,主宰一切的理性,无处不在的必然性和冷酷的事实总是使人麻木,使人无可
奈何、浑浑噩噩。于是,舍斯托夫把同理性主义哲学传统的斗争看成是他的哲学的
最主要内容,看成是他的哲学最重要的使命。而且,当时舍斯托夫把斗争的矛头直
接指向了已经名声显赫的现象学创始人胡塞尔。舍斯托夫说:"人们,而且在现在,

① 考夫曼. 存在主义[M]. 陈鼓应,孟祥森,刘崎,译. 北京:商务印书馆,1987:219.
② 舍斯托夫. 在约伯的天平上[M]. 董友,徐荣庆,刘继岳,译. 北京:生活·读书·新知三联书店,1989:17.
③ 刘小枫. 走向十字架上的真[M]. 上海:上海三联书店. 1995:39.
④ 赵敦华. 现代西方哲学新编[M]. 北京:北京大学出版社,2001:128.

首先是埃德蒙德·胡塞尔,多少已经做到了。他的论著已经得到许多当代哲学家的反响。大家全都早已满怀激情地想要昂首宣告绝对的永恒的真理。当胡塞尔勇敢地谈起他的理念时,成百个嗓音响应了他的号召。如今还有谁不掌握绝对真理呢? 还有谁不相信,这一次,绝对真理已经是绝对最终真理了? 对哲学来说,牢固的科学发现的时代,已经来临。人们重新沉浸在那无忧无虑的,唯理主义的梦境中去了。"①舍斯托夫把胡塞尔作为他那个时代理性主义哲学的最重要的代表,对胡塞尔哲学进行了毫不留情、指名道姓的批判。我们知道海德格尔也是对胡塞尔哲学相当不满的,这一点我们在《存在与时间》中看得很清楚,只是这种不满是以比较委婉的方式表达出来的。难怪胡塞尔在读完《存在与时间》之后将"我爱柏拉图,我更爱真理"的箴言录在该书的首页上,这就像是一声掩卷长叹啊! 舍斯托夫和海德格尔都批判了胡塞尔,所不同的是,舍斯托夫和胡塞尔在这种争辩中友谊更加弥坚,并保持了一生,而有理由情况会更好一些的海德格尔和胡塞尔的关系却以不睦而告终。

二、个体的生命体验

个体的人,他的生命体验是什么样? 舍斯托夫深受俄罗斯东正教文化和希伯来文化的影响,有着深深的苦难意识,他认为人的生命体验总的来说是痛苦的、悲伤的。舍斯托夫经常爱引用的《圣经》中的话是这样说的,"惟愿我的烦恼称一称,我的一切的灾害放在天平里,现今都比海沙更重"②。舍斯托夫认为,这种深重的痛苦是人们生活的常态,是人们生活的大背景。

人生活的这种痛苦的状态,人内心深处的恐惧和不安,舍斯托夫不仅敏锐地感觉到了,而且对这种痛苦的研究,也成了舍斯托夫哲学研究的出发点。这一点,舍斯托夫哲学和克尔恺郭尔的哲学思想有很大的相似之处。

克尔恺郭尔的哲学中也表现出了极浓厚的痛苦意识,舍斯托夫在探究克尔恺郭尔的哲学思想时,对此给予了充分的关注和研究。舍斯托夫对弥漫在克尔恺郭尔哲学中沁人心脾的痛苦情结有着敏锐的感受。舍斯托夫指出:"谁若哪怕对克尔恺郭尔的著作稍许有些了解,谁就会同意,他的整个思想和全部著作,都染上了这

---

① 舍斯托夫.钥匙的统治[M].张冰,译.上海:上海人民出版社,2004:193.
② 参见《圣经·约伯记》第11章2-3.中国基督教三自爱国运动委员会,2009.

种痛苦色彩。"①舍斯托夫认为克尔恺郭尔的几部代表作《恐惧与颤栗》《恐惧的概念》《肉中刺》《致死的疾病》等都莫不如此,他还引用了克尔恺郭尔在自己的日记里的话:"我认为我写的东西能让石头下泪。""要是人们知道我曾经多么痛苦,我曾经总是多么痛苦,以及我的存在又是怎么样的与痛苦不可分割地联系在一起,那就好啦!"②舍斯托夫对克尔恺郭尔哲学中的这种痛苦色彩的缘由有着自己的见解,对克尔恺郭尔的人生经历进行了深入的考察。舍斯托夫认为,影响克尔恺郭尔内心痛苦的,除了他那敏感的个性和不平常的经历以外,还有一个决定性的事件,用克尔恺郭尔的话说:"我在我心灵深处隐藏的那一解释,能够更确切地描述我的恐惧的那一具体解释——我是永远不会提供的。"③而舍斯托夫认为,这一"具体解释",就是克尔恺郭尔与他的未婚妻列吉娜·奥尔森的分手事件。舍斯托夫把克尔恺郭尔与列吉娜·奥尔森因恋爱失败而分手的事件比作和希腊神话传说中俄耳甫斯与犹丽狄士相分离一样的事件。在希腊神话中,俄耳甫斯是传说中乐神缪斯之子,善弹竖琴。他以自己优美的琴声吸引了整个宇宙,山石、鲜花、大海、男女老少乃至野游生物都被他的琴声所陶醉。后来,俄耳甫斯爱上了犹丽狄士,而犹丽狄士被毒蛇咬死,下了地狱。俄耳甫斯发誓也要下到地狱去追赶犹丽狄士。最后是俄耳甫斯到地狱虽然追上了犹丽狄士,但还是没有救回她。舍斯托夫指出,犹丽狄士是被黑暗势力夺走的,克尔恺郭尔的未婚妻列吉娜·奥尔森也是被黑暗势力夺走的,克尔恺郭尔就是复活的俄耳甫斯。舍斯托夫接着分析道,克尔恺郭尔与他的未婚妻列吉娜·奥尔森的分手,是我们每个人都可能遇到的事,这种"痛苦"还是常人的痛苦。那么,沁入克尔恺郭尔心灵深处,弥漫于克尔恺郭尔全部著作中的"比最沉重的人间之苦、比最大的暂时的不幸更甚"④的超常之苦是什么呢?舍斯托夫写道:"恐惧,无论它有多么可怕,难道能动摇存在结构和秩序及在其之上滋生出来的我们的思维吗?!"⑤意思是说,一般人都认为,决定存在之结构的原则、规律是铁定的,是不可更改的,对于这些原则人们只能服从,不能有任何例外。这就是说,舍斯托夫所理解的克尔恺郭尔的"痛苦",是人在"不要笑,不要哭,不要恨,而要理

① 舍斯托夫.雅典与耶路撒冷[M].张冰,译.昆明:云南人民出版社,1999:195.
② 舍斯托夫.雅典与耶路撒冷[M].张冰,译.昆明:云南人民出版社,1999:195.
③ 舍斯托夫.雅典与耶路撒冷[M].张冰,译.昆明:云南人民出版社,1999:199.
④ 克尔恺郭尔.恐惧与颤栗[M].一谌,肖聿,王才勇,译.北京:华夏出版社,1999:195.
⑤ 舍斯托夫.雅典与耶路撒冷[M].张冰,译.昆明:云南人民出版社,1999:200.

解"（斯宾诺莎语）的必然性的原则、命运面前无能为力的痛苦。克尔恺郭尔不能改变未婚妻列吉娜·奥尔森离他而去这一事实，他为这种"不可改变"而痛苦。同样，这种不可改变的事实、这种不可改变的必然性的命运也使舍斯托夫痛苦不已。

面对着这种不可改变的命运，克尔恺郭尔彻底绝望了，他说：必然性的命运"就是那个古老传说里的衬衫，那缝线是用眼泪纺成的，泪水已经使它褪色，……生活的奥秘就在于人人都必须亲手缝制这件衬衫"①。人人都在受着这种痛苦的折磨，但是，克尔恺郭尔就是从研究人的绝望开始了他的哲学之旅的。克尔恺郭尔指出："哲学并非如希腊人所教导的那样，是起源于惊奇，而是起源于绝望。哲学的目的是为自己争取'哭泣和诅咒'的权力，并用自己的眼泪和诅咒，抗衡以普遍必然真理束缚人类意志的理性那不知餍足的贪求。"②应该说，克尔恺郭尔对哲学的这种理解与舍斯托夫对哲学的理解是完全一致的。舍斯托夫的很多作品也反映了相同的观点，他在批评胡塞尔哲学中理性的自明性时说，"通向生活的原则、源泉和根本的途径是通过人们向创世主呼吁时的眼泪，而不是通过那询问'现存'事物的理性"③，舍斯托夫就是从人的这种"向创世主呼吁的眼泪"、这样的人生痛苦出发，开始了他的哲学研究的。这种研究"是对所有人的苦难的关注，但更是对社会底层人、底下人、苦役犯们的命运的关注。正是这种哲学的新的维度，与传统的理性主义哲学发生了尖锐的冲突"④。

舍斯托夫深入地分析了人生痛苦的形成原因。"生活中呈现给一个人的可能性，比较而言十分有限。人不能见识一切，不能理解一切，不能爬的离地面太高，也不能潜入地心深处。从前总是隐蔽着的，将永远隐蔽——我们无法测知或许也无法知道，我们身上永远也长不出一对翅膀来。现象的规律性一成不变，它为我们的追求和向往设定了边界，将我们逼进一条狭窄的、日常生活的老生常谈之路，也不让我们在其上纵横驰骋。我们必须小心翼翼地看着脚下，每迈一步都得停一停，因为在生活中只要稍不留意，我们就会遭遇到死亡的威胁。"⑤舍斯托夫认为，造成人生的痛苦的根本原因，就是由于必然性的理性的无度僭越，使生命的本能愿望受到

---

① 克尔恺郭尔. 恐惧与颤栗[M]. 一谌，肖聿，王才勇，译. 北京：华夏出版社，1999：40.
② 舍斯托夫. 雅典与耶路撒冷[M]. 张冰，译. 昆明：云南人民出版社，1999：206.
③ 舍斯托夫. 开端与终结[M]. 方珊，译. 昆明：云南人民出版社，1998：358.
④ 雷永生. 东西文化碰撞中的人[M]. 北京：华夏出版社，2007：358.
⑤ 舍斯托夫. 无根据颂[M]. 张冰，译. 北京：华夏出版社，1999：41－42.

压制。生命的意义无法得到实现而使人深感痛苦和煎熬。

具体说，舍斯托夫认为，人生痛苦的原因是与"知识"有着密切的联系的。舍斯托夫从克尔恺郭尔的"无罪即无知"出发，认为人与其自然属性直接统一时，人身上的精神尚处于昏睡之中，人是纯洁的，是没有痛苦的。舍斯托夫强调指出，"《圣经》的确否认了处于纯洁状态中的人能够知善恶之区别。但这不是人的弱点和缺陷，而是人的力量和最大的优点"①。舍斯托夫分析了知识的性质，引用了克尔恺郭尔对使徒保罗的话的分析，保罗说，"凡不出于信心的都是罪"，克尔恺郭尔指出，"这是对基督教最果敢决绝的定义，它表明与罪正向对立的，不是美德，而是信仰"。② 接着舍斯托夫指出，"按照《圣经》的说法，知识就其实质而言，是排斥信仰的，知识即罪，或原罪"，并说，"我们要想反对克尔恺郭尔，那就得说，正是知识树之果使人类的精神昏睡的"。③《圣经》中上帝对亚当说的"你们不可吃，也不可摸，免得你们死"，舍斯托夫特别地强调说，"这段话里，只有在这段话里，我要重申的是，在整个人类历史上，绝无仅有地、唯一一次地奏响了足以享有纯粹理性批判之美称的最强音"。④ 在这样的观点的基础上，舍斯托夫阐述了《圣经》中"堕入罪恶"故事的意义。舍斯托夫说，亚当在堕入罪恶之前，也和神一样是全能的，只是在堕入罪恶之后，才落入知识的掌握之中，于是就产生了人的痛苦。舍斯托夫的这种解释和黑格尔对《圣经》故事的解释是正相反的，"知善恶树上的果实，如黑格尔的解释，乃是所有时代哲学的一个原则"⑤。而且克尔恺郭尔对于这个故事的解释与黑格尔在本质上是一样的。根据克尔恺郭尔的看法，人是从堕入罪恶中幡然醒悟而走向了知善恶，无知也有恐惧，恐惧是在堕落之前就有了。舍斯托夫认为，这表现出了克尔恺郭尔哲学的黑格尔哲学的痕迹。舍斯托夫还引用了海德格尔在这一问题上对克尔恺郭尔的评价来佐证自己的观点："在 19 世纪，克尔恺郭尔就把生存问题作为一个生存状态上的问题明确加以掌握并予以透彻地思考。但他对生存论问题的提法却十分生疏，乃至从生存论角度看来，他还完全处于黑格尔的以及黑格尔眼中的古代哲学的影响之下。所以，除了论畏这一概念的那篇论文之外，读他的

① 舍斯托夫.雅典与耶路撒冷[M].张冰,译.昆明:云南人民出版社,1999:227.
② 克尔恺郭尔.致死的疾病[M].张祥龙,王建军,译.北京:中国工人出版社,1997:73.
③ 舍斯托夫.雅典与耶路撒冷[M].张冰,译.昆明:云南人民出版社,1999:228.
④ 舍斯托夫.雅典与耶路撒冷[M].张冰,译.昆明:云南人民出版社,1999:228.
⑤ 舍斯托夫.雅典与耶路撒冷[M].张冰,译.昆明:云南人民出版社,1999:202.

'教诲'文章倒比读他的理论文章能从哲学上获得更多的收益。"①舍斯托夫认为,克尔恺郭尔的恐惧是来源于他对必然性的畏惧,因为,"如果承认恐惧是在堕落之后才出现的,承认恐惧不是自由的实现,而是丧失自由的表现的话,那他就得去做在他看来似乎是根本不可忍受的事:就是蔑视'道德'的法庭而对之直言不讳,抑或哪怕以最概括的语言承认,他与列吉娜·奥尔森决裂,不是由于其天性的'一成不变',而是由于束缚着他的'必然性'。他是不敢迈出这一步的"②。

三、"石墙"里的人生

舍斯托夫认为,生命的痛苦是人们在必然性的统治下的一种生命体验。这种痛苦在欧洲数千年理性主义思潮统治下,已经成了人们不可逃脱的命运。舍斯托夫认为,人们感到痛苦,是因为人们感到来自于人们心底的愿望得不到满足,无法实现。就是说人们感到不自由。

舍斯托夫指出,在现实生活中,人们的自由遭受到了各种"石墙"的围堵,这个"石墙"就是种种必然性的规律、永恒的真理、普遍的法则、铁的秩序,等等。在日常生活中,人们一再得到这样的告诫:这些规律、真理、法则、秩序神圣不可侵犯,人们只能按照它们的要求去生活,违背它们的要求必然会受到惩罚。这些规律、真理、法则、秩序的神圣地位来源于数千年西方理性主义哲学传统的影响,古希腊哲学中就已经有了理性自足的思想和对必然性的极力推崇,在这样的思想背景下,人们普遍认为世间万物都有着既定的秩序和内在法则,它们不以人的意志为转移,不因人的劝告而改变。西方理性主义哲学传统认为,人类理性的任务主要就是要认识这些规律、真理、法则、秩序,人只有在对它们的探求和顺从中才能得到精神的满足,并因此而成就自身的美德。这样,西方理性主义哲学传统就把必然性的规律、永恒的真理、普遍的法则、铁的秩序"放在自己的保护之下,并用修炼了几个世纪的咒语"③,构筑起一道道牢不可破的石墙。

舍斯托夫还深入分析了这些"石墙"中的两个基本的组成部分:经验事实和必然性。舍斯托夫看到,许多理性主义哲学家认为,判断真理的最高审判法官是事实,但他们忽视了他们所说的这种事实是经验事实,不是事实本身。舍斯托夫指

---

① 海德格尔.存在与时间[M].陈嘉映,王庆节,译.上海:上海三联书店,1999:271.
② 舍斯托夫.雅典与耶路撒冷[M].张冰,译.昆明:云南人民出版社,1999:231.
③ 舍斯托夫.雅典和耶路撒冷[M].徐凤林,译.杭州:浙江人民出版社,2000:10.

出:"事实至多也仅仅是需要加工或重塑的原材料,事实本身既不提供知识,也不提供真理。"①显然,舍斯托夫的这种思想是受了休谟哲学的影响。休谟在哲学史上提出了著名的"休谟之谜"。休谟指出,或然的归纳推理在逻辑上得不到证明。也就是说,归纳推理是如何从全体过渡到结论,从个别过渡到一般的,即归纳推理有没有合理性,这在逻辑上是得不到证明的。休谟对这个问题百思不得其解,他不得不向公众公开了这一难题。休谟的问题说明了,相对、个别和偶然的经验重复一万次仍然是相对、个别和偶然的经验,我们无论如何也不能从中发现出必然性来,而且过去和现在的经验只能是对过去或现在有效,虽然可以推测但却不可能必然地推论出明天的结果。"由此看来,不但我们的理性,不能帮助我们发现原因和结果的最终联系,而且经验给我们指出它们的恒常结合以后,我们也不能凭借自己的理性使自己相信,我们为什么把那种经验扩大到我们所曾观察过那些特殊事物以外。我们只是假设,却永远不能证明,我们所经验过的那些事物必然类似于我们所未曾发现的那些对象。"②休谟的问题告诉我们,经验就是经验本身,它完全不能告诉我们它为什么必然如此,"它不能给我们提供任何真正的普遍性",人类理性"更多的是被经验所刺激",而不是"被经验所满足"。③ 至于那些在我们现实生活中引导我们、指挥我们的必然性的规律,只不过是摆放在人们心理习惯之上的精美而脆弱的花瓶,它们就像虚幻的海市蜃楼一样,是人类多情的神经为自己的生存而编织的美丽梦幻。"休谟之谜"是哲学史上的重磅炸弹,影响巨大。康德不无慨叹地说:"自从有形而上学以来,对于这一科学的命运来说,它所遭受的没有什么能比休谟所给予的打击更为致命。"④"我坦率地承认,就是休谟的提示在多年以前首先打破了我的独断主义的迷梦,并且在我对思辨哲学的研究上给我指出了一个完全不同的方向。"⑤舍斯托夫深受休谟哲学中"休谟问题"的影响,他对康德哲学也十分了解。舍斯托夫从休谟和康德哲学中,找到了一切必然性的不可靠、不可信的根据。舍斯托夫说:"必然性与真实存在者就像两滴水一样相像,——但必然性不是真实存在

---

① 舍斯托夫.雅典和耶路撒冷[M].徐凤林,译.杭州:浙江人民出版社,2000:2.
② 休谟.人性论[M].关之运,译.北京:商务印书馆,1980:109.
③ 康德.纯粹理性批判[M].邓晓芒,译.北京:人民出版社,2004:4.
④ 康德.任何一种能够作为科学出现的未来形而上学导论[M].庞景仁,译.北京:商务印书馆,1982:5-6.
⑤ 康德.任何一种能够作为科学出现的未来形而上学导论[M].庞景仁,译.北京:商务印书馆,1982:9.

者,它只对那些梦想者才是真实存在的。"①

既然必然性是虚假的,经验事实也只是经验事实本身,那么,我们可以推断,我们日常生活中的永恒真理、普遍的法则、铁的规律和秩序等等这些所谓的"石墙",也是应该不成立的、不存在的。但是,舍斯托夫指出,人们在现实生活中真实地感到了"石墙"的存在,真实地感到了它们的压迫。究其根源,舍斯托夫认为在于理性的本性。舍斯托夫多次引用康德的话,"理性贪婪地追求着普遍性和必然性"②,就是说,理性的无度发展,必然会筑起生活中的"石墙"。

舍斯托夫还向人们描述了经验事实和必然性是怎样统治人的。他说:"日常经验或意识的直接现实是人们关于真理的最高审判级别:无论经验带给我们什么,无论'现实'告诉我们什么,我们都要接受,都把它叫做真理。在真理主宰的世界上,同'现实'作对是明显的发疯。人能够哭,能够诅咒经验向他展现的真理,但他深知,要克服这些真理是谁也做不到的,应该接受他们。哲学则更进一步:现实不仅应当接受,而且应当赞颂。"③而当人们面对着必然性这座高大、庄严的"石墙"时,人们能做的只是按着必然性的要求,循规蹈矩;在对待必然性的压迫的问题上,人们不仅只能是默默接受,而且还要用自己的理性去接近它、认识它,然后在无法改变的现实面前,把承认当作一种安慰。"不要讥笑、哭泣和诅咒,只要理解",在死心塌地地充当必然性奴隶的同时,平静地寻找其中的自我满足,而且是被认为最高的满足! 人们只能是期待和接受必然性赐给我们的所谓愉悦。理性主义哲学家的这点可怜的愉悦被舍斯托夫称为"有意识的石头"和"最卑鄙的驴子"的愉悦。

永恒真理、普遍的法则、铁的规律和秩序,等等,这些人们生活中的"石墙",不仅对人们的生活产生了严重的强制和压迫,而且它的危害性还在于它的威严和权力还可能被人假借。假借就是指打着必然性真理的名义而实行独裁统治。舍斯托夫认为,人类社会的独裁现象,和理性的普遍性和必然性诉求有极大的关系,普遍性和必然性的真理往往成为这些独裁专制者的信念来源和宣传手段。因为"找到'普遍性'和'必然性'其余的事,自然会迎刃而解。而普遍性和必然性能为暗示提供的保证,并不亚于证明"④。必然性的真理能够给人们提供具有必然意义的遐

---

① 舍斯托夫.雅典和耶路撒冷[M].徐凤林,译.杭州:浙江人民出版社,2000:8.

② 舍斯托夫.雅典和耶路撒冷[M].徐凤林,译.杭州:浙江人民出版社,2000:103.

③ 舍斯托夫.雅典和耶路撒冷[M].徐凤林,译.杭州:浙江人民出版社,2000:164.

④ 舍斯托夫.雅典与耶路撒冷[M].张冰,译.昆明:云南人民出版社,1999:106.

想,于是,这些人类历史上的各个领域的统治者,仿佛"长期生活在'真理'的社会,这使他掌握了真理的本质,他自己也仿佛成为真理,把自己的存在和全部外界存在的使命看作是'成为强迫者'和'成为被迫者'"①。这种必然性的假借一旦出现,独裁专制一旦发生,巨大的灾难便会接踵而至。19 世纪末 20 世纪初,是整个世界特别是俄罗斯社会出现剧烈动荡、急剧变化、寻找出路的年代。沙皇政府的残暴统治、西方列强在世界范围内对落后民族的征伐和剥削、夺取数千万个鲜活生命的第一次世界大战……舍斯托夫看到了太多的痛苦和罪恶,而这些痛苦和罪恶制造者总是声称自己是真理的化身,自己是必然性规律代言人。这一切的专制和暴政,与"石墙"的压制和强迫多么相似,难道这一切是偶然的吗?舍斯托夫哲学涉及政治的内容不多,政治哲学在其中的位置很小,但由于理性主义思潮泛滥,造成了必然性真理对人的现实生活的全面压迫、"石墙"的暴政,这一切都会反映到政治领域中,这方面舍斯托夫还是做了一定的论述。

那么,人们能不能打碎"石墙",冲出必然性的藩篱呢?舍斯托夫认为,尽管"石墙"十分的高大、坚固,但是人们还是能够把它打碎。舍斯托夫告诉我们,打碎"石墙"的唯一办法是直接面对死亡。"愿意并且能够直面死亡的人的思维,是具有另一种维度的思维"②。舍斯托夫的办法和海德格尔的"向死而在"基本上是一个意思,这一点我们前面已经论述过了。舍斯托夫还多次提到柏拉图的"死亡练习",柏拉图在《斐多篇》中说:"真正爱好哲学的人,无不追求着死和死亡,这很可能不为他人所理解。"③柏拉图的意思也是在说,死和死亡对于真正爱好哲学的人很重要,它能使人抛开日常事务的困扰,使人澄明,使人看清存在的本意和哲学的本意。舍斯托夫认为,一个经常做"死亡练习"的人,就不会再惧怕必然性的那些致命界限,不再惧怕那个高大的"石墙",而且一个经常做"死亡练习"的人,在摆脱"常人"状态,回归人的本真状态之后,还能更加坚定对上帝的信仰。于是,在信仰的召唤下,在"神的大锤"的打击下,原有的软弱都将转化成我们对必然性进行伟大斗争的巨大力量,在这场最后的、生死存亡的斗争中,人也许"能够最终为自己恢复真正的自由"④。

①　舍斯托夫.雅典和耶路撒冷[M].徐凤林,译.杭州:浙江人民出版社,2000:19.
②　舍斯托夫.雅典和耶路撒冷[M].徐凤林,译.杭州:浙江人民出版社,2000:33.
③　转引金亚娜.充盈的虚无:俄罗斯文学中的宗教意识[M].北京:人民文学出版社,2003:95.
④　舍斯托夫.雅典和耶路撒冷[M].徐凤林,译.杭州:浙江人民出版社,2000:179.

舍斯托夫向人们详尽地叙述了冲破"石墙"的过程,他做了这样一个设想,他说,当一个人遇到了一个巨大的灾难,出现了必死无疑的局面,他会怎样? 如果人渴了,我们给他喝水;人病了,我们给他吃药。如果一个人必将死去,我们能对他怎样? 舍斯托夫认为,这时只有可能对他才有意义,"只有可能会拯救他。可能来了,绝望的人复苏了,开始了呼吸。没有可能,就像没有空气一样,人会窒息而死。有时创造性的幻想似乎会产生可能。但最终只剩一个:上帝是万能的。这时只有信仰开辟了道路"①。应该说,这样的过程对于我们多数人来说,实在是不好理解、难以置信的。但是正如德尔图良所说,因为荒谬,所以信仰。舍斯托夫称信仰是另一种维度的思维,这个维度里的信仰就不是"常理"所能理解的了,它本身也不需要"常理"的理解。因此,我们可以这样说,打碎"石墙"的过程,也是信仰不断强化的过程。

四、被道德拒绝的人

由于理性的僭越而造成的对人的严酷统治的另一个重要方面,就是社会伦理领域中的道德对人的个性的极端蔑视和抹杀。道德在舍斯托夫的作品中从来都是占有极其重要的地位,实际上舍斯托夫在他的第一部哲学著作《莎士比亚和他的批评家勃兰兑斯》中就已经开始讨论伦理道德问题了。舍斯托夫批判传统理性主义的第一个目标就是道德,这是因为,传统理性主义对人的生命的压迫、强制首先就表现在道德对人的压迫和强制上。我们知道,道德是社会生活中最常见的现象,在人们在日常生活中,首先映入眼帘的往往是与道德有关的各种问题。道德作为调节人与人之间关系的准则与规范,往往代表着社会所提倡的大家能普遍接受的价值取向,这些价值取向就成了评判人们行为正当与否的标准。因此,舍斯托夫要想完成对传统理性主义的批判,必须首先完成对传统道德的批判。正如刘小枫所说:"舍斯托夫首先从道德哲学——本体论伦理学角度抨击传统形而上学,这在他那里是有理由的。传统形而上学——本体神学的最高表达即是道德哲学。传统形而上学家们一再提出要在理性所构造的观念世界中去寻找真正的现实,以能满足理性要求的另一个观念世界来取代生存世界,最高的理性成了真和善的来源,它不仅要

---

① 舍斯托夫.旷野呼告[M].方珊,李勤,译.北京:华夏出版社,1999:67.

给人指出真理,而且要给人带来善,这导致形而上学用伦理学代替生存本体论。"①

舍斯托夫在《莎士比亚和他的批评家勃兰兑斯》中讨论了莎士比亚的道德观。莎士比亚在《裘力斯·恺撒》一剧中向我们揭示了的一个重要问题:杀死恺撒的凶手不是勃鲁托斯,而是勃鲁托斯所崇信的道德,就是这个冠冕堂皇的道德,以及它所拥有的至高无上的权力和它平时对人们的训导,导致了勃鲁托斯把匕首刺向恺撒。莎士比亚认为道德是凶手,但是,莎士比亚的批评家们,如勃兰兑斯却没有看到这一点,他们依然把矛头指向勃鲁托斯本人。

舍斯托夫指出,我们应当把矛头对准道德本身,而不应该对准勃鲁托斯本人去理解这部剧的意义。因为戏剧情节的发展一再表明,勃鲁托斯只是为了捍卫道德,才动手杀死恺撒。道德在这里是个决定者,它向人们宣布,任何人对它只能是完全信任,完全遵从,把它尊奉为至高无上的主宰。一旦道德选中了勃鲁托斯去执行命令,他就应不折不扣地去执行,他应当为被选中执行这一光荣的使命而欢呼,因为,道德告诉我们,人的最高幸福正是把自己和他人的生命当作祭品,而奉献给至高无上的道德。在向道德奉献时,人们需要排除个人杂念,排除一己之私,并且无论如何都要坚信,道德是纯洁无瑕的,为道德所做的一切奉献都是值得的,都是高尚的。

莎士比亚正是从对勃鲁托斯这一人物的描写中,感到这里存在着问题的要害。问题是,勃鲁托斯冒着风险去刺杀别人,这样做的意义何在? 勃鲁托斯的生和恺撒的死的价值在哪里? 莎士比亚通过剧情的发展告诉我们,勃鲁托斯在杀死恺撒后,并未得到道德所许诺的那种最高的绝对幸福,也没有感受到人们通常所说的崇高,反而他还失去了继续为道德效力的兴趣。

舍斯托夫一生对莎士比亚的作品都很关注,舍斯托夫认为,在《哈姆雷特》一剧中,表面坚定、内心矛盾的勃鲁托斯已经让位于绝望的哈姆雷特了,舍斯托夫说:"哈姆雷特一旦遇到另一国度中的来客——鬼魂,便觉得先前的所有信仰、信念和理想,全都成了儿童的臆想。"②接着,在《李尔王》中,主人公已经表现得十分愤怒了,他喊道:"这就是世界的最后的结局吗?"后来在《麦克白》中,那个在道德面前应当受审的人,居然狂叫:"你,命运,我要同你决斗!"这时的莎士比亚已经表现出了足够的勇气和胆量。舍斯托夫认为,莎士比亚后期作品体现了所有悲剧的基本

---

① 刘小枫. 走向十字架上的真[M]. 上海:上海三联书店,1995:12.
② 舍斯托夫. 舍斯托夫集[M]. 方珊,译. 上海:上海远东出版社,2004:10.

主题:普世的道德是扼杀人性的凶手,道德的世界是人间的地狱。舍斯托夫说:"我们的科学只破除了古代迷信中的一部分。它消灭了天堂,而地狱却不得保留下来,不仅如此,还把它移得离我们更近了,把它移到了地上,由彼岸世界移到此岸世界中来了。"①舍斯托夫认为,这个时候的莎士比亚已经彻底抛弃了用传统道德来解决生活悲剧的想法。

舍斯托夫还通过对《圣经》中的人物约伯的分析,向我们展示了传统道德是怎样扼杀人性的。在研究克尔恺郭尔哲学时,舍斯托夫发现,克尔恺郭尔在解决道德问题时,"非但没有向全世界最有名的和最著名的教授(黑格尔)去请求帮助,反而去向一位个体的思想家即约伯求助"②。受克尔恺郭尔启发,舍斯托夫详尽地考察了约伯这个人物,并为此写下了《在约伯的天平上》这部名著。

约伯是《圣经》中的一个人物,《圣经》中说,约伯本来是"完全正直,敬畏上帝,远离恶事"的人,他生活幸福,生了七个儿子、三个女儿,而且家境富裕,牛畜成群,仆婢盈门。约伯全心全意敬拜着耶和华,但是,耶和华决定试练约伯。约伯开始遭受一连串的灾殃和打击。首先是示巴人和迦勒底人攻击他,掠走了他大量的财物,然后他的儿女在一场风暴中全部罹难。这些巨大的灾难并没有使约伯动摇,并没有使约伯转而诅咒和离弃上帝。相反,他说:"赏赐的是耶和华,收取的也是耶和华;耶和华的名是应当称颂的。"③接着约伯又染上一种非常可怕的皮肤疾病。他的肉和口腔发出阵阵恶臭,以至于他的妻子和亲友都厌恶他。这时约伯的朋友以利法、比勒达和琐法来劝慰他了,告诉他这一切都是命啊!可是不久,这不仅没能安慰约伯,反而使他更愤怒。约伯盯着他的朋友,一言不发,整整七天。舍斯托夫指出,这时就是苏格拉底和斯宾诺莎来劝慰约伯,也不会与以利法、比勒达和琐法有什么不同,因为他们说的那些劝慰的话,实质上都是"智慧和好意本身在通过他们的嘴述说"④,都是在普适的道德和永恒的真理的名义下,说着不得不说的话。问题的关键就在这里,舍斯托夫站在《圣经》的角度上,认为这样的劝慰不仅不能安慰约伯,而且还是违背上帝的本意的,甚至是对上帝的亵渎!舍斯托夫说:"还有

① 舍斯托夫.舍斯托夫集[M].方珊,译.上海:上海远东出版社,2004:11.
② 舍斯托夫.雅典与耶路撒冷[M].张冰,译.昆明:云南人民出版社,1999:221.
③ 参见《圣经·约伯记》,1:21.
④ 舍斯托夫.雅典与耶路撒冷[M].张冰,译.昆明:云南人民出版社,1999:223.

什么耻辱能比这更大,还有什么渎神行为能比这更可恶呢!"①舍斯托夫认为,"原来这不是笃信宗教,而是渎神行为,而且,看样子,还是最严重的渎神行为,即当人品尝了知善恶树之果后已溶化进人的血液和骨髓里的'绝对服从'"②。后来随着加在约伯头上的灾难越来越多,越来越严重,约伯心中的道德、知识和人的愿望、激情的冲突也越来越严重。以至于到最后,"这种冲突会把束缚其自由的那层厚厚的凝固和物化了的自明性的皮壳炸碎"③。就是说,在最后那些高高在上、堂而皇之的普适道德、永恒真理、生活秩序被来自于人的内心深处的激情和真正需要所冲破时,他们的虚伪性也大白于天下,他们被约伯所唾弃了。"约伯的意义正在于此,即他不是用虚假的安慰窒息或释放自由的激情"。约伯"解决了与信仰毗邻领域里所存在的争端,他身上上演着一场由千奇百怪、桀骜不驯的情欲掀起的动乱"④。

舍斯托夫还讨论了知识和道德的关系。他认为,知识和道德在传统理性主义哲学中存在着极其紧密的关系。舍斯托夫认为,这个问题实际上在苏格拉底那里就已经解决了,苏格拉底的名句"知识即美德"已经揭示了二者的关系。舍斯托夫认为,传统理性主义哲学对知识和道德的关系的观点是:"所有'你应该'都同统治世界的必然有内部紧密的联系……当必然宣布'不可能'时,伦理就以'你应该'予以协助。'不可能'愈是绝对、不可战胜,'应该'就愈是威严、毫不留情"⑤,"在理性和伦理的交界处,理性一看到必然,刚宣布'不可能'时,伦理就立刻指令'你应该'"⑥。舍斯托夫分析了产生这种情况的原因,他认为,理性的绝对的权利同时也意味着"理性能给万物和每个人找到对他(它)来说是最好的东西"。这样"当形而上学家们要求人们用理性眼光来看待世界,要求人不要去珍惜自己所爱的东西,节制乃至消除情感动荡,不要有所爱和有所恨,只要求'判断',判断什么是善与恶时,本体论即关于真正存在的学说就变成了伦理学,哲学家就变成了宇宙的统治者"⑦。于是,必然性的知识、普遍真理就与道德、幸福为伍,而结成了生死与共的牢固同盟。"伦理和理性是同根孪生,必然是应该的同袍姐妹。当宙斯被必然所迫

---

① 舍斯托夫.雅典与耶路撒冷[M].张冰,译.昆明:云南人民出版社,1999:221.
② 舍斯托夫.雅典与耶路撒冷[M].张冰,译.昆明:云南人民出版社,1999:221.
③ 舍斯托夫.雅典与耶路撒冷[M].张冰,译.昆明:云南人民出版社,1999:221.
④ 舍斯托夫.雅典与耶路撒冷[M].张冰,译.昆明:云南人民出版社,1999:221.
⑤ 舍斯托夫.旷野呼告[M].方珊,李勤,译.北京:华夏出版社,1999:111.
⑥ 舍斯托夫.开端与终结[M].方珊,译.昆明:云南人民出版社,1998:157.
⑦ 刘小枫.走向十字架上的真[M].上海:上海三联书店,1995:12.

把人的权利限制在其肉体和世界之上时,作为补偿他决定给人某种'神最好的东西',这就是'伦理'。神和人只有一种方法能使自己免遭必然的迫害:应该。"①这样,人的生活和人的生命不仅要遭受到必然性的知识、科学规律的"石墙"的围堵和压迫,而且道德也参与进来。理性主义哲学以道德的名义,说着"应该"或"不应该",在人们的生活中到处建立禁区和不可逾越的雷线。

舍斯托夫认为,当人们面对知识和道德结成的强大同盟时,人们不只会感到巨大的压迫,而且还会感到没有绝望。舍斯托夫说:"当人确信,必然不满足它拥有的外部强迫手段,又设法将人的'良心'诱惑到自己的一边,并迫使它为自己的罪恶勾当编奏凯歌时,如何能不绝望呢?"②"应该"用"必然"掩饰自己,要求人们不去做道德以外的事情;理性得到了道德支持,在"必须"的基础上又添加了"应该"的名义,于是,人能不感到绝望吗?

道德伦理对人的统治、对人的生命的强制的方式是恩威并重、软硬兼施。舍斯托夫说,道德伦理"来到粪便沾身的约伯跟前说:我不能归还你的牛群、财产、子女和健康。但若你答应摆脱所有这一切,并承认我的称赞比世上任何荣华更珍贵,我将支持你,把你拢入我的怀抱;如果不答应,如果继续要求归还被剥夺的东西,我将审判你,逐出我的怀抱,把你抛给我的兄弟必然,给你恐惧并增加新的恐惧,比你所知道得更厉害的恐惧。我这样做甚至不以我的名义,而以号召劳苦大众,并许以无忧无虑生活的人的名义。因为,他像我一样,必能给你'重复'。他许诺的无忧无虑将比你所经受的厄难糟糕得多"。道德就是这样统治人的,舍斯托夫说:"伦理就是这样对待对它给予厚望的人们的。对此毋庸置疑。"③舍斯托夫还认为道德对顺从它的人许诺的好处,实际上是徒有虚名,是虚假的,就像勃鲁托斯在杀死恺撒后,并未得到道德所许诺的那种最高的绝对幸福,也没有感受到人们通常所说的崇高一样。而道德对违背它的人,则是毫不留情的,"它对人的迫害比最残暴的刽子手有过之而无不及"④。

由于得到知识支持的道德的力量实在是太强大了,以至于古往今来很少有人

---

① 舍斯托夫.开端与终结[M].方珊,译.昆明:云南人民出版社,1998:156.
② 舍斯托夫.开端与终结[M].方珊,译.昆明:云南人民出版社,1998:157.
③ 舍斯托夫.开端与终结[M].方珊,译.昆明:云南人民出版社,1998:167-168.
④ 舍斯托夫.开端与终结[M].方珊,译.昆明:云南人民出版社,1998:167.

敢面对面地指责它,而只是有些"戴着保护面具的控诉"①,克尔恺郭尔就一再说,他的哲学所做的不是直接表述。因为,如果说"伦理把无条件顺从必然作为赏识的条件。这样说明伦理的本质不意味着把它钉在耻辱柱上,并让人唾骂吗?!"②这样的唾骂让许多人畏惧,然而,舍斯托夫认为,即便如此,也要同伦理道德展开一场你死我活的斗争。舍斯托夫说:"摆脱伦理,人就与必然迎面相对。这里别无选择:必须与之作最后的、你死我活的斗争。而这种斗争连神都不愿意参与,其结果谁都无法预卜。"③

那么,我们人类能不能在摆脱伦理的斗争中获得胜利? 怎样才能获得胜利呢? 舍斯托夫的答案是肯定的,尽管非常艰难,但是这场斗争还是有胜利的可能的。舍斯托夫说,这"需要接受荒谬,需要把信仰从理性的控制下解放出来,并从信仰、荒谬和《圣经》那里,期待理性思维不会给予人们自由。这一切要当着必然、伦理和上面提到过的不可战胜的恐惧的面做"④。从理性的压抑下,把信仰解放出来,这是在《圣经》中所讲述的对上帝的信仰,这种信仰能使我们战胜道德、秩序和永恒真理。这就是舍斯托夫的答案。

路德把理性和道德看作是"它不死,人就不能生活的怪物"⑤。而舍斯托夫则是把哲学直接建立在同理性主义哲学传统做斗争的上面,这是舍斯托夫哲学的一大特色,也是舍斯托夫的哲学观,这一点我们还将在后面详细论述。舍斯托夫说:"存在哲学正是由此发源:人需要的不是'理解',而是生活,它把自己的讥笑、哭泣、诅咒,对立于理解,对立于思辨哲学所得到的东西。"⑥舍斯托夫有时把自己的哲学叫存在哲学,这是克尔恺郭尔意义上的存在哲学,现在也有人称呼它为有神论的存在主义。这种存在哲学的特点是坚信与思辨哲学相对立的信仰,把人类的出路归结为对上帝的信仰。正如舍斯托夫经常引用的《圣经》中的话:"遵守教规者将以信仰为生。"⑦使徒保罗也说:"如果您的信仰微如芥末,那没有什么对你办不到的——'我便无所不能'。"⑧

---

① 舍斯托夫.开端与终结[M].方珊,译.昆明:云南人民出版社,1998:168.
② 舍斯托夫.开端与终结[M].方珊,译.昆明:云南人民出版社,1998:168.
③ 舍斯托夫.开端与终结[M].方珊,译.昆明:云南人民出版社,1998:156 - 157.
④ 舍斯托夫.开端与终结[M].方珊,译.昆明:云南人民出版社,1998:169.
⑤ 舍斯托夫.开端与终结[M].方珊,译.昆明:云南人民出版社,1998:169.
⑥ 舍斯托夫.开端与终结[M].方珊,译.昆明:云南人民出版社,1998:169.
⑦ 舍斯托夫.开端与终结[M].方珊,译.昆明:云南人民出版社,1998:169.
⑧ 舍斯托夫.开端与终结[M].方珊,译.昆明:云南人民出版社,1998:169.

第三节　舍斯托夫的圣经哲学

舍斯托夫在激烈反对理性主义哲学传统的同时,也正面阐述了自己的哲学主张。人结束悲剧,摆脱苦难,获得拯救的道路是什么? 舍斯托夫认为,这只能是信仰,这是一种《圣经》式的信仰。① 舍斯托夫称这种信仰是思维的第二维度。舍斯托夫把这种信仰看作是人的生命的根基,是人的生活的源泉;它还是人们战胜必然性真理,战胜传统道德的力量源泉;信仰能给人们带来丢失已久的神性自由,能使人们拥有《圣经》中描述的真理,能使人们获得真正的价值和意义。这就是舍斯托夫的"圣经哲学"所说的内容。

舍斯托夫在晚期的作品中多次使用"圣经哲学"这一概念,其中有两次比较明确地阐释了"圣经哲学"这一概念的内涵:一次是在《在约伯的天平上》一书中他有这样一段话,"上帝按照自己的模样创造了人,创造之后,又赐福于人,这是《圣经》的基本东西,这是《圣经》的灵魂,或许如果允许的话,也可以这样说,这是圣经哲学的本质"②;另一次是在《雅典与耶路撒冷》一书的前言,他说,"这里我们所说的是这样一种东西,它是圣经哲学、圣经思想,或确切地说是圣经思维,在根本上不同于以人类历史上几乎所有大哲学家为代表的思辨思维"③。由此我们可以看出,舍斯托夫所说的"圣经哲学",并不是要专门研究一下《圣经》的哲学思想,或者以《圣经》为研究对象,对《圣经》中的哲学思想进行系统的研究和阐释。在舍斯托夫的哲学中,他只是摘取了《圣经》中的某些思想,并给予了自己的理解和阐释。我们认为,"圣经哲学"主要是指要求人们在现实生活中实现《圣经》中的信仰、真理和自由,具体地说是亚伯拉罕和约伯式的信仰、圣经真理和神性自由,等等。

一、因荒谬而信仰

舍斯托夫所赞同的信仰,是亚伯拉罕和约伯式的信仰。舍斯托夫在自己的作品中,经常反复地提到亚伯拉罕和约伯,亚伯拉罕和约伯都是《圣经》中的人物,他

---

① 按赵敦华先生在《西方哲学通史》中的说法,人们对信仰与理性的关系问题有三种不同的立场,即"因理解而信仰""极端的信仰主义""理性与信仰相调和"。赵敦华.西方哲学通史:第一卷[M].北京:北京大学出版社,1996:371.
② 舍斯托夫.在约伯的天平上[M].董友,徐荣庆,刘继岳,译.上海:上海人民出版社,2004:206.
③ 舍斯托夫.雅典和耶路撒冷[M].徐凤林,译.杭州:浙江人民出版社,2000:11.

们都是历经了许多常人难以忍受的痛苦和磨难而始终坚信上帝,被誉为"人类的信仰之父"。舍斯托夫所理解的亚伯拉罕和约伯式的信仰,其实和公元二世纪基督教思想家德尔图良所说的信仰大约是一个意思。

在西方宗教思想史和哲学史上,德尔图良被看作是信仰主义的开端。"因荒谬而信仰",就是德尔图良说过的一句非常著名的话,这句话被舍斯托夫高度重视,并被他反复引用,我们从这句话能够看出德尔图良,也可以说是舍斯托夫对信仰的根本看法。德尔图良、舍斯托夫所坚持的信仰是一种完全无须理论论证,不寻求理解,没有任何理性色彩的信仰。正因为荒谬,正因为理性无法理解和解释,所以才去信仰。"因荒谬而信仰"这句话也是以德尔图良和舍斯托夫所代表的犹太—基督教思想中的一派思想家的观点,这一派思想家是在信仰与理性的对立中理解信仰的,或者说信仰就是对哲学理性的根本否定。这里需要说明的是,德尔图良所面对的是希腊哲学与犹太—基督教思想激烈冲突的环境,他是站在犹太—基督教经典的立场上,在基督教思想范围内来批判希腊哲学的,就是说他不是站在中立的立场上对希腊哲学本身和理性本身进行一般的否定。而舍斯托夫的情况也是如此,他也是在特定角度、特定立场上对理性哲学进行了坚决的批判和否定。这个特定角度、特定立场对于我们把握舍斯托夫哲学十分重要,超出了这个角度和立场,超出了舍斯托夫哲学言说的语境,舍斯托夫的问题是没有意义的。现实生活中的舍斯托夫并不是一概否定理性的,舍斯托夫是承认思辨的理性是思维的第一个维度的。那么,舍斯托夫等人所说的信仰究竟是什么样的呢?

(一)信仰的产生

深入理解舍斯托夫等人所坚持的信仰,我们会发现,舍斯托夫的这种信仰首先是一种没有任何功利目的,也不需要任何理论论证的信仰。这和我们周围的大多数人的信仰不同,我们周围的许多人的信仰是世俗性信仰,这种世俗性的信仰主要表现为,它强烈地寻求理论论证和逻辑证明,具有较明显的功利性。

正因为世俗性的信仰的这个特点,所以它往往容易陷入争辩之中,这种喋喋不休的争辩的极端结果甚至会引发战争,千万人的头颅落地,血流成河,这在教会发展史和人类历史上可以说有着不胜枚举的例子。希特勒不就是用日耳曼民族优越论,建立强人世界的信仰来蛊惑人心,做尽灭绝人性的事吗?世俗性的信仰者认为,信仰只有能够达到他们的目的才是正确的,信仰几近成了他们获利的工具。

俄罗斯宗教哲学家们普遍认为,世俗性信仰导致的结果,恰恰证明了这种信仰有虚无的成分。甚至有些世俗性的信仰就是虚无本身,它们只不过是假借信仰之名,实质上是假信仰。

"虚无"是19世纪中叶以后,人本主义思潮和俄罗斯宗教哲学中的一个重要概念。一般认为,是尼采首次以"虚无主义"来命名我们身处其中的这个时代。尼采明确地说:"我所讲述的是下两个世纪的故事。我所描写的是必然来临的事物即行将出现的虚无主义。我现在就可以讲述这个故事,因为虚无主义的来临已具有了必然性。虚无主义即将来临的天意不可更改,这种未来事物的先兆比比皆是。人人都竖起了耳朵准备聆听这种未来的音乐。"①"虚无主义"在尼采那里的含义主要是"最高价值的自行贬黜。没有目标;没有对目的的回答"②。"最高价值的自行贬黜",说明的是人生活的根基的缺失、人的生活价值和信仰的丧失。俄罗斯宗教哲学家们认为,导致"虚无主义"必然来临,导致人的生活根基、生活价值和信仰丧失的原因在于"两个上帝的死亡,一个是神学中的上帝;另一个是形而上学中的'上帝',即由哲人们根据本体论原则建构起来的以普遍必然性和终极实在为核心的上帝。也就是说哲学中所供奉的客观规律、绝对精神、终极实在、普遍的必然性,以及启蒙运动中蕴涵的科学乐观主义精神等等都瓦解了。这两种信念的崩溃是虚无主义到来的根本原因"③。舍斯托夫所说的"虚无"基本上也是在这个意义上说的,是一种因信仰的丧失而带来的人的精神上的虚无。

舍斯托夫认为,信仰是思维的另一个维度,这个维度和理性思维的维度不仅完全不同,而且完全相反。理性思维从生存的经验事实和逻辑必然性出发,从事情本身出发,因而这种思维不能找到生活的意义,不能找到真正的信仰。这种思维遇到的只能是"生命的魔域",因为,事实和逻辑本身不会提供意义,有的只是石头般的规律,只是事实和逻辑必然性围成的"石墙"。

要摆脱无意义的生存,超越事实性和必然性的桎梏,只能走向另一种意义性的思维。意义性的思维乃是存在对人有什么意义,进一步说,就是询问整个生存对人有什么意义。为了弄清"整个生存对人有什么意义",我们就要按照海德格尔的看

---

① 尼采.权力意志[M].冯骥,译.桂林:漓江出版社,2000:211.
② 尼采.权力意志——重估一切价值的尝试[M].张念东,凌素心,译.北京:商务印书馆,1991:148.
③ 车玉玲.抗击虚无主义:俄罗斯宗教哲学的主要维度[J].哲学动态,2006(11):48.

法,区分存在者与存在本身。①

　　事实性和必然性的思维方式是从存在者出发的,它用概念、判断、推理来界定存在物自身的规律,并没有对存在本身进行探究。存在是存在物之所以在那里的那个东西,意义性的思维方式是从存在出发来思考问题的。从存在者出发思考问题,人们就容易局限于事实性和必然性之中,也就是局限于存在物的境域内,脱不开身,从而陷入麻木的泥潭。面对现实事物和必然性的强大统治,人会感到空前的无助。如何走出这种境地,正是每个人都要严肃考虑的问题。从服从走向抗争,是需要勇气的。这勇气的力量源泉正是信仰。信仰为整个人生提供了根基,信仰也是在对意义的询问中产生的。信仰实际上就是对存在意义的信奉,意义问题其实也就是信仰问题。只有在存在的层面上,信仰才是可能的。我们通过对信仰的这样理解,可以看出舍斯托夫的信仰是反抗事实性和必然性的统治、反对唯理主义的意义性信仰,是对事务性存在和理性法则的超越。

　　像"我们是否只能无可奈何地接受客观事物和必然性真理? 我们能不能超越客观事物和必然性真理?"这样的意义性问题,能引导我们实现从事实性思维向意义性思维的转变,但这只是走向信仰的第一步。对问题的回答是多种多样的,可能的道路也多种多样。我们很可能偏离意义性追询的初衷,滑回理性真理的界域。在这种状况下,研讨一下《圣经》意义上的,即舍斯托夫所说的信仰的含义及其实质就显得非常必要了。因为舍斯托夫认为,离开了信仰的本质规定的意义性追询,只能滑回到必然性的世界。

　　《圣经》意义上的信仰是怎么产生的呢? 一般来说,信仰最初的表现是对某种东西的信奉,随着人类思维的发展,信奉演变成对某种"绝对"的信赖。如果从理性思维的观念来看,"绝对"只是一种哲学范畴,它并不存在信赖与不信赖的问题,绝对就是绝对。如果从宗教的角度看(谈论信仰离不开宗教),那个"绝对"恰恰为生存提供了真正的支撑和意义。在那里,"绝对"没有概念或逻辑的意味,也不是一个对象,它是作为对生活的最终极的解释而出现的。那个"绝对"为生活提供了最终极的解释,但这种解释还不是《圣经》意义上的信仰,也不能称作真正的信仰。那么真正的信仰产生在哪里? 根源是什么? 信仰产生于对生活意义的不断追询之中。就是说,在人们不断地对生活意义的追询中,如果那个"绝对"展现出自身,二

---

① 刘小枫.20 世纪西方宗教哲学文选:下卷[M].上海:上海三联书店,1991:930–931.

者相遇,这个最终极的解释受到肯定和信赖,追询就与"绝对"的展现融合为一体了。这个融合体唤醒了信仰。于是,那个"绝对"我们就可以称为上帝。由此可知,感知和认识到有个"绝对",是发生在信仰之先,而不是在信仰之后。所以信仰是不需要理性的事后证明的。因此,这个信仰、这个上帝是没有任何概念和逻辑意味的,是能给人的生命提供支撑和最终意义的,也是舍斯托夫意义上的信仰和上帝。

至此,《圣经》意义上的信仰的内容依然还是空洞的,信仰的内容还需要建构。首先,我们必须认识到,在绝对面前,在上帝面前人是低微和无力的,我们对上帝要怀着敬畏。生活的意义是上帝带来的,它本身也不可能是人单方面所能求索到的。其次,我们要赞美上帝,并且这种赞美要在信仰以前,如赫歇尔所说:"精神生活的秘密在于赞美的能力。称赞是爱的结果。它产生于信仰以前。我们先是歌颂然后才信仰。基本的问题不是信仰,而是感受与赞扬,是为信仰作好准备。"①在对生活的意义的追询中认识上帝,再从自认卑微和赞美上帝的基础上,我们才能迈进《圣经》意义上的信仰的领域。前面讲到对生活意义的追询和对绝对的最终极的解释的认知,这是指信仰来自于人的自觉努力的方面。在上帝面前自认卑微、服从和赞美上帝,对上帝的归顺,这是指信仰来自于上帝的方面。我们要看到,上帝并不会替人做事,上帝只提供绝对的"阿基米德点"和能量,杠杆的撬动只能由每个具体的人自己来完成。上帝的真理不会给人的具体行动提供具体的指导。虽然说人的自由是上帝赋予的,但对自由的运用还在于人自身,信仰的内容还是需要人自己去建构和实现。在事实性和必然性的真理中,人的生活显示出毫无意义。而人是一种寻找意义的动物,这是人的本质属性,也是人的神性。既然人不能忍受无意义的生活,人就只能在对意义的追询中去建构意义了。

(二)信仰的内容

对生活的意义的询问就是人的"终极关怀",信仰作为一种对终极关怀的回答,为生活提供了终极的基础。《圣经》意义上的信仰与相信不同,它是无对象的。上帝并不作为一个信奉的对象出现在人的面前。这种信仰可分为三种不同的层次:"Deo credere,Deum credere,in Deum credere.(相信上帝、信任上帝、信赖上帝。)

---

① 刘小枫.20世纪西方宗教哲学文选:上卷[M].上海:上海三联书店,1991:165.

Deo credere 意指相信上帝所说的话为,……真譬如我们可以相信某一个人(是好人),然而不一定要信任他。Deum credere 意指信任他是上帝。In Deum credere 的意思则是,全心信赖地爱他、奔向他、紧紧依靠他,并与他结合在一起。"①因此,可以看出所谓《圣经》意义上的对上帝的信仰,就是指对上帝有着坚定的信念,时刻与上帝同在并且皈依上帝。对象化的上帝往往成为一个崇拜的偶像,对这样一个上帝的信仰就会滑回到无信仰,因为这只能成为人的愿望的投射。《圣经》意义上的信仰首先是爱,对上帝的信仰占第一位的是爱上帝。正如《圣经》上所说:"你要尽心、尽意、尽力爱你的主上帝。"②对上帝的爱完全是归顺性的、无条件的,人并不能企望从这种爱中获得上帝的给予。爱生出了信心和力量,让我们能够承受现世的艰辛和苦难。我们不能说这种爱没有心理的因素,对这种爱我们也确确实实有一种心理体验,但它绝不只是一种心理效应,不是所谓心理学所能包容的。爱与信仰是不能分出个先后的,它们融为一体,也就是说,信仰即爱,爱即信仰。爱上帝也就是信仰上帝。

　　我们前面讲过,从现实事物和必然性出发,人们只会看到生活的无意义,生发出对现实世界的绝望。我们生活在深不见底的深渊中,怎样从深渊中走出? 如何超越深渊? 这些问题并不是单个人的力量所能及的,我们需要求救。舍斯托夫经常引用一句话,正体现了这一点:"De profundis ad te,Domine,clamavi.(主啊,我从深渊向你呼求!)"③信仰中包含有这种求救意识,由爱上帝生发出求救意识。

　　这种信仰还包括承受苦难,并认为苦难具有至上的意义。对上帝的爱和向上帝的求救,使我们淡泊世俗中的利益的满足或所谓事业的成功,我们的眼光就能落在为事实性、必然性思维所轻视的方面,落在苦难和千百年流之不尽的眼泪上,我们用"约伯的天平"称量一切。"唯愿我的烦恼称一称,我的灾害放在天平里,现今都比海沙更重。"④翻开一部人类史,舍斯托夫看到的除了苦难还是苦难,别无他物。那些所谓的成就和事业,只属于理性的事业,它们在"约伯的天平"上是轻之又轻的。千百年来,人们的眼泪流成了河。与理性的辉煌相伴随的,是人类数不尽的苦难,而人类流过多少泪水和血,对理性来说是无关紧要的。只有在信仰面前,

---

①　刘小枫.20 世纪西方宗教哲学文选:上卷[M].上海:上海三联书店,1991:528 - 529.
②　《圣经·马太福音》,22.37.
③　舍斯托夫.开端与终结[M].方册,译.昆明:云南人民出版社,1998:354.
④　舍斯托夫.在约伯的天平上[M].董友,徐荣庆,刘继岳,译.北京:生活·读书·新知三联书店,1989:1.

眼泪才是真正珍贵的东西,显示出超越一切的意义。

信仰是绝望中的希望。人们只能在苦难和泪水中,在对死的意义的感悟中,才能最终摆脱事实性和必然性的羁绊。"从这些'哭和诅咒'中,从这些存在的恐惧中,锻造出了先知和路德所说的'神的大锤'。在'神的大锤'的打击下,被藐视的'哭和诅咒'变成了新的力量,这种力量将把我们从长久的沉睡中唤醒。"①这时有一种光在我们心中闪现,这就是信仰。这种信仰是通过我们呼救而自上降临的,这种信仰能为我们的现世生活提供根基。在这样的信仰中,我们具有了活着的勇气,我们能够勇于反抗理性真理的法则,勇于承受苦难。《圣经》中的信仰使我们看到了那只"神秘的手",它会擦干我们双颊上的泪珠,也使我们勇敢地伸出自己的手,相互擦干这苦涩的泪水。这种信仰保证了我们不是站在流沙上,而是站在坚实的基座上。正像舍斯托夫说的那样,"通向生活的原则、源泉和根本的途径是通过人们向造世主呼吁时的眼泪,而不是通过那讯问'现存'事物的理性"②。

这种信仰从理性的角度来看是任性的,它不以证明了的理性真理为根据。理性认为丢脸、愚蠢、不可能的东西,正是这种信仰依托的根据。正如德尔图良所说:"上帝之子被钉死在十字架上,他并不因此耻辱而感羞愧;上帝之子死了,虽荒谬却因此可信。埋葬后又复活,虽不可能却因此而是肯定的。"③信仰者不信赖理性,并与理性做着不可调和的斗争。因此,信仰者也就是可以称为"以流血的头撞击绝对理性的铁门"④的人们。在这样的信仰者的眼中,上帝之城与世俗之城处于决然对立之中。不否定放弃由必然性和事实性事物组成的世俗之城,便不能进入上帝之城。通常情况下,有时也有人表现了信仰的勇气,但这种人依然期待着人们赞赏,遵循着一般的善恶标准,这样实质上他们就又退回到了"必然的世界",还处在理性的奴役下。他们的努力只能是付之东流。

(三)信仰的意义

舍斯托夫所说的这种《圣经》意义上的信仰对于人究竟有什么意义呢?舍斯托夫认为,亚伯拉罕和约伯式的信仰,是人的唯一可能的、唯一正确的得救方式。按照舍斯托夫的观点,人并不是单纯的认识主体,并不是只追求对客体的认识;人

---

① 徐凤林. 理性自由与神性自由[J]. 浙江学刊,2004(2):10.

② 舍斯托夫. 开端与终结[M]. 方珊,译. 昆明:云南人民出版社,1998:358.

③ 刘小枫. 走向十字架上的真[M]. 上海:上海三联书店,1995:33.

④ 舍斯托夫. 在约伯的天平上[M]. 董友,徐荣庆,刘继岳,译. 北京:生活·读书·新知三联书店,1989:1.

是完整的生命,在复杂的现实生活中,人要面对人生的一切,包括生老病死,包括幸福和灾难,包括生存的需求和欲望的满足。而理性主义哲学声称发现了世界的根本性真理,它指给人们的出路是按照必然性的法则去生活。舍斯托夫说:"思辨哲学失去必然性理论就不能存在,它需要必然性就像人类需要空气、鱼需要水一样。"①

舍斯托夫认为,理性根本无法解决人生的全部问题,特别是在人生的沉重的苦难面前,在死亡面前,必然性真理根本起不到任何安慰的作用,理性已经严重越界了。面对人生的苦难,面对恐惧和死亡,人类只有依赖信仰。"信仰,并且只有信仰,才能摆脱人的罪孽。信仰,并且只有信仰,才能使人从必然性的真理的支配下解脱出来,而必然性真理掌握了人的知识是在他尝了禁树之果之后。只有信仰才能赋予人以勇敢无畏的力量,去正视死亡和疯狂,而不是优柔寡断地向它们顶礼膜拜。"②信仰把思想从理性的禁锢之下解放出来,使人们勇敢地去冲破"知识"设置的种种障碍,去寻找战胜各种困难的可能性。信仰是为自由而同必然性进行的殊死的斗争。就是说,只有信仰才能使人获得拯救。舍斯托夫在《旷野呼告》中借路德之口向我们描述了人获得拯救时的情景,"当摩西直接面对上帝时,一切法律、真理都消失不见,无踪无影,就像它们压根儿就从未存在过一样。摩西无力自卫,只是因此他才成了预言家——接受了上帝的力量。一切恐惧、一切忧虑都逼迫人去寻求支撑、保护、支援,但恐惧和忧虑好像突然一眨眼间就会烟消云散。理性之光也黯然失色,法律的镣铐被砸开了。人在这一原初的'黑暗'中,在这一无限的自由里重新接触到了我们始祖致命的堕落之前充满尘世亘古长存的'至善'"③。当摩西面对上帝时,平时挥之不去的恐惧和忧虑,以及在恐惧和忧虑的压迫下寻求支持、保护的努力,都烟消云散了。必然性的枷锁没有了,永恒真理的"石墙"不见了,人获得了永恒的自由,只是因为人接受了上帝的力量,接受了信仰的力量。

这种信仰向人们提供了一种新的思维维度。舍斯托夫把自己的哲学叫"思维的第二维度"。言外之意,舍斯托夫把基于逻辑规律上的那种思维叫作思维的第一维度,而把他的哲学的思维方式叫作思维的第二维度。这是一种和理性思维完全不同的思维方式,舍斯托夫特别强调这种不同,他说:"这里我们所说的是这样一种

---

① 舍斯托夫.旷野呼告[M].方珊,李勤,译.北京:华夏出版社,1999:15.
② 舍斯托夫.旷野呼告[M].方珊,李勤,译.北京:华夏出版社,1999:15.
③ 舍斯托夫.旷野呼告[M].方珊,李勤,译.北京:华夏出版社,1999:185.

东西,它使圣经哲学、圣经思想,或确切地说是圣经思维,在根本上不同于以人类历史上几乎所有大哲学家为代表的思辨思维。"①舍斯托夫哲学的新的思维实质上是一种信仰的直观、顿悟和呼告。它是作为一种对上帝启示的回应而出现的。舍斯托夫深受俄罗斯东正教文化和犹太教文化的影响,他的作品中存在着大量的神秘主义色彩和直觉主义色彩。东正教教义中有这样一种观点,信徒以虔诚之心,呼唤主之名,进行祈祷,会使其产生内在的神秘体验,与神灵世界接触,共同参与基督、圣母和圣父的生活,从而成为不可见世界的参与者。犹太文化中也有类似的观点,犹太教教义认为上帝是可以和人直接对话交流的,上帝像人一样有欲望,有意志,有情感。在《旧约全书》中,我们能看到大量的上帝和犹太先人亚伯拉罕、摩西等直接交流的故事。上帝最初通过与犹太祖先亚伯拉罕、摩西的直接对话立约,后来又通过"神迹""异象"向犹太先知、使徒表达自己的启示。舍斯托夫哲学是在这样的文化背景下形成的,因此,舍斯托夫哲学强调人们只能通过"哭和诅咒",通过呼告,通过直观和顿悟认识上帝,接近上帝,也就不奇怪了。

理性原则由于其追求普遍必然性,在人们的社会生活中它就一定极力推崇集体至上、集体价值高于个人价值,甚至是只有集体,没有个人价值的观点。和理性原则相反,圣经意义上的信仰都是个人的信仰,每个人是可以直接"因信称义",直接和上帝交流的。在这个意义上,信仰问题实质上是个个人问题。因此,在人们的社会生活中,信仰一定是极力推崇个人价值和个人生命意义的。克尔恺郭尔是舍斯托夫哲学一个非常重要的对话人,舍斯托夫经常用克尔恺郭尔的话来表达自己的观点。克尔恺郭尔说,信仰"乃是个别人高于普遍性的一个悖论"②。这个悖论就是,要么人因信仰而成为独立的个体,这时伦理对于他来说成了不重要的东西;要么人因没有信仰而湮灭在人群之中,成为没有独立性的"常人"。克尔恺郭尔认为个人要从群体中独立出来,个人的价值理应受到尊敬和承认。舍斯托夫多次引用过克尔恺郭尔的这一思想。不仅如此,舍斯托夫在这方面走得比克尔恺郭尔要更远些。舍斯托夫在《悲剧哲学——陀思妥耶夫斯基与尼采》中明确地表达过这样一种思想:整个世界和一个人发生冲突,仿佛这是两个大小相等的力量。在文章中,舍斯托夫针对尼采和整个世界发生的冲突说了这样的话:"如果不能强迫全人

---

① 舍斯托夫.雅典和耶路撒冷[M].徐凤林,译.杭州:浙江人民出版社,2000:11.
② 克尔恺郭尔.恐惧与颤栗[M].一谌,肖聿,王才勇,译.北京:华夏出版社,1999:76.

类去分担一位德国教授的痛苦,那么,反之,在这种情况下,任何企图和威胁要让这位德国教授自愿放弃自己生活的权利也是不可能的。"①舍斯托夫的意思是,每一个偶然性的生命个体,都是不可复制的,正是因为这种不可复制性,个人的价值就拥有了绝对意义。在意义和价值的角度上说,每一个个人与整个世界是等同的,是没有上下、高低之分的。当代俄罗斯哲学家莫特洛什洛娃据此认为,舍斯托夫是世界上最早提出每一个个人与世界等量这一论点的人之一。② 我们认为,这样的评价是不为过的。

其实,在舍斯托夫生活的那个时代,有很多哲学家都有重视个人价值的思想。舍勒就是其中的一个,舍勒是舍斯托夫非常熟悉的德国哲学家,他们二人一度经常在一起谈论哲学问题。舍勒对个人价值的看法和舍斯托夫很接近。舍勒认为"人身上毕竟有弥足珍贵的东西,那就是上帝赋予每一个人的不可剥夺的精神位格,其核心就是人自身内具有最高价值,无穷尽地促使人高贵并向基督看齐的挚爱意向"③。舍勒认为,价值存在着一个由低到高的排序关系。宗教价值是具有基底的价值,因为宗教价值确定了有限世界的个体化价值、现象化价值,它支撑了其他价值,是永恒价值的参照。而正因为个人的价值来源于上帝,所以个人拥有的是最高价值。舍斯托夫也认为,人因为分得了上帝的样式和形象而具有了绝对的意义。舍斯托夫和舍勒的观点有着内在的一致性。

美国实用主义哲学家杜威也是和舍斯托夫同时代的人,杜威认为,在原有的个人与社会关系内,人们被机械化了,被制度化了,失去了个性的光环和自我的价值。为此杜威提出了"新个人主义"的主张,即创造一种"新型的理智、新型的情操和新型的个性"。美国的实用主义有一个特点,就是绝不像存在主义那样,空洞地谈论个人与社会的关系,其认为只有在具体的情境之中才能存在个人和社会的关系,否认有孤立的个人或自我,认为自我只有在同他人的关系中才成为自我。每一个自我都是在很大程度上由社会关系构成的。个人的动机、价值与经验都脱离不了社会的作用和影响。杜威在此基础上进行了开拓性的创新:他充分强调了个性与自我的重要作用。他认为自我在本质上是创造和变化的源泉,自我推动了人类和社会的发展。可以看出,在某种程度上,杜威的新个人主义就是与社会革新相联系的

① 舍斯托夫.思辨与启示[M].方珊,张百春,张杰,等,译.上海:上海人民出版社,2005:305.
② Мотрощилова Н. В. Мыслители России и философия запада. М. ,2006. C. 439.
③ Hans Meyerhoff. Man's place in Nature[M]. New York:Noonday,1961:140.

个人的"首创性""发明力""进取心"等现代个人价值精神,这是一种价值哲学意义上的个人主义。① 舍斯托夫哲学和杜威哲学,表面来看有一定的相似性,都在强调个人的价值和意义。但是我们能够看出,二者具有原则上的不同,杜威反对把人的价值视为"完全抗拒理智的讨论"的"个人的主导的情绪状态",因为"如果价值中所包括的完全绝对是一些内在地抗拒探究和裁决的东西,那么我们就必须承认这种价值不能超出野兽的水平"②。

舍斯托夫张扬个人价值,认为个人和整个世界在价值和意义上是等同的,这在当时也确实是惊世骇俗的,但我们不能认为这只是个幼稚的或者狂妄的想法,也不能认为这是一个简单的利己主义问题,这是一个严肃的哲学思考。别尔嘉也夫这样说道,这是"一个哲学问题、伦理问题和宗教问题。如果每一个人的个人存在不能得到永生,他得不到最大快乐、力量和完善,那么,未来人类的、无个人的世界的未来快乐、力量和完善就是应该受到诅咒的。这是个体性的问题,是人的生命的根本问题,是全部宗教的根源"③。

二、圣经真理

和人的信仰问题紧密相连的是真理观问题,其实西方文明的源头,也就是希腊文化和希伯来文化,不仅出现了两种不同的生存理想④,也存在着两种不同的真理观。刘小枫说:"在西方思想史中,最终的至高真理有两个:一个是形而上学的理性的至高真理,一个是创造了人并赐福于人的神圣天父的真理。"⑤因此,希腊文化和希伯来文化两种文化的冲突和碰撞,某种程度上也是两种真理观的冲突和碰撞。两千多年来,西方文化的主流是希腊文明的衣钵,所以,在西方历史上,大多数哲学家、思想家信奉的是理性的真理。但是,无论是希腊时期的哲学家,还是中世纪的哲学家,还是近现代的哲学家,当他们中的大多数人在坚信理性的真理的时候,他们都隐约地感到了这种真理的强迫性和压迫性。亚里士多德就感到了屈从于必然性是痛苦的,他在《形而上学》中说,"必然性似乎不可能被劝服"⑥,面对不听劝告

---

① 万俊人. 现代西方伦理学史:下卷[M]. 北京:北京大学出版社,1990:298.
② 杜威. 人的问题[M]. 傅统先,邱椿,译. 南京:江苏教育出版社,2006:233.
③ Бердяев Н. А. Трашедия и обыденность. С. 475.
④ 巴雷特. 非理性的人[M]. 杨照明,艾平,译. 北京:商务印书馆,1999:69-91.
⑤ 刘小枫. 走向十字架上的真[M]. 上海:上海三联书店,1994:29.
⑥ 亚里斯多德. 形而上学[M]. 吴寿彭,译. 北京:商务印书馆,1959:89.

的必然性,人们只能放弃徒劳无益的抵抗,只能顺从必然性。如果说亚里士多德在必然性的真理面前还只是发出一声无奈的慨叹的话,那么事情到了近代的莱布尼茨那里,这声无奈的叹息就变成了信服。莱布尼茨在《神正论》中有这样一段话:"这些律不强迫这位法官(神),但它们更有力,因为它们令人信服。"①这说明,面对不听规劝的必然性,西方哲学史上的大多数哲学家,逐渐地用理所当然的理由,把内心的疑虑和无奈掩盖起来了。但事情也并不全都是这样,西方哲学史上有为数不多的哲学家,真诚地对待"内心的疑虑和无奈",揭示出另一种真理观。舍斯托夫就是这样,舍斯托夫哲学的意义正是在于,舍斯托夫把理性真理的强迫性和两种真理观的对立公开地说了出来,甚至可以说是夸张地表达了出来。

舍斯托夫的真理观,在俄罗斯白银时代宗教哲学家中具有代表性。白银时代的俄罗斯宗教哲学家普遍认为,真理是与人的精神和信仰紧密相连的,它具体表现为一种内在的、主观的、个人的、体验的真理。这与西方传统哲学的真理观完全不同,西方传统哲学的真理具体表现为普遍的、永恒的、外在的、客观的、事实的、科学中的或者是社会中的真理。俄罗斯白银时代的宗教哲学的这种真理观与俄罗斯文化中不追求平庸的物质享受、注重精神生活的特点有关。弗兰克在《俄国知识人与精神偶像》中说:"我们的生命在献给某种合理的目的的时候是有意义的,只是这种目的的内容无论如何也不仅仅是经验生命本身。"②俄罗斯文化的这种观点,对俄罗斯宗教哲学家们的真理追求有很大影响。

在俄罗斯宗教哲学的创始人索洛维约夫那里,真理是没有客观内容的、符合善和美的要求的主观体验。索洛维约夫明确地说:"真理既不包含在认识的逻辑形式之中,也不包含在认识的经验内容之中;真理一般不属于独立的或特有的理论知识,这样的知识不是真理性的。真理的知识只能是符合善的意志和美的情感的东西。"③索洛维约夫的这种真理观,奠定了宗教哲学在真理观问题上的发展方向。别尔嘉也夫在《精神王国与恺撒王国》一书的开头,就对当时盛行的两种真理观念,即实证主义的真理观和教条化的马克思主义真理观提出了尖锐的批评。他说:"我们生活在一个人们不爱真理、不寻求真理的时代。真理日益被利益和兴趣以及对财富的向往所代替。不热爱真理不仅仅是对真理抱有虚无主义的或怀疑主义的

---

①　莱布尼茨.神正论[M].段德智,译.北京:商务印书馆,2016:68.
②　弗兰克.俄国知识人与精神偶像[M].徐凤林,译.上海:学林出版社,1999:176.
③　索洛维约夫.西方哲学的危机[M].李树柏,译.杭州:浙江人民出版社,2000:209.

态度,而且被某种信仰或教条主义的学说所取代。"①其实,实证主义的真理观和教条化的马克思主义真理观都是西方传统理性主义真理观在当时的主要表现形式。俄罗斯宗教哲学家普遍认为,西方传统哲学中把真理等同于客观性,由此产生的结果是真理对人绝对的强迫和人对真理绝对的服从。

在西方的传统哲学中,真理是经过归纳与逻辑推演,经过检验证明而得到的,有着不以人的意志为转移的客观内容,是永恒不变的普遍必然性。而在俄罗斯宗教哲学那里,获得真理的途径,不能依靠归纳与逻辑推演,而是必须借助于"顿悟""直觉"等精神体验才可以得到。真理的内容也完全是对现实世界的超越,正像别尔嘉也夫说的那样:"真理,完整的真理,是上帝,对真理的认识是对神的生活的进入。"②

舍斯托夫哲学在真理的问题上更是鲜明地表达了俄罗斯宗教哲学和西方传统哲学在这一问题上的对立。舍斯托夫明确地提出一个问题,他说:"一个基本的哲学问题,可惜这个问题未引起无论是莱布尼茨还是他之前之后的哲学家们的注意——这个问题就是:我们与真理关系的本质是什么,是真理强迫我们还是真理使我们信服? 换言之:如果强迫我们的真理不令我们信服,那么它是否将因此而失去自己的真理性?"③显然,舍斯托夫的这个提问就已经包含了他对问题的回答。舍斯托夫认为人和真理的关系是人应当支配真理,而不是真理审判人,不是真理决定人的命运。舍斯托夫还用斯多亚学派的哲学家爱比克泰德讲的故事,生动地揭露了传统哲学中的理性真理对人的强迫和压制。爱比克泰德说,假如我给一个不承认矛盾律的人当仆人,他吩咐我给他拿酒,我却给他拿了醋或者其他的东西,他就会发怒,吼叫,说我给他拿的是他所不要的。那么我就对他说:因为你不承认矛盾律,所以,无论是酒、醋,还是什么其他东西,甚至脏水,都一样。你不承认矛盾律,不承认必然性,那么,喝醋和喝酒就是一样的。或者这样:主人吩咐我给他刮脸,我却用剃刀割下了他的鼻子或者耳朵。他又开始吼叫——我则重复上述理论。爱比克泰德说,我这样做几次,直到迫使主人承认如下真理:必然性是不可抗拒的,矛盾律具有无限权力。④ 舍斯托夫从爱比克泰德的这个故事中,不仅看到了以必然性

① 别尔嘉也夫.精神王国与恺撒王国[M].杭州:浙江人民出版社,2000:1.
② 别尔嘉也夫.精神王国与恺撒王国[M].杭州:浙江人民出版社,2000:14.
③ Л. Шестов. Сочинение в двух т. М. ,1993. T. I. C. 327.
④ 舍斯托夫.雅典与耶路撒冷[M].张冰,译.昆明:云南人民出版社,1999:46.

为内容的真理如何对人强迫,而且还敏锐地指出,这种理性真理"全都不过是靠威胁来支撑的……在这样的强制势力面前,所有生物——无论其为人还是魔鬼,无论其为天使还是神祇——全都一样"①。就是说,必然性的真理只能以威胁和暴力获得人们承认的办法。

舍斯托夫还从传统哲学自身的逻辑出发,导致自相矛盾的悖论难题,得出了理性真理的不成立。舍斯托夫发现,那些信誓旦旦地声称自己的哲学是真正的哲学的哲学家们都无法摆脱一种尴尬的情况,就是"所有研究哲学的人、所有学识渊博的学者都清楚地懂得,迄今为止任何最伟大的哲学家也无法最终驱逐自己体系中的矛盾",因此,"或许应当提出这样的问题,合乎逻辑性对我们有什么用,矛盾莫不是世界观真理性的条件吗? ……真理生活在矛盾之中"。② 矛盾消除不了,这就使传统哲学的哲学家们陷入一种尴尬的境地,因为传统哲学的基础是逻辑,而逻辑是不允许理论体系存在矛盾的。于是,舍斯托夫说:"最终,你会深信不疑,真理不依赖于逻辑,逻辑真理是绝对没有的。因而你有权去寻求你需要的东西、方法,而不是去推理。因此,如果在寻求的结果里将会有什么,无论怎样也不是公式,不是定理,不是原则,不是思想!"③所以,舍斯托夫认为,理性真理是虚假的、不成立的。

按照帕斯卡的观点,人是属肉身和属灵的双重存在,如果属肉身的存在服从自然律,必须接受现实,那么属灵的存在就是超越现实的,它的家园不在现实世界。而且属灵的存在正是人的本质和伟大之处。帕斯卡说,"人只不过是根芦苇,是自然界最脆弱的东西,但他是一根能思想的芦苇""思想形成人的伟大"④。可是,问题是人的属灵的存在也受到了属肉身世界的必然性真理的强烈压迫。这种压迫在柏拉图那里都已经强烈地感受到了。"人的灵魂在由于某种东西而感到极度快乐或极度痛苦的时候,就被迫认为使它产生这种感觉的东西是最明显的和完全真实的,虽然事实并非如此……每一种快乐和痛苦都仿佛有自己的钉子,把灵魂钉到肉体上,把灵魂固定住,使它与肉体相似,所以灵魂就开始认为,肉体以为是真的东西就是真的。"⑤柏拉图已经看到并认为,用现实世界的真理去控制人的属灵世界是

---

①　舍斯托夫.雅典与耶路撒冷[M].张冰,译.昆明:云南人民出版社,1999:47.
②　舍斯托夫.开端与终结[M].方珊,译.昆明:云南人民出版社,1998:110.
③　舍斯托夫.开端与终结[M].方珊,译.昆明:云南人民出版社,1998:110-111.
④　帕斯卡尔.思想录[M].何兆武,译.北京:商务印书馆,1985:157-158.
⑤　柏拉图.《斐多篇》83e.转引自 Л. Шестов. Сочинение в двух т. М. ,1993. Т. I. С. 371-372.

不对的。而 19 世纪末,舍斯托夫对西方文明数千年的历史中,人的灵性受到必然性真理的强制有着更深刻的体会。舍斯托夫转向犹太—基督教思想,提出了圣经意义上的真理观。

舍斯托夫在谈论他的真理观时,用了许多《圣经》里的故事。舍斯托夫认为,《圣经》中的真理和希腊人的真理完全不一样,这种真理完全不是什么永恒的、必然的,它是上帝所创造的,而且上帝能创造它,也就能消灭它,而上帝在做这一切事情的时候,非常注意倾听具有自己形象和样式的人的呼告和祈求,因为上帝并不限制任何人的愿望和自由,并用自己的全知、全能、全善来满足人的愿望。① 所以在真理与人的关系上,是人支配真理,而不是真理决定人的命运;是事物适应和服从人,而不是人适应和服从事物。正如《圣经》上所说,人怎样称呼它,它就叫什么名字。② 在上帝创造的世界里,没有什么可能和不可能之间的界限,因为对上帝来说,一切都是可能的。

舍斯托夫所说的上帝是什么意思? 其实,在舍斯托夫那里,以及在其他俄罗斯宗教哲学家那里,上帝完全不是外在于人的实体,上帝实际地存在并显现在人自身之中,上帝就是人在精神上不断发展的超越性。人自身表现出的神圣性与崇高性,就是上帝的显现。人的不断超越性表明,在人的身上总是有着某种高于人的存在的东西,这个高于人的存在的神秘东西就是上帝。"上帝"只有在精神世界中和人相遇,他才能实现自身的最高意义。俄罗斯宗教哲学还认为,人是一种双重化的存在,即从属经验的客观世界和独特的内在精神世界。这种"精神"不是主观意义上与物质相对的存在,更不是理性的认识能力,而是人的无限创造和发展的能力。具有实体性的精神是人与神联系的环节,也是人与世界统一的基础。别尔嘉也夫说:"精神是人身上的神的因素,但它与人的因素是不可分割的,和人的因素结合在一起才能发挥作用,这是神人性的秘密。"③正因如此,人和上帝才能在精神的世界里相遇,索洛维约夫讲得好:"假如神是完全外在于人的,假如神不是根源于人的个性之中,则这种联系就是不可能的;在这种情况下,人对神的原理只是非自愿的消极服从。人的个性之所以能够与神的原理自由结合,是因为人在一定意义上具有神性,或确切地说,人是神的一部分。个人——不是抽象概念的个人,而是现实的、活

---

① 徐凤林.舍斯托夫的圣经哲学[D].北京:北京大学图书馆,2001.

② 《圣经·创世纪》,2:19.

③ 别尔嘉也夫.精神与实在[M].张百春,译.北京:中国城市出版社,2002:43.

生生的个人——具有绝对的神的意义,这就是基督教与现代世俗文明的共识。"①

我们只有站在俄罗斯宗教哲学这种人和上帝关系的基础上,才能理解舍斯托夫的圣经真理。舍斯托夫主张,真理对于人来说是内在的,并且真理能够显现在人的生命中。舍斯托夫说:"客观真理尽管在逻辑上可能是有意义的,科学上是可以证实的,但归根到底是不重要的和肤浅的。相反,主观真理或内在真理,尽管它是自相矛盾和逻辑荒谬的,却可以具有高度重要性。虽然主观真理不能为所有人所分享,但其价值仍不可抹杀。"②舍斯托夫还多次讲过这种真理在亚伯拉罕、约伯身上的显现,舍斯托夫也把圣经真理叫作亚伯拉罕的真理、约伯的真理。

舍斯托夫认为,真理是一种主观体验,真理存在于人的完整生命之中,尤其是在完整的生命体验、人的情感和意志之中。他说,"人类的一切才能都听从本能的指挥,从无意识的反射直到至高无上的理性和良心"都是这样。而"理性和良心只是在书本里觊觎着首位的宝座"③。正因如此,我们可以说,舍斯托夫所说的圣经真理是与人的生命体验不可分割的东西,是和人的生命融为一体的东西。

舍斯托夫认为,圣经"真理就是从历史中经过但历史没有发现的东西"④。为什么圣经真理在历史上发生过,但是没被发现呢?因为,人们在历史中发现的真理都是有普遍必然性的真理,在历史的法庭上,这样的真理因为有普遍的意义,而往往能胜诉。但是舍斯托夫认为,还有第二个思维的维度,还有另一种真理没有被历史发现。舍斯托夫曾讲过克尔恺郭尔讲过的一个故事。克尔恺郭尔这样说道,一个穷青年爱上了一个公主,根据理性判断,这个青年永远得不到这个公主,但是,在信仰的作用下,却实现了奇迹。他说:"我相信,她将是我的,我由于荒诞而相信,凭借上帝无所不能而相信。"⑤别尔嘉也夫曾批评了克尔恺郭尔的这种观点,他说:"人的无限追求怎么办呢?可以指望什么呢?指望上帝是无限可能性。但是要知道克尔恺郭尔死了,最终也没有得到奥尔森;尼采死了,最终也没有治好可怕的疾病,没有真正尝到生命树之果;苏格拉底被毒死,就再也没有了。"⑥但舍斯托夫却就此进行了反驳:"是的,这一切都没错,都是无可指责的,确信无疑的。但是,难道

① 雷永生.人道主义与19—20世纪之交俄罗斯宗教哲学的嬗变[J].世界宗教研究,1999(1):17.
② 张冰.白银时代俄国文学思潮与流派[M].北京:人民文学出版社,2006:57.
③ 舍斯托夫.开端与终结[M].方珊,译.昆明:云南人民出版社,1998:108.
④ 舍斯托夫.雅典和耶路撒冷[M].徐凤林,译.杭州:浙江人民出版社,2000:333.
⑤ 克尔恺郭尔.恐惧与颤栗[M].一谌,肖聿,王才勇,译.北京:华夏出版社,1999:41.
⑥ Н.Бердянв о русской философии.Свердловск,1991.С.101.

克尔恺郭尔不像我们大家一样清楚地‘知道’这一切吗？既然他仍然确信穷青年得到了公主，约伯被归还了子女等等，那么，这就不是因为他不知道我们所知道的一切，而是因为，他从内心深处感觉到，我们的知识以及一般知识，不能成为终极真理的最终源泉。”①可见，舍斯托夫的圣经真理是与客观真理相对而言的，是在反抗理性真理的强制的斗争中表现出来的。这种真理表达了对客观真理对人的压迫的抗争，对上帝，以及上帝赋予人的无限可能性的向往。无限的可能性是相对于客观真理的限制来说的，因此，舍斯托夫的圣经真理只是相对于客观真理而才具有意义的。

三、神性自由

舍斯托夫所坚持的自由观点是意志自由，舍斯托夫在批评传统哲学所坚持的那种合乎理性、合乎必然性的自由观时说：“人的心灵深处有一种无法消除的需要和永恒的梦想——按照自己的意志生活。但既然要合理还要必然，那么这还算什么自己的意志呢？有这样的自己的意志吗？人在世间最需要的是按自己的意志生活，哪怕是愚蠢的意志，只要是自己的意志。”②传统理性主义哲学家认为意志自由是可怕的任性，这不是人的真正自由，他们力图通过思辨、通过逻辑超越个人的这种变化不定的任性范围，进入不变的必然性、规律性王国。他们相信，通过思辨、逻辑而达到的这个必然性王国，就是他们梦寐以求的自由王国。合乎必然性，合乎逻辑就是合理的。合理的就是自由，它们是一回事。正如斯宾诺莎所说，人的真正的自由是人们对必然性的认识。但舍斯托夫却坚决反对这种观点，他说：“实际上这根本不是一回事。必然性毕竟是必然性，无论它是合理的还是不合理的。因为既要合理还要必然，那么这还算什么自己意志呢？有这样的自己意志吗？”③

舍斯托夫的这种自由观，和犹太—基督教的教义有一定的关系。基督教的教义是这样说明世界和人的产生的：上帝创造了世界万物，上帝在创造世界的最后一天造了人并赐福于人，人取得了为万物取名并管理万物的权力。尤其是人在上帝创世之初禀有与神相似的神性自由。按照犹太—基督教的说法，人类始祖亚当违背了上帝的旨意犯了原罪，人就失去了这种神性自由。但是即便在堕落之后，人的

---

① Л. Шестов：Н. Бердянв：гносис и экзистенциальная Философия// Сочинения. Москва，1996. C. 405.
② 舍斯托夫. 雅典和耶路撒冷［М］. 徐凤林，译. 杭州：浙江人民出版社，2000：282.
③ 舍斯托夫. 雅典和耶路撒冷［М］. 徐凤林，译. 杭州：浙江人民出版社，2000：282.

生命中也还具有双重属性——属灵的和属世界的。属灵的生命才是人之为人的真正生命，因为上帝造人是想让人成为自由人。属世界的生命是自然的一部分，属灵的生命来自于神而具有神性。犹太—基督教这种对人的看法表现出了其思想的内在矛盾性，但也可以说明这种思想的深刻性。正如帕斯卡所说："基督宗教把这两个真理一起教给了人类：既存在着一个上帝是人类能够达到的，又存在着一种天性的腐化使他们配不上上帝。认识这两点的每一点对人类都是同等重要的，一个人认识上帝而不认识自己的可悲，与认识自己的可悲而不认识救主能够加以救治，乃是同样的危险。"①

犹太—基督教的教义本身所具有的矛盾性，决定了犹太—基督教的自由观上的矛盾性。当犹太—基督教把人看作是犯了原罪的亚当的后裔的时候，从上帝的角度来说，人不该有什么意志自由，这时的基督教就否定了人的意志自由。这种状况在传统的天主教中占主导地位。在他们看来，人只不过是上帝的造物，要完全服从上帝意志，人是"效法基督"的奴仆，禁欲主义就是这种思想的具体表现，禁欲就是禁止意志自由。一方面，这种情况造成了在人和上帝的关系上及其在人的世俗生活中，人完全陷入了被决定的、没有任何自由的境地；另一方面，当犹太—基督教强调人具有上帝的"形象和样式"、上帝赐福于人的时候，这种宗教就启示了人的神性自由，这种自由是一种无拘无束、不受任何限制的自由，即便是像二二得四那样的必然性的"石墙"，也阻挡不了它。这种观点突出地表现在基督教神秘主义之中。俄罗斯东正教较多地含有基督教神秘主义的因素，我们在俄罗斯文化中能较多地看到这样的自由精神的表现。"俄国人则多受激情左右，少为理性或外在规范所限制。他们似乎在'天与地''神与兽'之间难以找到自己生活的适当位置，总是陷入某个极端，要么无条件地忍耐、顺从，要么无限地放任自流。"②在俄罗斯作家的文学作品中我们能看到更多的这样的人物。这些人物被释放到脱离了理性、道德、宗教等种种限制之外，而处于完全的自由状态之中，但结果他们都走向了毁灭，于是，很多人会将这看成是罪有应得而拍手称快。然而，俄国宗教哲学家却在这里看到了悲壮。虽然伊万·卡拉马佐夫、基里洛夫、拉斯科尔尼科夫、斯塔弗罗金的"错误倾向的自由毁灭了他们。但这并不意味着应当使他们处于受奴役状态，处于

①　帕斯卡尔.思想录[M].何兆武,译.北京:商务印书馆,1985:249.
②　徐凤林.理性自由与神性自由[J].浙江学刊,2004(2):6.

外部调节的律法的绝对统治下。他们的毁灭对我们来说仍然是光彩的。他们的悲剧是自由的颂歌"①。

舍斯托夫是从意志自由和知识的关系的角度来讨论意志自由的。他说:"意志自由问题与知识问题的联系要更加密切得多。确切地说,一方面是意志自由,另一方面是我们的善恶观念,此二者同我们关于知识的本质的观念如此紧密地结合在一起,乃至如果在它们的相互联系之外解释这些问题,就必然导致片面的或错误的结论。"②就是说,舍斯托夫认为,只有在与理性知识的关系中,才有意志自由问题。这是为什么呢?

传统理性主义哲学的自由观念是建立在知识基础上的,斯宾诺莎的"自由是人们对必然性的认识"是这种自由观的典型代表。在舍斯托夫看来,理性自由的主要缺陷是对恶的现实的默许和认同,这种自由观无法根除恶。因为必然性本身包含着恶。传统思辨哲学认为,人对于必然性中的恶是无能为力的,只能无条件接受。由于恶隐藏在"必然性"之中,而理性主义哲学家所说的"必然性"实际上并不是客观的自然物,而是人的认识的产物,是普遍必然的知识,因此宗教哲学的自由观否定知识,认为知识的本质是人对不依赖于人的意志的客观实在的认识,这本身就已经意味着人的意志不是完全自由的。俄罗斯宗教哲学家认为,具有"神的形象和样式"且为神所钟爱的人,完全不是一个消极的自然客体,人在本质上具有战胜一切恶和达到终极完善的可能性。舍斯托夫明确地说:希腊哲学、中世纪基督教哲学、近代理性哲学所提倡的自由,只能是既有善又有恶的自由,"这种自由是堕落的人的自由,是受罪孽奴役的自由,它把恶释放到世界中,并且没有能力把恶从生命中驱逐出去"③的自由。真正的自由不是思辨哲学家所熟悉的那种自由,"即在善恶之间进行选择的自由。因为,既然要在善恶之间进行选择,这就意味着已经丧失了自由:恶来到了尘世并开始与上帝的善并驾齐驱。人有也应当有硕大无朋的、另一种性质的自由:不在善恶之间进行选择,而是使世界脱离恶"④,这是一种巨大的自由,这种自由在偷食禁果之前的人类始祖亚当那里曾经存在过。按照《圣经》的解

---

① Н. Бердяев о русской философии/ Ч. 1. Свердловск:Издательство Уральского университета,1991,p. 62.

② 舍斯托夫.雅典和耶路撒冷[M].徐凤林,译.杭州:浙江人民出版社,2000:102.

③ 舍斯托夫.雅典和耶路撒冷[M].徐凤林,译.杭州:浙江人民出版社,2000:248.

④ 舍斯托夫.旷野呼告[M].方珊,李勤,译.北京:华夏出版社,1991:200.

释,亚当在偷食禁果之前分得了上帝的神性自由,上帝赋予了人命名其他事物名称的权力,人怎样称呼这些事物,这些事物就将叫什么名字。拥有这种自由的人完全可以不容许恶进入这个世界。上帝不在善恶之间进行选择,上帝按照自己的形象和样式创造的人也不应选择,因为本来是无可选择:天堂里没有恶。舍斯托夫认为,人只是在偷食禁果之后,堕落之后,才堕落到理性知识的统治之下。就在人类始祖偷食禁果的那一时刻,人就失去了上帝所恩赐的、最可宝贵的东西——自由。这就是《圣经》启示的自由观。

第五章 舍斯托夫哲学的回响

舍斯托夫哲学无论对于世界哲学来说,还是对于俄罗斯哲学来说都是一个特殊的现象,因此,怎样看待评价舍斯托夫哲学,就显得十分的重要而且富有意义。舍斯托夫哲学独特的思想,是和他独特的研究方法密不可分的,可以说,舍斯托夫哲学的方法论是我们认识舍斯托夫哲学一个重要途径。

第一节 舍斯托夫哲学的方法论

舍斯托夫的哲学思想,在他的哲学方法论中也有着深刻的表现。舍斯托夫哲学表现出了独特的哲学研究方式和表达方式,这成为我们研究舍斯托夫哲学的一个重要的领域,也是我们深刻认识舍斯托夫哲学的一个重要领域。舍斯托夫哲学的方法论包括哲学表达方式和哲学研究方式两个方面。

一、舍斯托夫哲学的表达方式

舍斯托夫是由研究文学作品、写文学评论开始哲学研究的。文学和哲学这两个领域,在人们的一般观念中可能是截然不同的,可在舍斯托夫眼中二者没有什么太大的区别。舍斯托夫认为哲学和文学的关系是融为一体的。舍斯托夫认为,文学和哲学关系是内容和形式的关系,哲学是文学的思想内容,而文学则是哲学的表现方式。因此,舍斯托夫在文学作品中,分析其思想内容,并根据这些思想内容来评价作品的水平和作家的成绩。舍斯托夫在他的第一部哲学著作《莎士比亚和他的批评家勃兰兑斯》中就表现出了这种倾向。舍斯托夫对莎士比亚作品的称赞,并不在于莎士比亚作品有优美、华贵的辞藻,而在于莎士比亚的作品从一开始就抓住了困扰了他一生的一个问题:在无根的深渊中,即在绝对悲惨的生存状态中,寻求人的精神拯救和人的生存根基。

　　舍斯托夫被许多人视为独特的、站在人群之外的思想家,他的哲学著作中那种独特的表达方式是一个重要原因。舍斯托夫关于哲学创作和哲学作品的表现方式的观点,散落在他的许多作品之中。在《无根据颂》的序言中,舍斯托夫相对集中地阐述了自己的这方面思想,这里面的原因是,舍斯托夫认为必须首先为自己的这部格言体著作进行辩护。

　　在西方哲学史上,尽管用格言体进行哲学表述是非常普遍的做法,可在当时的俄罗斯却比较罕见。当时大多数人都认为,一部哲学的书,首先是应该由逻辑联结为一体的一个体系,而且也要有个统一的中心思想,否则的话,这部书就不能称为哲学书了。在这种风气下,如果人们说一部哲学作品是格言体,通常就是对它最严厉的批评,也就是说这部作品不可能完成哲学的使命。因此,舍斯托夫认为有必要集中讨论一下哲学创作的表现形式问题。尽管舍斯托夫在这里谈的是一部哲学著作的表现形式问题,但我们认为他的这些观点对于他来说是一贯的,代表着他的整个创作思想。

　　舍斯托夫对传统的哲学创作形式的批评,是从人们司空见惯、习以为常的按逻辑顺序的创作方式开始的,他说:"随着人们对连贯性越来越不信任,随着对任何统一思想的可适用性怀疑的增强,一个人难道不应该对最适合现有偏见的阐述方式产生厌恶吗?"①创作的经验使舍斯托夫深深感到,创作中最大的痛苦就在于只能谨守以前大家普遍通行和认可的形式。"连贯和系统的阐述习惯即使在我身上也已根深蒂固。在我这本书甚至已写了一半的时候,我的工作大致就是按照既有的提纲进行的。但随着工作的进展,我越来越感到继续写下去令我无法忍受、令我痛苦。有一段时间连我自己也搞不清楚问题究竟出在哪里。材料早已准备就绪,剩下的差不多只有外部结构问题了。可我所理解的外部结构原来比我感觉到的东西更加重要得多。"②舍斯托夫惊呼道,"所有的'因为',以及用作结论的'所以',甚至包括普通的'和'字,及其他一些无辜的、借其之助能把零星得到的判断联结成一条缜密严谨的思维链的关联词……它们原来竟是一些多么残酷无情的暴君呀!"③舍斯托夫提出只有放弃原来大家都认可的通行的创作方式,才能开始进行真正的哲学创作,因为他发现,传统的哲学创作风格的最大问题是窒息了思想的自

---

①　舍斯托夫.旷野呼告无根据颂[M].方珊,李勤,张冰,译.上海:上海人民出版社,2004:179.
②　舍斯托夫.旷野呼告无根据颂[M].方珊,李勤,张冰,译.上海:上海人民出版社,2004:179.
③　舍斯托夫.旷野呼告无根据颂[M].方珊,李勤,张冰,译.上海:上海人民出版社,2004:180.

由。"我开始怀着惊奇和疑惑发现:有一样东西最终成了'思想'和'连贯性'的牺牲品,那就是文学创作中最应该受到保护的东西——自由思想"①。于是舍斯托夫用自己的哲学创作对"最适合现有偏见的阐述方式"做出坚决的反抗。

舍斯托夫赞同克尔恺郭尔的观点,"对上帝来说,存在本身就是一个体系;但对任何存在的人来说,它不可能是一个体系"②。人不是按体系、按逻辑存在的存在物,人有着丰富的情感体验和深刻的内心世界,那么研究人的哲学和哲学作品也应该不是体系的、逻辑的,这就是无根据性。舍斯托夫说:"当一位作家需要阐述自己的某种最缺乏根据而偏偏不知何故又最为他所珍爱的,同时又想使之获得普遍承认的思想时,通常他会暂时打断自己的叙述,好像是为了喘口气似的,来一小段,有时是一段插笔,证明各种观点,而且往往是与其本质毫无关联的观点的无根据性。"③舍斯托夫认为,哲学作品不是体系的、逻辑的,这在形式上就能最大限度地释放人的思想的自由,因为抛弃僵死的章节、连贯性、原因和结果、规律性的束缚,自由才能得到最充分的实现。但舍斯托夫深感传统势力的强大,他感慨地说,克尔恺郭尔对思辨哲学家们的反抗已经显得苍白无力,当克尔恺郭尔想到哲学家们在其死后会把他的哲学按篇、章、节组成完整的思想体系,而对哲学体系怀有兴趣的爱好者们再顺着他的思路发展时,他会感到多么的恐惧和狂怒啊!所以舍斯托夫把哲学创作领域也看成是一个同传统理性主义哲学进行生死斗争的重要的战场。

从形式必须获得自由开始,舍斯托夫转向了作品的内容——思想的自由。他把主要矛头指向了与传统的连贯表达得形式相匹配的文章必须有中心思想的观念,"我所具有的有关读者的一切记忆都在告诉我,一本书中最沉重、最累赘的就是中心思想……因为除此之外,还有什么别的途径能达到全书的完整和统一呢?"④在传统的创作观点中,中心思想要表达得明白无误,材料和形式都要为中心思想服务,围绕中心思想展开论述,这样的要求古今中外概莫能外。中国自古以来的文章都在强调突出主题、突出中心,"形散而神聚"是我们写文章的基本要求。西方的创作理论,包括俄罗斯的,基本都是这样要求的。而舍斯托夫认为,文章中的中心思想所带来的结果是压倒了全部内容,"迄今为止,只要公认的阐述方式得以保留,

---

① 舍斯托夫.旷野呼告无根据颂[M].方珊,李勤,张冰,译.上海:上海人民出版社,2004:179.
② 王平.生的抉择[M].北京:商务印书馆,2000:23.
③ 舍斯托夫.无根据颂[M].张冰,译.北京:华夏出版社,1999:45-46.
④ 舍斯托夫.旷野呼告无根据颂[M].方珊,李勤,张冰,译.上海:上海人民出版社,2004:180.

思想就不光会占据首位,而且会压倒书里的全部内容"①。

舍斯托夫的哲学创作观点是:"让著作以一种无任何外在关联的一系列思想的形式出现……没有思想,没有概念,没有连贯性,有的只是矛盾,然而这恰恰正是我所要达到的目的……无根据,甚至是无根据颂,当我的全部任务恰恰在于要一劳永逸地摆脱伟大及不伟大的哲学体系的奠基者们可以理解的顽固强加给我的各类开端与终结的时候,还谈什么外在完整性呢?"②舍斯托夫还宣布了自己哲学创作的一个重要原则,这就是他的作品"以否定形式"出现的原则,不是"是什么",而是"不是什么";不是肯定,而是否定。当我们以否定来说明事物时,这是一种开放的状态,因为没有禁止的,都是允许的、可能的,这是一种自由的状态。舍斯托夫说:"未完结性、无序、混沌、无法导致被理性预先设定的目标而如生活本身一样充满矛盾的思维,难道不是比那些体系,即便是伟大的体系也罢……更贴近我们的心灵吗?"③舍斯托夫深知他的作品的别具一格的创作风格意味着什么——那就是冒批评界一片喊打的极大风险。他把自己写了一半的文章推翻,把盖了一半的楼房拆成一块一块没有什么联系的砖瓦,这是需要付出巨大的勇气的。

从形式和内容这两个角度,我们可以看出,舍斯托夫实际上是借助一种更自由的表现形式来表达自己的哲学思考。在他那里,文学和哲学的边界是十分模糊的,以至于我们有时难于区分,"哲学是一门艺术,它力求挣脱思辨逻辑的锁链,把人带到幻想和幻想性的无边大海之上,在那里,一切的一切,都同样是既可能又不可能"④。正是舍斯托夫这样的哲学创作思想和表现风格,才使他的哲学思想得到了尽情的表达,尽管许多人对这种表现风格和写作手法还不十分习惯,甚至还持抵制的态度。我们在读舍斯托夫的作品时也遇到了这个问题,一方面,我们会强烈地感到舍斯托夫的那种深沉的生活体验、那种激情四射的生活追求,以及那种冲决一切阻力的勇气;另一方面,这也大大地加深了我们把握舍斯托夫哲学的难度,我们很难把他的哲学思想纳入到一个逻辑体系之中。

二、舍斯托夫的治学方法

舍斯托夫说:"哲学史的任务绝不在于描述哲学体系的'发展过程',……这个

---

① 舍斯托夫.无根据颂[M].张冰,译.北京:华夏出版社,1999:4.
② 舍斯托夫.旷野呼告无根据颂[M].方珊,李勤,张冰,译.上海:上海人民出版社,2004:180.
③ 舍斯托夫.旷野呼告无根据颂[M].方珊,李勤,张冰,译.上海:上海人民出版社,2004:181.
④ 舍斯托夫.旷野呼告无根据颂[M].方珊,李勤,张冰,译.上海:上海人民出版社,2004:202.

过程会使我们无法同以往最优秀的人们进行精神的接触。哲学史,以及哲学本身,应当是,也常常仅仅是'在人类灵魂中漫游',最伟大的哲学家也从来就是灵魂漫游者。"①这句话透露出舍斯托夫哲学研究有一个重要的原则,就是我们学习哲学,研究哲学,最关键的是要到哲学家的心灵深处漫游。为了能到哲学家的心灵深处漫游,舍斯托夫采取了两个具体办法:一个是重视了解哲学家的人生经历,舍斯托夫认为,哲学家人生经历中的重要事件是我们理解哲学家哲学思想的不可或缺的手段和"钥匙";再一个就是采用一种特殊的阅读方法,发掘作者思想背后的真实的生命体验,我们把这种方法叫作舍斯托夫的解释学。

(一)"灵魂漫游"法

舍斯托夫在研究托尔斯泰的思想时,就十分注重作家的人生经历对其思想变化的影响。托尔斯泰是俄罗斯非常伟大的作家,他前期作品表达的伦理思想,是以基督教学说为基础的道德思想,这是一种普世的道德。而后期他的思想发生了一次巨变,由原来的普世道德走向了个人世界。舍斯托夫追寻托尔斯泰的思想历程,他认为,造成托尔斯泰思想的这一巨变的原因是著名的"阿尔扎马斯之夜"。1869年9月,托尔斯泰因生计问题,在小镇阿尔扎马斯的一个旅店里住了一宿。就在这个夜里,在这家小旅店,托尔斯泰经历了异乎寻常的恐惧。托尔斯泰在给妻子的信中写道:"我在阿尔扎马斯过夜,突然产生了异乎寻常的念头。夜里两点钟,我苦恼、害怕、恐惧起来,这是我从未有过的感受。这种感受的细节我将来告诉你,但这种令人痛苦的感觉我从未经受过,上帝也没有叫谁经受过。"②后来,托尔斯泰在他的作品中向人们描述了当时的感受:"我曾试想,是什么东西占据了我的心灵:是买到的东西还是妻子? 没有什么值得快活的,这一切都成了虚无。怕死盖住了一切。应该睡了。本来我已躺下,但刚一躺下,突然由于惊骇又坐了起来。苦恼,就像呕吐前常有的苦恼一样,但也只是精神上的苦恼。不得了,真可怕。看来,死是可怕的。如果你想起生,那么快要死的生是可怕的。不知怎么的,生和死融为一体。不知是什么要把我的心撕得粉碎,但却不能撕碎。我又看了看睡着的人,再一次试着

① 舍斯托夫.在约伯的天平上[M].董友,徐荣庆,刘继岳,译.上海:上海人民出版社,2004:209.
② 舍斯托夫.在约伯的天平上[M].董友,徐荣庆,刘继岳,译.北京:生活·读书·新知三联书店,1989:103.

入睡,可是原惧怕又成了红的、白的、方的。不知什么东西被撕裂,但却不能撕破。"①对托尔斯泰的这种异常的人生经历,舍斯托夫表达了异乎寻常的关注,认为托尔斯泰后期思想变化的总根源就在这里。舍斯托夫把《狂人日记》看作是托尔斯泰五十岁以后所写的全部作品的总标题,"阿尔扎马斯之夜"是理解托尔斯泰晚期作品的关键。正因为有了"阿尔扎马斯之夜",才使托尔斯泰的"人们的共同世界"土崩瓦解,使每个人都拥有了自己个人的世界。舍斯托夫感慨地说,"阿尔扎马斯之夜"之后,托尔斯泰"所做的一切,只有一个意思和一个目的:削弱他同过往的暂时的世界,即'共同世界'的联系,从自己的生命之船上抛掉使它保持平衡,但同时又不让它脱离地球的沉重的压舱物"②。

在研究克尔恺郭尔哲学时,我们也能大量地看到舍斯托夫对克尔恺郭尔人生经历的关注。舍斯托夫认为克尔恺郭尔哲学有一个秘密,用克尔恺郭尔的话说:"我在我心灵深处隐藏的那一解释,能够更确切地描述我的恐惧的那一具体解释——我是永远不会提供的。"③舍斯托夫认为,这个具体解释就是克尔恺郭尔与他的未婚妻列吉娜·奥尔森的分手事件。舍斯托夫认为,克尔恺郭尔作为一个具有浓厚宗教情结的人,与未婚妻奥尔森分手,对他来说影响实在是太大了。前面我们已经提到,舍斯托夫甚至把克尔恺郭尔与列吉娜·奥尔森的分手事件比作是和希腊神话传说中俄耳甫斯与犹丽狄士分离一样的事件,而克尔恺郭尔就是复活的俄耳甫斯。

舍斯托夫认为克尔恺郭尔与列吉娜·奥尔森的分手,直接引发了克尔恺郭尔对痛苦的思考。克尔恺郭尔的著作中有着"比最沉重的人间之苦、比最大的暂时的不幸更甚"④的痛苦,舍斯托夫认为克尔恺郭尔的这个"痛苦",是人在必然性的原则、命运面前无能为力的痛苦。克尔恺郭尔不能改变未婚妻列吉娜·奥尔森离他而去这一事实,他为这种"不可改变"而痛苦。

对尼采哲学的看法,舍斯托夫也是在其人生经历中把握的。舍斯托夫认为尼采的哲学思想有一个急剧变化的时期,1878 年尼采发表《人性,太人性的》是这个

---

① 舍斯托夫.在约伯的天平上[M].董友,徐荣庆,刘继岳,译.北京:生活·读书·新知三联书店,1989:99.
② 舍斯托夫.在约伯的天平上[M].董友,徐荣庆,刘继岳,译.北京:生活·读书·新知三联书店,1989:113.
③ 舍斯托夫.雅典与耶路撒冷[M].张冰,译.昆明:云南人民出版社,1999:199.
④ 克尔恺郭尔.恐惧与颤栗[M].一谌,肖聿,王才勇,译.北京:华夏出版社,1999:195.

变化的标志。舍斯托夫认为,之前的尼采和托尔斯泰一样,用兄弟之爱与同情(即善)来解决人的生存的无根性,这时的尼采认可了形而上学的善,把善的观念视为上帝。而之后的尼采开始批判道德形而上学。舍斯托夫认为,尼采的这一变化,和尼采与他的密友瓦格纳的关系交恶有关。瓦格纳是当时著名的音乐大师,年长尼采 31 岁。1868 年尼采与瓦格纳相识,并成为至交,他们的观点曾经有着广泛的一致性,从对叔本华的看法,到对音乐的理解。后来尼采渐渐地对瓦格纳的思想和艺术有了不同的看法,但他一度不敢表现出来,不敢背叛自己过去的信念,无力同他的引路人做斗争,这时他甚至还写了狂热吹捧的文章《瓦格纳在拜罗伊特》,来掩盖自己内心的不安和焦虑。终于尼采痛苦到了极点,他撕下了自己的伪装,写下了这部含有直接批评瓦格纳艺术的内容的书《人性,太人性的》,并直接寄给瓦格纳,两人从此决裂。在这部书中,尼采是有生以来第一次,尽管是胆怯小心地用自己的眼睛来看世界和人们。舍斯托夫对尼采的做法十分赞赏,认为尼采从这里开始,由原来的"仆人"变成了"生活的辩护人"。舍斯托夫认为,《人性,太人性的》开始表达尼采关于人的新的见解,"后来这一切使得尼采得出'善与恶的彼岸'的公式,使得他赞扬残酷,歌颂利己主义,确立了永远轮回的学说、权力意志,甚至超人的理想"①。

(二)舍斯托夫阅读法

舍斯托夫的阅读法,我们称之为舍斯托夫的解释学,这是一种结合对作者人生经历的深入了解,全面考察作者的文本,读出作者没有说出或者隐晦地说出的生命感受。或者说是读者在阅读作者的作品时,要努力发掘出他的理论学说背后所隐藏的生命体验,而且认为这些生命体验是人的生命的真实体现,其中包含着哲学的本意。别尔嘉也夫对舍斯托夫的方法进行了这样的概括:"他渴望揭开埋在托尔斯泰、陀思妥耶夫斯基和尼采作品下面的现实,他感兴趣的不是'文学'和'哲学',不是'思想'和'理论',而是所有这些作家的真实感受,他们的真实灵魂和活的经验。"②舍斯托夫对斯宾诺莎哲学作品的研究就是这样。斯宾诺莎的"勿哭,勿笑,勿诅咒,只能理解"这句话多次地被舍斯托夫引用,来说明必然性对人情的冷漠和人们对它的无奈。但舍斯托夫认为,在斯宾诺莎《伦理学》第二章结尾处,斯宾诺莎谈到了对"勿哭,勿笑,勿诅咒,只能理解"这句话的解释:"这一学说的知识对我

---

① 舍斯托夫.思辨与启示[M].方珊,张百春,张杰,译.上海:上海人民出版社,2005:296.
② 徐凤林.悲剧哲学的心理解读[J].浙江学刊,2009(6):6.

们的生活有何等效用。……第一,这种学说的效用在于教导我们,我们的一切行为唯以神的意志为依归,我们愈益知神,我们的行为愈益完善,那么我们参与神性也愈多……所以这个学说指示我们至善或最高幸福唯在于知神……第二,这种学说的效用在于教导我们如何应付命运中的幸与不幸,皆持同样的心情去平静地对待和忍受。"①通过对斯宾诺莎这段文本的阅读,舍斯托夫重新诠释了斯宾诺莎的"勿哭,勿笑,勿诅咒,只能理解"的深意。舍斯托夫认为,斯宾诺莎所说的"只能理解",并不意味着仅仅是"明白"而已。斯宾诺莎并不是要抛弃上帝,相反,他更强调要敬神。"勿哭,勿笑,勿诅咒,只能理解"的用意仅仅是为了保证我们的"心灵安宁"。舍斯托夫说:"斯宾诺莎感到他杀死了自己在世界上最爱的上帝。杀死上帝,这是履行上帝的自由愿望,但这不是他(斯宾诺莎)自己的自由心愿。读一读很少被读的《理智改进论》的开头几行。这不是笛卡尔的兴高采烈的'怀疑一切',不是费希特的伦理学理念论,不是黑格尔的高贵的泛逻辑主义,也不是胡塞尔对理性和科学的信仰。在斯宾诺莎的全部作品中没有庆祝和欢呼的痕迹。他杀死了上帝,他在历史学家看来是杀死了上帝,但在他自己内心深处'朦胧地'感到——'但我们却感到并且经验到我们是永恒的'——没有上帝就没有生命,真正的生命不是在历史的透视中——在时间的形式下,而是在永恒的透视中——在永恒的形式下。这种'朦胧的'、隐蔽的、略微可见的,甚至是他自己和别人不总是能见的'知识',表现在他的全部哲学中。但不是以清楚明白的判断的形式,这样的判断是历史从他那里接受的和他自己从时代精神那里接受的;而是以古怪的、神秘的、无法捕捉的、不被注意的声音,这些声音用我们的语言甚至都不能叫作旷野呼告,它们的名字叫做——无声。"②这段表白,舍斯托夫向我们透露出了,他在研究斯宾诺莎哲学时,就是要捕捉斯宾诺莎的一种朦胧的生命感受。具体地说,舍斯托夫通过阅读斯宾诺莎的这段文本,读出斯宾诺莎在提出"勿哭,勿笑,勿诅咒,只能理解"的观点时,并不是兴高采烈的,并不是充满信心的。因为斯宾诺莎朦胧地感到生命是在永恒的形式下,生命要有一个永恒的根基,而且这个根基不表现在历史中。舍斯托夫说,斯宾诺莎的这种感受,渗透在他的所有著作之中,只不过是以"古怪的、神秘的、无法捕捉的、不被注意的声音"表达出来,而不是以明确判断的形式。

① 斯宾诺莎.伦理学[M].贺麟,译.北京:商务印书馆.1983:94-95.
② 徐凤林.俄罗斯宗教哲学[M].北京:北京大学出版社,2006:304.

舍斯托夫把自己的阅读方法叫作无声阅读,舍斯托夫对哲学家思想的诠释绝不仅仅是简单地停留在文本上,他是结合哲学家的人生经历,综合考察哲学家的作品,最后得出哲学家思想背后的生命感受。

通过了解作者的人生经历,理解作者思想背后的创作心态、生命感受,以及通过舍斯托夫自己独特的无声阅读,捕捉发掘作者的心理感受,这两个研究哲学的方式本质上是一致的,实际上是一种研究方法。它们都是为了能够到达作者的内心世界,在作者的灵魂中漫游。舍斯托夫就自称,自己是一个漫游者。

第二节　舍斯托夫哲学的意义

"主啊,我从深渊向您求告",《圣经》里的这句话,被舍斯托夫多次引用,可以说它集中体现了舍斯托夫一生都未曾改变的反抗理性、诉诸信仰的信念和追求,体现了舍斯托夫哲学的思想主题。舍斯托夫哲学从个体的人出发,从个体的人的生存境遇出发,他以一种与传统理性主义哲学完全相对的角度,言说了"另一种真理观"①。我们认为舍斯托夫是自近代西方哲学发生转型以来,在现代西方思想家中批评理性主义哲学,观点最鲜明、立场最坚决、表达最彻底的一个,他把不曾有人彻底表达过的批判理性和诉诸信仰的话"说到了底"②。那么,事情确实如舍斯托夫所说的那样吗? 我们应该如何看待、评价舍斯托夫哲学呢? 舍斯托夫哲学对我们有什么启示意义?

一、对舍斯托夫哲学的评价

在 19 世纪末 20 世纪初,俄罗斯白银时代的宗教哲学的代表人物中,舍斯托夫是非常引人注目的一位,他的怀疑一切、他的反传统的哲学观点和创作风格、他对个体的人在这个世界上的悲剧性命运的倾心关注,等等,都使得他显得与众不同。难怪有人这样认为,如果说俄国哲学游离于世界哲学的主流之外。那么舍斯托夫又游离于俄国哲学的主流之外。Lous J. Shein 甚至称他是俄国哲学思想史上独一无二的现象。与同时代的其他思想家、哲学家相比,舍斯托夫拒斥信仰的任何理性理解,甚至否认信仰和理性的任何相容性。我们认为,舍斯托夫哲学从一开始就扭

---

① 车玉玲.另一种真理观[J].世界哲学,2007(5):95.
② 舍斯托夫.雅典和耶路撒冷[M].徐凤林,译.杭州:浙江人民出版社,2000:4.

在了西方思想史上，从发端到现在都存在一个根本性问题，即理性和信仰的关系问题。我们看到，随着舍斯托夫哲学对这一问题的讨论不断展开和深入，整个西方哲学的发展的轮廓和整个西方哲学的内在矛盾就能清晰地呈现于我们面前，舍斯托夫哲学具有这样的穿透力。

舍斯托夫哲学非常坚决地反对理性的特点令人印象深刻，令人难忘，甚至令人震撼。舍斯托夫哲学彻底地对西方的理性主义哲学传统做出了清算，其与思辨形而上学势不两立的姿态和决心在整个哲学史上无人能比。舍斯托夫的哲学如此鲜明地"仇视"理性和必然性，其原因就在于，舍斯托夫的哲学是在俄罗斯东正教文化的土壤上生长的，并受到犹太教文化影响的一朵奇葩。舍斯托夫哲学继承了俄罗斯文化中重视个体的生命体验的传统，这种传统表现出对个体的生命和人生命运的刻骨铭心的关注。而且，这种关注，又往往更多地表现为人的生命的艰辛、人生境遇的多难，以及个体生命在理性法则面前，深深感受到的无奈和痛苦。舍斯托夫哲学关注个体生命的痛苦，舍斯托夫哲学追求的目的是，他要在他的哲学作品中克服人的生活的非本真状态，展现出人的生活的本真状态、本来意义。舍斯托夫的"魔眼"透过人类哲学史数千年，他发现，有理性存在的地方，有普遍必然性存在的地方，就有人的自由的丧失，就有必然性对人的强制。理性和必然性是造成个体生命痛苦的恶魔。

在传统犹太文化中，上帝是可以和人直接沟通的，人可以凭借直觉、直观感受认识上帝。我们在舍斯托夫的哲学作品中能看到许多这样的影响的痕迹。舍斯托夫的哲学作品往往表现出富有激情，具有较多的主观感受和较少的逻辑推理。舍斯托夫认为，传统理性主义的哲学不仅在内容上，而且从形式上也对人的生命本能产生了强制，也是人生悲剧产生的根源。舍斯托夫哲学的一切观点都与传统的理性主义哲学针锋相对，如果说哲学史上有哪一种哲学与传统的理性哲学是水和火不相容的关系，那就是舍斯托夫哲学。不过，我们认为，舍斯托夫的哲学思想是现代哲学思想史上的一道靓丽风景，任何严肃的哲学家都不会因为观念的不同而轻视舍斯托夫的思想，相反，他们都十分重视舍斯托夫的哲学视角和所提出的问题，就像胡塞尔和别尔嘉也夫那样。

舍斯托夫的哲学思想，在舍斯托夫的生前死后都招致了一些人的批评，有的人认为舍斯托夫的哲学由于其坚决地反对知识的态度，因而是蒙昧主义的。我们以为,这种观点是不成立的,这是对舍斯托夫哲学的一种误解。舍斯托夫主张一种无知的信仰,认为知识是原罪,表面来看,这和蒙昧主义有相似的地方,因为蒙昧主义就"认为人类社会的各种罪恶都是文明与科学发展的结果,因而主张人类社会应回复到原始的蒙昧状态。它或宣扬不可知论,或宣扬信仰主义、神秘主义"①。但是,舍斯托夫的哲学和蒙昧主义是有本质区别的,舍斯托夫所坚决反对的不是一般的知识,而是"以知识证明信仰或取代信仰的理性主义"②,就是说,舍斯托夫反对的"知识",是扩张的理性主义的"知识",是越界的"知识",其特点是这种知识对人们的生活产生了压制,使人感到了不自由,使人产生了严重的内心焦虑和紧张。舍斯托夫一般并不反对知识,他不反对理性本身,而是反对把理性原则运用到人的生活的一切领域,并且使其成为一切领域的主宰,也就是说他反对的是理性主义。舍斯托夫的挚友、哲学家别尔嘉也夫曾这样评价舍斯托夫,"舍斯托夫不否定科学知识,不否定日常生活中的理性,而是否定理性主义和科学知识自诩能取代基督信仰,能把人从悲剧性深渊和存在的不幸处境中解救出来"的妄言。③ 一位当代的俄罗斯学者这样评价舍斯托夫说,舍斯托夫反对"知识"的意思是,反对"把它的研究方法推广到解决人的精神生活问题上"④。我们说,对舍斯托夫这样的评价是比较公道,也是比较符合实际的。

我们也有必要分析一下舍斯托夫哲学和中世纪经院哲学的区别,因为这两种哲学都在强调信仰,以致有人看不清二者的区别而对舍斯托夫哲学多有微词。中世纪哲学绞尽脑汁地为上帝的存在寻求理性的证明,企图为信仰找到一个牢靠的根基。但是舍斯托夫认为,使信仰求助于理性的做法,只会强化了理性,最后的结果只能是信仰让位于理性。舍斯托夫认为中世纪的许多思想家所做的一切,都没有逃出这样的结果。舍斯托夫甚至认为,被誉为俄罗斯宗教哲学之父的索洛维约夫,他所做的工作也是"为我们父辈们的信仰辩护",并"把它提高到一个理性意识的新阶段"。舍斯托夫认为理性和信仰没有任何瓜葛,雅典和耶路撒冷势不两立。上帝的存在、信仰的意义根本就不可能被证明,而且也不需要证明。对上帝的存在所作的本体论证明,不过是准备让耶路撒冷到雅典理性法庭去受审。在舍斯托夫

---

① 夏征农,陈至立.辞海[M].上海:上海辞书出版社,1990.
② 徐凤林.俄罗斯宗教哲学[M].北京:北京大学出版社,2006:306.
③ 刘小枫.走向十字架上的真[M].上海:上海三联书店,1995:38.
④ В. А. Кувакин. Религиозная философия вРоссии,начало Ххвека. М.,1980. С.229.

看来,对上帝的信仰只能是基于宗教体验,并不是基于诸如由托马斯·阿奎那所提供的那样的证明。因为上帝和信仰对于人来说,不是理性能把握的,"人不能够证明上帝,人也不能够在历史中寻找上帝。上帝是'反复无常'的化身,他反对所有的保证。他像人们认为是自己的具有最高价值的东西一样,超然于历史之外"①。

　　一些人根据舍斯托夫哲学最终诉诸信仰的事实,说舍斯托夫哲学是一种信仰主义的哲学,指责这样的哲学近似于迷信,是在宣读《圣经》。我们说这种说法在一定程度上是符合实际的,但是这种指责却是没有道理的。因为,舍斯托夫设置的情景是,在个人生存的深渊里,让理性和信仰,哲学家和先知、使徒对质。舍斯托夫的问题是,在痛苦、悲剧、厄运的深渊里,理性和信仰哪个更有效,更能解决人的生命意义问题? 舍斯托夫的结论是,信仰能救人们于深渊之中。针对说他的哲学近似于迷信的指责,舍斯托夫反驳道:"但是要知道,人类不总是喜欢迷信胜于喜欢其他吗? 宗教、神、命运、理性甚至天才、学说以至科学,人类不都信仰过吗? 现在不仍然在迷信吗? 或许,对于迷信只有用信仰来打破。用一种信仰去取代另一种迷信固然终非上策,但人类目前还不足以破除迷信,也不足以用自己的力量去战胜迷信,那就别无选择。"②可以看出,舍斯托夫相信,相对于人们对理性的迷信来说,人们只能用信仰去打破;当用理性解决不了人的全部问题的时候,信仰的道路对于困境中的人们来说也不啻是一个,而且可能是唯一的一个出路。舍斯托夫一再说,他的哲学是在另一种思维的维度上,在这一维度上,他宣告了一种基于信仰的哲学——犹太—基督教的哲学、圣经哲学。舍斯托夫的这种哲学仅仅表明,它不能接受理性哲学的思维原则和思维技术,仅此而已,它没有也不可能说明别的。正因如此,舍斯托夫哲学总是在告诉人们哲学不是什么,而不是在说哲学是什么。因此,舍斯托夫哲学既没有也不可能有正面的全面的深刻的阐述,也不可能形成一种理论形态和体系。因为这是一种因荒谬而信仰的信仰,正如巴雷特所说的:"信仰就是信仰,它至关重要,富有生命力,但又不可言传。一个具有信仰的人懂得信仰是怎么回事……而对一个完全理性的人描述信仰并不比对盲人说明颜色的概念容易。"③

　　我们认为,舍斯托夫批评西方理性主义传统之甚,达到了极端的程度,以致有

————————

　　①　舍斯托夫.在约伯的天平上[M].董友,徐荣庆,刘继岳,译.北京:生活·读书·新知三联书店,1989:97.

　　②　舍斯托夫.开端与终结[M].方珊,译.昆明:云南人民出版社,1998:381.

　　③　巴雷特.非理性的人[M].杨照明,艾平,译.北京:商务印书馆,1999:92-93.

人发出这样的慨叹:舍斯托夫"对哲学家的评述与其说是可靠的素描,莫不如说是夸张的漫画"①。我们不想用所谓"矫枉必须过正"之类的缘由加以解释,须知,哲学毕竟是一门严肃的理论科学,是一个需要冷静思考的学问。但问题恰恰在这里,舍斯托夫是一个真诚的富有激情的哲学家,他的哲学是以反传统为己任的,从内容到创作风格我们都不能,也不应该用一般的通常的哲学标准来考量。

其实,舍斯托夫关于传统理性主义哲学、传统形而上学给人类带来负面影响的观点,实际上当时的一些思想家、哲学家也都不同程度地具有,比如德国的社会学家马克斯·韦伯就是这样。只不过马克斯·韦伯是试图在理性内部解决这一问题的。马克斯·韦伯认为,理性包括价值理性和工具理性,认为近代以来,随着自然科学的发展,出现了由于工具理性的过分张扬,使整个人类生活因为价值理性遭到工具理性的严重遮蔽而走入困境的情况。舍斯托夫则不同,他是站在理性之外,来寻找和分析造成人类文明的困境和人的生活痛苦的原因。舍斯托夫从整个西方文明起源和整个发展过程的角度,从圣经意义上的信仰出发,认为人类的苦难皆是理性造成的,他相信信仰是解决这一难题的唯一出路。舍斯托夫从没有谈起过理性还有价值的维度,舍斯托夫的信仰和马克斯·韦伯的价值理性有着原则的区别。如前所述,舍斯托夫的信仰不需要任何理性的理解,它本身就是对理性原则的彻底否定。而马克斯·韦伯所说的价值理性,是"通过有意识地对一个特定的行为——伦理的、美学的、宗教的或作任何其他阐释的——无条件的固有价值的纯粹信仰,不管是否取得成就"②。就是说,价值理性这种"纯粹信仰"仅是对行为过程本身的意义的确认,而不去计较行为的后果,更不能将行为当作某种目的的手段。这里的问题是,价值理性有人的意识参与其中,就是说,是在人类理性范围内的价值。其实,作为社会学家的马克斯·韦伯,他的工具理性和价值理性的含义,最早都来自于他的"行为"概念,马克斯·韦伯认为,人的行为都是意向性行为,人做某事是因为他认为值得去做或者有意义。"行为"是行为者赋予主观意义的行为。可以说,这里马克斯·韦伯就已经暗含着"理性人"的预设了。

舍斯托夫不认为理性还有个价值的维度,这一点不仅是他和马克斯·韦伯的区别,也是他和康德等许多哲学家的区别。因为,西方哲学一般认为,理性自身内

---

① 徐凤林.俄罗斯宗教哲学[M].北京:北京大学出版社,2006:306.
② 马克斯·韦伯.经济与社会:上卷[M].林荣远,译.北京:商务印书馆,1997:56.

在地就含有对人生的价值的追求。比如,康德就把理性分为理论理性和实践理性两个层面,康德一再说,他批判理性的目的是给信仰留下地盘。但舍斯托夫认为,康德的实践理性实质上是个骗局,他兜了个圈,没有解决任何问题。这一点,我们前面(第三章)已有论述。如果按照西方主流的哲学观点来看,舍斯托夫哲学对理性的看法确实有有失偏颇之嫌。

还有,西方哲学家一般认为,理性具有真正的批判能力,这种观点从古希腊的苏格拉底哲学就已开始了,苏格拉底说的"认识你自己"就表现出了一种批判的精神。这种批判意识在近现代的西方哲学中更是屡见不鲜。我们尤其在人类精神处于迷惘的时候,在人类社会发展的关键时候,都能看到理性的批判精神的活跃的身影。近代哲学之父笛卡尔提出"我思故我在",他主张怀疑一切,理性地审查生活和社会,理性俨然成了一切的法官。马克思说得更明确,他说:"辩证法,在其合理形态上,引起资产阶级及其夸夸其谈的代言人的恼怒和恐怖,因为辩证法在对现存事物的肯定的理解中同时包含对现存事物的否定的理解,即对现存事物的必然灭亡的理解;辩证法对每一种既成的形式都是从不断的运动中,因而也是从它的暂时性方面去理解;辩证法不崇拜任何东西,按其本质来说,它是批判的和革命的。"①马克思把辩证法看成是批判的、革命的。这里的问题的要害是,理性能不能成为审判自己的法官,能不能以自身为对象审查自己,成为一种自我反省、纠错校偏的能力? 这就是舍斯托夫与其他哲学家的区别所在。在舍斯托夫的哲学作品中,鲜能看到对理性这样的批判功能的分析和评述,我们认为,从对理性的全面理解来说,这不能不说是一个缺憾。

西方众多哲学家还认为,理性有一个不断变化发展的过程,正如西塞罗所说的:"理性,只有当它充分发展和尽善尽美的时候,才能真正称为智慧。"②黑格尔认为,人的精神的发展也是一个正—反—合的过程。恩格斯说,黑格尔的"精神现象学也可叫做同精神胚胎学和精神古生物学类似的学问,是对个体意识在其发展阶段上的阐述,这些阶段可以看做人的意识在历史上所经历过的诸阶段的缩影"③。而在舍斯托夫的哲学作品里,几乎找不到对理性这方面的论述。

---

①　马克思,恩格斯. 马克思恩格斯选集:第 2 卷[M]. 北京:人民出版社,1972:112.

②　法学教材编辑部《西方法律思想史》编写组. 西方法律思想史资料选编[M]. 北京:北京大学出版社,1983:80.

③　马克思,恩格斯. 马克思恩格斯选集:第 4 卷[M]. 北京:人民出版社,1972:215.

正因为舍斯托夫对理性的多方理解没有做出全面的回应,所以很多哲学家面对舍斯托夫的批评都表现得难以接受,如胡塞尔就曾当着舍斯托夫的面说:"你错了,你把我变成一尊石像,把我高高放在一个座台上,然后用锤子一锤一锤地把石像打得粉碎。但是难道我就真的像石头做成的那样吗?"①胡塞尔的反驳既反映出胡塞尔和舍斯托夫对理性的理解的差异,同时,我们认为,这也从某种意义上说明了舍斯托夫对理性的理解的偏差。

二、舍斯托夫哲学的启示

舍斯托夫哲学谈论的是一个西方思想史上非常古老的话题,但是舍斯托夫是站在现代社会的背景下谈论这一问题的,他的哲学思想所面对的现实,是当今世界的时代问题,这一点,凡是阅读过舍斯托夫作品的人,都是不会否认的。应该说,在理性主义泛滥的现代工业社会,在价值虚无的后现代的社会里,在信仰已成为人的稀缺资源的时候,舍斯托夫及其哲学无疑具有独特的价值和魅力。怎样看待理性?各家各派各个哲学家的观点真是仁者见仁,智者见智,哪怕是很简单的问题也能做出一篇大文章。诚然,理性是人之所以为人的重要因素,古希腊的亚里士多德就提出过"人是理性的动物"的命题。理性在人类漫长的发展历史中,对于不断拓展人类活动的范围,不断提高人类社会的物质文化生活水平都起了巨大的作用。我们可以说,理性在人类发展史上的积极意义是有目共睹的,是应该得到充分肯定并受到高度评价的。但是,理性并非人的全部,过分强调理性将使理性走向人的对立面,成为钳制人们思想、压制人们生活、抑制人们情感、限制人们自由的"魔咒"。欧洲几千年的文明史,主要体现为理性主义发展的历史,到了 19 世纪末 20 世纪初,理性主义的泛滥已经到了登峰造极的程度,理性的僭越所造成的恶果更是使人触目惊心。两次世界大战,人类的众多的科技发明被应用于战场上,核武器、生物武器、化学武器、飞机、大炮、坦克等等武器,这些人类曾引以为骄傲的成果突然之间变成了杀人狂魔。当原子弹一声爆响,数十万人顷刻之间化为灰烬时,人们不禁要问,这是怎么了?还有,我们得承认,在 20 世纪,人类的物质生活水平得到了前所未有的提高,但殊不知,这在一定程度上是人类对大自然竭泽而渔式的疯狂掠夺的结果。人类运用自己的理性向自然进军,向自然界宣战。表面上看,人类虽然取

---

① 舍斯托夫.开端与终结[M].方珊,译.昆明:云南人民出版社,1998:332.

得了暂时的胜利,但不久,人们却发现,自然界正以百倍的能力报复人类。恩格斯告诫我们说:"我们不要过分陶醉于我们对自然界的胜利,对于每一次这样的胜利,自然界都报复了我们。"①现代的人类在不知不觉中,忽然发现已经陷入了四面楚歌的境地:资源枯竭、生物物种大量灭绝、温室气体效应、臭氧空洞、各种污染,等等。还有,根据理性原则而建立起来的庞大的社会管理机制,不仅漠视人的情感要求,忽视人的价值需求,而且还使人彻底异化——人不仅变成了机器的奴隶,而且变成了金钱的奴隶、制度的奴隶。今天的人类物质生活达到了空前的高度,人的精神生活也降低到了空前的程度,人成了"单向度的人"。现代人丢失了信仰的草帽,价值虚无,精神匮乏,人类在精神的沙漠中干渴难耐,人类如同一个迷路的小孩,感到异常的孤苦无助。人类在几千年的文明史上还从未遇到像今天这样严重的情况,人类的生存危机还从未达到过像今天这样的危险程度。阿多诺说:奥斯维辛之后人类从此没有了诗。人类社会和人类发展又走到了一个关键的十字路口。

在理性主义危机的大背景下,各种非理性和反理性主义思潮便应运而生。这些非理性和反理性主义思潮的大多数派别,一边在猛烈地批判着理性主义的种种弊端,一边在忙于建设自己的理论体系。即使是以推倒理性大厦为己任的当今思想界的"显学"——后现代主义,也只是在理性的废墟上探索耕耘。舍斯托夫却给我们指出了另一条道路。他的有神论的存在主义哲学,或者称为犹太—基督教哲学,以前所未有的反理性主义的姿态,依靠《圣经》传统,同理性原则、必然性真理进行着最坚决的作战。舍斯托夫指出一条人类自我救赎的道路,这条道路尽管行人很少,但却源远流长。舍斯托夫从西方文明的源头——两希文明之中的希伯来文明,即耶路撒冷那里找到了它。尽管在有些人看来,舍斯托夫的论述未免过于空洞,他的追求过于虚幻;而在我们看来,舍斯托夫的哲学也确实存在着这样或那样的问题,但是他在对人的生存状态的分析,对理性的永恒原则压制人性的揭露和批判,对人类价值和尊严的执着追求等多方面,我们说都取得了斐然的成绩和值得人们敬重的成果。

舍斯托夫哲学对其他的哲学派别有着很重要的影响,他的思想对后来的存在主义哲学有着直接的影响。西方思想界一般把舍斯托夫视为存在哲学的现代先

---

① 恩格斯.自然辩证法[M].中共中央马克思恩格斯列宁斯大林著作编译局,译.北京:人民出版社,1971:159.

驱,巴雷特在《非理性的人》一书中,在分析存在主义的渊源时认为,索洛维约夫、别尔嘉也夫和舍斯托夫是三位对存在主义的产生具有重大影响的俄国哲学家。舍斯托夫的朋友别尔嘉也夫也把舍斯托夫的哲学划归为存在哲学类型,他说:"他的哲学属于存在哲学类型,这种哲学类型没有把认识过程客体化,亦即没有使其摆脱认识主体,而是把认识过程同人的整个命运联系起来,认为存在的奥秘只有在人的生存中才能认识。对舍斯托夫来说,人的悲剧、人生苦难和恐惧、绝望的体验,是哲学的源泉。"①国内的学者也表达了相同的观点,马寅卯认为,"罗扎诺夫、别尔嘉也夫和舍斯托夫预见了欧洲思想的根本变化:在存在主义在西方哲学中成为一种主要运动之前的二三十年,他们就已表达了存在主义的观点"②。马寅卯还认为,"20世纪初,俄罗斯思想第一个把存在主义作为一套前后连贯的新的哲学理念接受过来"③。就是说,舍斯托夫等俄罗斯宗教哲学家,使存在主义哲学的主要观点和基本特征完备化了。舍斯托夫以对克尔恺郭尔哲学的研究而在西方思想界享有盛名,因此,我们有理由说,舍斯托夫是连接克尔恺郭尔哲学、叔本华哲学、尼采哲学,到海德格尔哲学、萨特哲学的整个存在主义哲学思潮的一个重要环节。

需要指出的是,舍斯托夫的存在哲学和后来的萨特等人的存在主义哲学有着原则的区别。我们可以把舍斯托夫的哲学称为有神论的存在主义,而把萨特的哲学称为无神论的存在主义。宽泛地讲,"存在主义是肯定存在的首要和优先地位的理论"④,无论是舍斯托夫的有神论的存在主义,还是萨特的无神论的存在主义,它们的根本特点是把人的存在——人的个体存在作为哲学研究的首要对象,这和强调本质的传统哲学是根本相对的。所以勒·塞纳说:"简言之,就是要直面被体验的存在,以有效性思维存在,这些可谓存在主义或存在哲学的几个共同特征点。"⑤但是萨特哲学深受德国现象学影响,在面向事物本身的追求中,萨特对超出个人的一切都予以反对。就是说,他对于超乎个人实存之上的信仰(上帝和神)、观念(先验的理性和人性假设)和既定价值都予以否定。萨特哲学没有信仰的维度,是真正意义上的虚无。舍斯托夫哲学不是这样,他不仅没有剥夺信仰的地盘,相反他是在

---

① 徐凤林.俄罗斯宗教哲学[M].北京:北京大学出版社,2006:284-285.
② 马寅卯.白银时代俄罗斯宗教哲学的思想路向和主要贡献[J].浙江学刊,1999(6):29.
③ 马寅卯.白银时代俄罗斯宗教哲学的思想路向和主要贡献[J].浙江学刊,1999(6):28-29.
④ 张祥龙,杜小真,黄应泉.现象学思潮在中国[M].北京:首都师范大学出版社,2002:112.
⑤ 张祥龙,杜小真,黄应泉.现象学思潮在中国[M].北京:首都师范大学出版社,2002:112.

信仰中寻找人的真正自由,寻找人的拯救之路。舍斯托夫认为圣经意义上的信仰是摆脱人生悲剧的唯一出路。

　　舍斯托夫哲学激烈地反对在西方占统治地位的理性主义哲学。舍斯托夫的反抗和斗争在他死去不久后的 20 世纪下半叶逐渐还有了一种巨大的呼应:随着理性主义内部的分崩离析,后现代主义思想家们跃出了哲学的地平线,解构主义开始解构西方几千年的理性主义传统。我们有理由认为,舍斯托夫哲学和后现代主义哲学有着某种内在的关联,至少它们对现代性的批判是一致的。后现代主义哲学的"反对传统形而上学的体系哲学、心物二元论、基础主义、本质主义、理性主义和道德理想主义、主体主义和人类中心论、一元论和决定论等理论倾向"①,和舍斯托夫哲学所提倡的反对体系哲学、反对主客分立、反对理性主义是相同或近似的。正如研究舍斯托夫的当代学者张冰所说:"从某种意义上说,他的反体系化、反理性主义,昭示了西方哲学后来发展中的某些特征。"②

　　舍斯托夫哲学对于中国和中国人来说,我们认为有着特别的启示意义。从传统上讲,中华民族是一个重务实、崇尚经世致用的学问和技术的民族,但由于我们的文化中一直缺乏理性精神,缺乏逻辑思维论证的习惯,所以到近现代我们的整个发展水平落伍了,不仅科学技术落后于西方,而且社会运行模式和人们的生活方式还都处于前现代水平上。衣俊卿说:"从作为个体的主体性与自我意识、理性化的和契约化的公共文化精神、意识形态化的社会历史叙事的现代性,以及表现为经济运行的理性化、行政管理的科层化、公共领域的自律化、公共权力的民主化和契约化等现代性的具体维度来判断,中国的社会运行和个体生存都依旧远离现代性,尚未与现代性建立起本质的关联。"③中国的这种状况深刻地说明,我们的这个社会,启蒙的任务还远远没有完成。

　　当下的中国,社会发展进入了快车道,社会生活的各个方面都在飞速发展,整个社会处于转型的时期。我们如何发展?是按照西方工业社会的现代模式进行照搬复制,还是尽量避免西方社会的某些发展陷阱,甚至完全另辟蹊径,走一条完全不同的发展道路?这些亟待解决的问题现实地摆在了我们面前,令我们深思。"我们应当清醒地看到,中国不是在西方工业文明方兴未艾之时,而是在西方工业文明

---

① 刘放桐.新编现代西方哲学[M].北京:人民出版社,2000:618.
② 张冰.旷野呼告[J].读书,1994(7):99.
③ 衣俊卿.中国日常生活批判的理论视野[J].求是学刊,2005(6):11.

已经十分发达以至于开始展示出自身的弊端之时开始现代化进程的,……20世纪,人的理性的和创造性的文化模式虽然依旧通过社会生产率的提高、科学技术的进步来展示自己的力量,但它同时也陷入了深层的文化危机和文化冲突。日益加深的人的异化和物化的生存困境、人与自然的生态关系的破坏等,开始展示出工业文明的理性文化精神的局限性和内在缺陷""这使得中国等发展中国家在由经验型文化模式向理性文化模式转型之时,又目睹着理性文化模式的局限和弊端"。①

在我们的发展来到了十字路口的时候,我们就需要把眼光投向外面,到人类社会的全部发展历史和人类全部的文化遗产中寻找答案的线索。舍斯托夫哲学无疑是对我们有重要启示的一个思想资源。我们认为,舍斯托夫哲学对中国人来说有一个十分重要的启示,就是我们要更多地关注人的生存状况,更加尊重个人的价值和意义。

舍斯托夫哲学的唯一研究对象是人,尤其是个人。在舍斯托夫等人看来,所谓"存在"即"人的存在",主要是个人的存在,而每个个人又都是独一无二的、不可复制的。每个人在分得上帝的"形象和样式"的时候,也拥有了绝对的价值和意义。人具有神赋予的自由,拥有选择权。这些思想在早期基督教存在主义思想家那里是普遍的共识。克尔恺郭尔就十分强调个人的价值和意义,他痛苦地认为,这个时代的最大病症是"对个人的轻蔑"②。和西方文化相比,我们认为,我们古老的东方文化更是缺乏个人的向度。鲁迅先生就慨叹中国只有"合群的自大",而没有"个人的自大"。③ 鲁迅说千百年来中国的个人只是"默默地生长,萎黄,枯死了"④。鲁迅批评中国传统文化,说"礼教吃人",指出在中国的传统文化中,"'非礼勿视,非礼勿听,非礼勿言,非礼勿动'的法则把人的生命定格模塑在那架精密的精神复印机上。这种对规矩与法度的极端强调到明清可谓登峰造极,可以说人的言行完全达到了程式化的程度,这是一个网眼细密且无开口的金丝鸟笼,居住其间的中国人哪里还有鲜活的生命个体?"⑤鲁迅明确地提出,和西方相比,"在中国,个人的呼吸更其微弱,所以比世界上任何一个角落都更需要特立独行的'单人',都更需要

---

① 衣俊卿. 文化哲学的主题及中国文化哲学的定位[J]. 求是学刊,1999(1):11.
② 邱仁宗. 20 世纪西方哲学名著导读[M]. 长沙:湖南出版社,1992:125.
③ 鲁迅. 热风·三十八.
④ 鲁迅. 集外集·俄文译本《阿Q正传》序及著者自叙传略.
⑤ 魏韶华. 旷野呼告[J]. 东方论坛,1995(3):78.

个人的存在"①。鲁迅的思想无疑是极其深刻的,他对中国文化和中国历史的见解确实入木三分。鲁迅还清醒地知道,在中国社会,如果有谁选择了"个体的存在方式",谁也就是选择了受难,因为常规的破坏者是很容易"被大众的唾沫淹死"的。在这样的社会中,连搬张桌子都会流血。于是,我们能看到,在这个顽固的社会里,当一个有生命力的人、一个有个体意识的人,第一次向苍茫大地发问:"从来如此便对吗?"当一个人从千人一面的整体中走出来,从社会的统一色彩中闪现出来的时候,便是一个"狂人""疯子""孤独者""精神病人"诞生的时候。因此,"存在意识"也就是一种"荒原意识""旷野意识"。具有这样意识的人,"如同拯救自己灵魂的圣者一样,一向听到一种神秘的声音:要敢想敢干,要走向沙漠,走向孤独生活"②。

　　个体的人从整体中走出来尽管十分艰难,但却是十分必要的。舍斯托夫说:"在精神存在的共同庄园里,旷野呼声同样是必要的,就像传播于人群密集之处,广场、教堂的呼声。"③因为只有从整体中走出来,才有鲜活的生命,才有人的自由和意义。舍斯托夫说:"挣脱'泰一'的怀抱的个人的东西,以其敢想敢为所创造的不是罪行,而是功绩——最伟大的功绩。"④舍斯托夫哲学是一个大写的个人主义,它高扬的是个体生命的价值和意义的旗帜,这个旗帜不仅是我们的传统文化所缺乏的,同时,更是中国社会走向现代化所急需的。鲁迅认为,包括舍斯托夫哲学在内的早期基督教存在主义思想家的思想,预示的正是整个"20世纪之新精神"⑤。因为,只有解放了的个人,才能焕发出无限的创造力,我们这个社会才会有更多的新思想、新发明、新发现。鲜活的生命,是社会进步和发展的源泉。

　　舍斯托夫哲学还告诫我们这个后起的发展中国家,要对理性的作用有一个清醒的认识,对理性要进行必要的限制,绝不能把理性当成统治我们一切的主宰,我们不能走西方发展的旧路,我们要避开西方现代化进程中的种种陷阱。当然我们作为发展中国家,我们还迫切需要理性在发展经济和社会各项事业中发挥巨大的推动作用。但归根到底,经济和社会的发展是以人为目的的,是为了人们更好地生活,所以,以人为本,尊重人的生命价值和意义,应该是健康社会发展的应有之义。

---

① 魏韶华.旷野呼告[J].东方论坛,1995(3):78.
② 舍斯托夫.在约伯的天平上[M].董友,徐荣庆,刘继岳,译.北京:生活·读书·新知三联书店,1992:35.
③ 舍斯托夫.旷野呼告[M].方珊,李勤,译.北京:华夏出版社,1991:24.
④ 舍斯托夫.旷野呼告[M].方珊,李勤,译.北京:华夏出版社,1991:185.
⑤ 魏韶华.旷野呼告[J].东方论坛,1995(3):80.

参 考 文 献

一、外文文献

(一)舍斯托夫俄文文献

[1]Л. Шестов：Сочинения в томе, Москва, 1996.

[2]Л. Шестов：Киркегард и экзистенциальная философия, Москва, 1992.

[3]Л. Шестов：Достоевский и ницше. Философия трагедии, Париж, 1971.

[4]Л. Шестов：Сочинения в двух томах, Моска, 1993.

(二)相关俄文参考文献(著作)

[1]Н. Бардяев：Философия свободы, Москва, 1989.

[2]Н. Бардяев：Смысл творчества, Москва, 1989.

[3]Н. Бардяев：Значенме свободы, Париж, 1929.

[4]Н. Бардяев：Смысл истории, Париж, 1969.

[5]Н. Бардяев：О руссии и русской философии, Москва, 1983.

[6]Л. Буббайер：Жизнь и трорчество русского философа. 1877—1950, Москва, 2001.

[7] С. Булгаков：Православие. Очерки учения првославной церкви, Киев, 1991.

[8]Н. Галицева：Бердяев. Литературная газета, 1989 – 08 – 02.

二、中文文献

(一)舍斯托夫的中文译著

[1]舍斯托夫. 旷野呼告[M]. 方珊, 李勤, 译. 北京:华夏出版社, 2004.

［2］舍斯托夫.思辨与启示［M］.方珊,张百春,张杰,等,译.上海:上海人民出版社,2005.

［3］舍斯托夫.雅典与耶路撒冷［M］.张冰,译.上海:上海人民出版社,2004.

［4］舍斯托夫.旷野呼告无根据颂［M］.方珊,李勤,张冰,译.上海:上海人民出版社,2004.

［5］舍斯托夫.钥匙的统治［M］.张冰,译.上海:上海人民出版社,2004.

［6］舍斯托夫.在约伯的天平上［M］.董友,徐荣庆,刘继岳,译.北京:生活·读书·新知三联书店,1992.

［7］舍斯托夫.舍斯托夫集［M］.方珊,译.上海:上海远东出版社,1998.

［8］舍斯托夫.深渊里的求告［M］.方珊,方达琳,王利刚,选编.济南:山东友谊出版社,2005.

［9］舍斯托夫.开端与终结［M］.方珊,译.昆明:云南人民出版社,1998.

（二）相关中文研究文献

［1］徐凤林.舍斯托夫的圣经哲学［J］.北京:北京大学,2001.

［2］徐凤林.理性自由和神性自由［J］.浙江学刊,2004（2）.

［3］徐凤林.基督教哲学的两条路线［J］.浙江学刊,2001（6）.

［4］郝相钦.撞击石墙——简论舍斯托夫对必然性的批判［J］.社会科学论坛,2008（3）.

［5］甘远播,李尚德.舍斯托夫对哲学定义的理解［J］.现代哲学,2008（6）.

［6］惠松骐.信仰的意义［J］.青海师范大学学报（哲社版）,1999（1）.

［7］魏韶华.旷野呼告——鲁迅与列夫·舍斯托夫［J］.东方论坛,1995（3）.

［8］曾思艺.俄罗斯式的终极关怀［J］.邵阳学院学报（社会科学）,2002（1）.

［9］刘锦昌.列夫·舍斯托夫的宗教哲学［J］.香港文化学报,2001（12）.

［10］王威廉.中国的雅典和耶路撒冷［J］.粤海风,2008（5）.

［11］甘远播.舍斯托夫悲剧哲学研究［J］.广州:中山大学,2008.

［12］陈萍.舍斯托夫的哲学和美学思想［J］.济南:山东大学,2006.

［13］刘小枫.走向十字架上的真［M］.上海:上海三联书店,1995.

［14］雷永生.东西文化碰撞中的人［M］.北京:华夏出版社,2007.

［15］丁立群,李小娟.世纪之交的哲学自我批判［M］.哈尔滨:黑龙江人民出版

社,2002.

[16]刘小枫.20世纪西方宗教哲学文选:中卷[M].杨德友,董友,等,译.上海:上海三联书店,1991.

[17]C.布尔加科夫.东正教:教会学说概要[M].徐凤林,译.北京:商务印书馆,2001.

[18]尼·别尔嘉也夫.俄罗斯思想[M].雷永生,邱守娟,译.北京:生活·读书·新知三联书店,1995.

[19]格奥尔基·弗洛罗夫斯基.俄罗斯宗教哲学之路[M].徐凤林,吴安迪,译.上海:上海人民出版社,2006.

[20]尼·别尔嘉也夫.自我认识——思想自传[M].雷永生,译.上海:上海三联书店,1997.

[21]弗兰克.俄国知识人与精神偶像[M].徐凤林,译.上海:学林出版社,1999.

[22]麦格拉思.基督教概论[M].马树林,孙毅,译.北京:北京大学出版社,2004.

[23]奥尔森.基督教神学思想史[M].吴瑞诚,徐成德,译.北京:北京大学出版社,2004.

[24]W.考夫曼.存在主义[M].陈鼓应,孟祥森,刘崎,译.北京:商务印书馆,1987.

[25]梯利.西方哲学史[M].葛力,译.北京:商务印书馆,1995.

[26]威廉·巴雷特.非理性的人[M].杨照明,艾平,译.北京:商务印书馆,1999.

[27]黄陵渝.世界犹太教与文化[M].北京:中央民族大学出版社,1999.

[28]张文建.信仰战胜苦难:犹太教[M].北京:世界知识出版社,1998.

[29]亚伯拉罕·海舍尔.觅人的上帝:犹太教哲学[M].郭鹏,吴正选,译.济南:山东大学出版社,2003.

[30]傅有德,黄福武.犹太研究:第5辑[J].济南:山东大学出版社,2007.

[31]G.索伦.犹太教神秘主义主流[M].涂笑非,译.成都:四川人民出版社,2000.

[32]马丁·布伯.论犹太教[M].刘杰,等,译.济南:山东大学出版社,2002.

[33]M.舍勒.死·永生·上帝[M].孙周兴,译.北京:中国人民大学出版社,2005.

[34]尼古拉斯·佩夫斯纳.反理性主义者与理性主义者[M].邓敬,王俊,杨矫,等,译.北京:中国建筑工业出版社,2003.

[35]文兵.理性:传统与重建[M].北京:当代中国出版社,2004.

[36]夏军.非理性世界[M].上海:上海三联书店,1998.

[37]萌萌.启示与理性:从苏格拉底、尼采到施特劳斯[M].北京:中国社会科学出版社,2001.

[38]冯玉珍.理性的悲哀与欢乐:理性非理性批判[M].北京:人民出版社,1993.

[39]哈佛燕京学社,三联书店.理性主义及其限制[M].北京:生活·读书·新知三联书店,2003.

[40]弗兰克.人与世界的割裂[M].方珊,方达琳,王利刚,译.济南:山东友谊出版社,2005.

[41]维克托·什克洛夫斯基.俄国形式主义文论选[M].方珊,等,译.北京:生活·读书·新知三联书店,1989.

[42]洛扎诺夫.灵魂的手书[M].方珊,等,译.济南:山东友谊出版社,2005.

[43]赵桂莲.漂泊的灵魂:陀思妥耶夫斯基与俄罗斯传统文化[M].北京:北京大学出版社,2002.

[44]赫尔曼·海塞,等.陀思妥耶夫斯基的上帝[M].斯人,等,译.北京:社会科学文献出版社,1998.

[45]陀思妥耶夫斯基.卡拉马佐夫兄弟[M].耿济之,译.北京:人民文学出版社,1981.

[46]陀思妥耶夫斯基.陀思妥耶夫斯基经典小说[M].聂卫力,译.长春:吉林摄影出版社,2005.

[47]孙毅.个体的人:祁克果的基督教生存论思想[M].北京:中国社会科学出版社,2004.

[48]王齐.走向绝望的深渊:克尔恺郭尔的美学生活境界[M].北京:中国社会

科学出版社,2000.

[49]索伦·克尔凯戈尔.克尔凯戈尔日记选[M].晏可德,姚蓓琴,译.上海:上海社会科学院出版社,2002.

[50]克尔恺郭尔.基督徒的激情[M].鲁路,译.北京:中央编译出版社,1999.

[51]克尔恺郭尔.致死的疾病[M].张祥龙,王建军,译.北京:中国工人出版社,1997.

[52]雅斯贝尔斯.尼采:其人其说[M].鲁路,译.北京:社会科学文献出版社,2001.

[53]汪民安,陈永国.尼采的幽灵:西方后现代语境中的尼采[M].北京:社会科学文献出版社,2001.

[54]马丁·海德格尔.尼采[M].孙周兴,译.北京:商务印书馆,2002.

[55]尼采.疯狂的意义:尼采超人哲学集[M].周国平,译.天津:天津人民出版社,2007.

[56]尼采.反基督[M].陈君华,译.石家庄:河北教育出版社,2003.

[57]吕西安·戈德曼.隐蔽的上帝[M].蔡鸿滨,译.天津:百花文艺出版社,1998.

[58]卡尔·波普.开放的社会及其敌人[M].杜汝楫,戴雅民,译.太原:山西高校联合出版社,1992.

[59]哈耶克.通往奴役之路[M].王明毅,冯兴元,译.北京:中国社会科学出版社,1997.

[60]奥尔特加·加赛特.大众的反叛[M].刘训练,佟德志,译.长春:吉林人民出版社,2004.

[61]恩斯特·卡西勒.人论[M].甘阳,译.北京:西苑出版社,2004.

[62]海德格尔.形而上学导论[M].孙周兴,译.北京:商务印书馆,1986.

[63]胡塞尔.欧洲科学的危机与超越论的现象学[M].王炳文,译.北京:商务印书馆,2002.

[64]加谬.西西弗神话[M].杜小真,译.北京:生活·读书·新知三联书店,1998.

[65]舍勒.人在宇宙中的位置[M].李伯杰,译.贵阳:贵州人民出版社,1989.

［66］舍勒.价值的颠覆［M］.罗悌伦,等,译.北京:生活·读书·新知三联书店,1997.

［67］卢卡奇.理性的毁灭［M］.王玖兴,等,译.济南:山东人民出版社,1997.

［68］萨特.辨证理性批判:上、下卷［M］.林骧华,徐和瑾,陈伟丰,译.合肥:安徽文艺出版社,1998.

［69］多尔迈.主体性的黄昏［M］.万俊人,朱国钧,吴海针,译.上海:上海人民出版社,1992.

［70］马歇尔·伯曼.一切坚固的东西都烟消云散了［M］.徐大建,张辑,译.北京:商务印书馆,2004.

［71］香港圣经公会.圣经.1979.

［72］杨振宇.对批判的批判［J］.理论探讨,2010(6).

［73］杨振宇.哲学是伟大的最后的斗争［J］.南昌大学学报,2011(2).

［74］杨振宇.文化哲学视域下的俄罗斯民族性格解读［J］.湖北工程学院学报,2017(4).

［75］杨振宇.爱情的一种哲学解说［J］.牡丹江大学学报,2017(9).

［76］杨振宇.列宁在《哲学笔记》中对唯心主义的评述［J］.哈尔滨市委党校学报,2014(3).

附录一 对理性批判的批判

——浅论舍斯托夫对克尔恺郭尔哲学的解读

（黑龙江大学 哲学院 哈尔滨 150080

黑龙江科技学院 人文学院 哈尔滨 150027）

【摘要】舍斯托夫是西方社会公认的著名的研究克尔恺郭尔哲学的学者,舍斯托夫和克尔恺郭尔的哲学都强烈地表达了反对理性,反对普遍性、必然性对人性的压制的观点,但他们的哲学又有重大的不同。舍斯托夫认为克尔恺郭尔反对理性是不彻底的。这样,舍斯托夫在肯定克尔恺郭尔哲学的基本倾向的同时,又对克尔恺郭尔哲学进行了批评。

【关键词】舍斯托夫 克尔恺郭尔 恐惧 理性 必然性

克尔恺郭尔是19世纪上半叶著名的非理性主义哲学家和宗教神学家。而俄罗斯白银时代的哲学家舍斯托夫是国际社会公认的著名的研究克尔恺郭尔的学者。[1]2 二人作为存在哲学的开创者和先驱,都激烈地反对理性对人的压制和统治,主张哲学应重视对人的恐惧、痛苦、绝望等生命体验的研究,并把这些非理性的生命体验作为哲学研究的出发点。舍斯托夫研究克尔恺郭尔的哲学思想的主要目的是在于阐发自己的思想,舍斯托夫认为,克尔恺郭尔哲学从根本上说仍然没有摆脱传统理性主义哲学,尤其是黑格尔哲学的影响。舍斯托夫在充分肯定克尔恺郭尔哲学的基本倾向的同时,又对克尔恺郭尔哲学中的一些观点提出了自己不同的见解。

一、批判理性的哲学

舍斯托夫对弥漫在克尔恺郭尔哲学中沁人心脾的痛苦情结有着敏锐的认识。

舍斯托夫指出:"谁若哪怕对克尔恺郭尔的著作稍许有些了解,谁就会同意,他的整个思想和全部著作,都染上了这种痛苦色彩。"[2]195他认为《恐惧与颤栗》《恐惧的概念》《肉中刺》《致死的疾病》等等都莫不如此。舍斯托夫对克尔恺郭尔哲学中的这种痛苦色彩的缘由有着自己的见解,对克尔恺郭尔的人生经历进行了深入的考察。这里需要指出的是,舍斯托夫哲学有一个重要的原则,就是认为哲学家人生经历中的重要事件是我们理解哲学家哲学思想的不可或缺的手段和"钥匙"。他提出,我们学习哲学,就是要到哲学家的心灵深处漫游。他自称,自己就是一个漫游者。

舍斯托夫认为,影响克尔恺郭尔内心痛苦的,除了他那敏感的个性和不平常的经历以外,有一个决定性的事件,用克尔恺郭尔的话说:"我在我心灵深处隐藏的那一解释,能够更确切地描述我的恐惧的那一具体解释——我是永远不会提供的。"[2]199而舍斯托夫认为,这一"具体解释",就是克尔恺郭尔与他的未婚妻列吉娜·奥尔森的分手。舍斯托夫认为,克尔恺郭尔与列吉娜·奥尔森的分手是和希腊神话传说中俄耳甫斯与犹丽狄士分离一样的事件。犹丽狄士是被黑暗势力夺走的,列吉娜·奥尔森也是被黑暗势力从克尔恺郭尔那里夺走的,克尔恺郭尔就是复活的俄耳甫斯。舍斯托夫接着分析道,分手是我们每个人都可能遇到的事,这种"痛苦"还是常人的痛苦。那么,沁入克尔恺郭尔心灵深处,弥漫于克尔恺郭尔全部著作中的"比最沉重的人间之苦、比最大的暂时的不幸更甚"[3]195的超常之苦是什么呢?舍斯托夫写道:"恐惧,无论它有多么可怕,难道能动摇存在结构和秩序及在其之上滋生出来的我们的思维吗?!"[2]200舍斯托夫知道,一般人都认为,决定存在之结构的原则、规律是铁定的,是不可更改的,对于这些原则人们只能服从,不能有任何例外。这就是说,舍斯托夫所理解的克尔恺郭尔的"痛苦",是人在"勿哭,勿笑,勿诅咒,只能理解"(斯宾诺莎语)的必然性的原则、命运面前无能为力的痛苦。克尔恺郭尔不能改变未婚妻列吉娜·奥尔森离他而去这一事实,他为这种"不可改变"而痛苦。同样,这种不可改变的事实、这种不可改变的必然性的命运也使舍斯托夫痛苦不已。

面对着这种不可改变的命运,克尔恺郭尔彻底绝望了,他说:必然性的命运"就是那个古老传说里的衬衫,那缝线是用眼泪纺成的,泪水已经使它褪色,……生活的奥秘就在于人人都必须亲手缝制这件衬衫"[3]40。但是,克尔恺郭尔哲学就是从研究人的绝望开始的,克尔恺郭尔指出:"哲学并非如希腊人所教导的那样,是起源于惊奇,而是起源于绝望。哲学的目的是为自己争取'哭泣和诅咒'的权力,并用自己的眼泪和诅咒抗衡以普遍必然真理束缚人类意志的理性那不知餍足的贪求。"[2]206应该说,克尔恺郭尔对哲学的这种理解与舍斯托夫对哲学的理解是完全一致的,舍斯托夫的很多作品也反映了相同的观点。他在批评胡塞尔哲学中理性的自明性时说:"通向生活的原则、源泉和根本的途径是通过人们向创世主呼吁时的眼泪,而不是通过那询问'现存'事物的理性。"[1]358在《雅典与耶路撒冷》一书中,舍斯托夫用一段精彩的话较全面地表达了自己的这种思想:我们的哲学"不是寻求永恒存在,不是寻求存在的不变结构和秩序,不是反思,也不是认识善恶之别。……(我们的哲学)是在无比紧张的状态中诞生的,它通过对知识的拒斥,通过信仰,克服了人在无拘无束的造物主意志面前的虚假恐惧。换言之,宗教哲学是伟大的和最后的斗争,为的是争取原初的自由和包含在这种自由中的神的'至善'"[2]24。

那么,克尔恺郭尔和舍斯托夫理解的哲学是一种什么样的哲学呢? 这只能是一种批判理性的哲学。就是说,克尔恺郭尔和舍斯托夫的哲学反对自古希腊开创的,已经有几千年历史的西方理性主义哲学传统。舍斯托夫引用了普罗提诺的话"在思维和认识的彼岸"来说明自己哲学的特点。克尔恺郭尔虽然未曾提到过普罗提诺,但克尔恺郭尔却表达了与之相似的思想,克尔恺郭尔在《恐惧与颤栗》中写道:"以疑问的形式,从亚伯拉罕的故事中提取辩证因素,以便弄清信仰是一种何等可怖的悖论,这个悖论居然能将谋杀变成让上帝十分开心的事,这个悖论居然将以撒还给亚伯拉罕。无论如何思考都无法理解这个悖论,因为,信仰开始于思考停止的地方。"[3]47在《恐惧与颤栗》问世六年后,克尔恺郭尔在《致死的疾病》中又写道:"信仰就意味着为获得上帝而丧失理性。"[2]207普罗提诺的"在思维和认识的彼岸"就是克尔恺郭尔的"信仰"。这种信仰不仅不依赖理性,反而是理性的否定。所以,舍斯托夫把自己的哲学叫"思维的第二维度",把同理性的斗争叫作"伟大的最后的斗争"。

舍斯托夫的哲学和克尔恺郭尔的哲学开始于理性思维结束之处,舍斯托夫引用《圣经》故事中上帝对亚当说的话"你们不可吃,也不可摸,免得你们死"来强调自己的观点说:"这段话里,只有在这段话里,我要重申的是,在整个人类历史上,绝无仅有地、唯一一次地奏响了足以享有纯粹理性批判之美称的最强音。"[2]228尽管舍斯托夫承认这次批判的实施者还不是人。

二、对理性的批判

舍斯托夫哲学和克尔恺郭尔哲学为什么如此猛烈地抨击理性呢？这是因为理性贪婪地在寻求普遍必然性（康德语），在寻求统一性。而舍斯托夫和克尔恺郭尔认为，这种普遍必然性的统治，势必会造成人们生活的整齐划一，造成对人的个性的极端蔑视和抹杀，而这是克尔恺郭尔和舍斯托夫所坚决反对的。克尔恺郭尔和舍斯托夫认为，理性及必然性对人的统治的直接的后果，就是对人的自由的扼杀。克尔恺郭尔认为，自由就是可能性。[4]2舍斯托夫从这一观点出发，主张人的自由主要是意志自由，认为在人的心灵深处有一种无法消除的需要和永恒的梦想——按照自己意志生活。就是说，人在世间最需要的是按照自己意志生活，哪怕是不合理的、愚蠢的意志，只要是自己的意志。否定这一意志的最雄辩的、最令人信服的理论证据，都只能是徒劳的。而理性哲学家们把意志自由看作是可怕的任性，认为这不是人的自由。人的真正的自由是"人们对必然性的认识"（斯宾诺莎语），并把这种不以人的意志为转移的必然性规律看成是人生命运的真正主宰。舍斯托夫说：必然性"就其本质和本性而言，是强制性的"[2]32，这种强制性，就像古希腊传说中美女墨杜萨爬满蛇的头，谁要是回头看她一眼，就会立刻变成石头。舍斯托夫引用斯宾诺莎的话，"多数人只不过是外表像人而已，而实际上，他们不是人，而是赋有意识的石头"[2]57。赋有意识的石头，这就是理性的人。因此，克尔恺郭尔和舍斯托夫得出一个结论：传统理性主义哲学的基本缺陷就在于，理性的人太客观了，客观得不能享受永恒的快乐。因为永恒的快乐存在于狂热、无限的个人兴趣中。客观把狂热和"无限的个人兴趣"逐出了内心。那么，怎样才能恢复人的自由呢？克尔恺郭尔和舍斯托夫认为，人要想恢复自由、摆脱事实和必然性的束缚，就不能用"知"的办法，走理性的这条老路。因为，"知识和美德对我们的意志造成了如此大的戕害，使我们的精神达到了麻木僵化的地步，以至使我们把软弱无力和消极顺从视为自己的完善"[2]237。克尔恺郭尔和舍斯托夫主张，恢复人的自由要靠"恐惧"，"无论知识怎样劝导我们，说必然性是万能的，也无论智慧如何教导我们，说一个有德之士即使是躲在法拉利公牛（古代的一种刑具）的肚子里也会获得极乐，它们也永远无法扑灭人身上的那一哭和恨"[2]237。试想，一个活人，当他亲眼看到自己的妻女被侮辱,自己的儿孙被杀死,自己的家园被毁,而应该无动于衷地接受这一必然的事实吗?正如克尔恺郭尔说的,不光是人,就是石头,假如它们有知,也会号啕大哭的!这个时候,恐惧就成了必然性坚定的反对者。而"或许,人终究会在这一场最后的生死搏斗中取胜,最终为自己取回本真的自由"[2]239。

普遍必然性对人的严酷统治的一个重要领域是在社会伦理方面,这一点在克尔恺郭尔哲学中有着充分的说明。克尔恺郭尔明确提出了"从问题中取消和排除伦理成分"的问题,克尔恺郭尔在讲述一对青年男女忍气吞声的爱情故事时,写道:"伦理学却无法帮助他们。他们对伦理学保守了一个秘密,因而冒犯了它,而这个秘密是他们出于自己的责任而造成的。"[3]80克尔恺郭尔认为:"伦理本身就是普遍性。作为普遍性的伦理是公开的。个体被看作直接的、只是感觉的、心灵的存在,因而是藏匿的。所以,个体的伦理任务就是使自己打破隐匿状态,公开于普遍性之中。因此,每当他想停留在隐匿状态中时,他就犯了罪,就处于受诱惑状态。他只有通过公开自己,才能摆脱这种状态。"[3]76

这里体现了克尔恺郭尔对个别与一般、个人与社会的关系的根本看法。应该说伦理按照一般的理解,就是对人的社会行为进行的一般的规范性的归纳概括。而信仰却恰恰相反,信仰是从一个人自身的唯一性出发的。按着克尔恺郭尔的理解,信仰"乃是个别人高于普遍性的一个悖论"[3]76。克尔恺郭尔的这一观点常常受到"主观主义""个人主义"的谴责,而实质上这一点却构成了整个存在主义的基础。别尔嘉也夫在这方面也有着同样的观点,"从存在主义观点看,社会只是个性的一部分,是个性的社会方面,正如宇宙也是个性的一部分,是个性的宇宙方面一样"[5]26"个性是一种理性存在物,但个性不受理性决定,也不能把个性定义为理性的载体。理性自身不是个性的,而是普遍的、一般的和无个性的。在康德那里,人的道德理性本质上是非个性的,是一般的本质。希腊人把人理解为理性的存在物,这一理解也不适合人格主义哲学"[5]24。克尔恺郭尔的观点、别尔嘉也夫的观点与舍斯托夫哲学的基本主题的观点是十分近似的,以舍斯托夫的观点来看,"在克尔恺郭尔所采用的术语中,由苏格拉底的'伦理'带来的极乐,以人的观点看,比最可怕的灾难还糟糕"[2]212。就是说,"人如果真的是有思想之物,而非最可耻的驴子,他无论如何也不会接受理性所统治的现实"[2]209。

三、对理性批判的批判

舍斯托夫认为,具有两千年历史的基督教的真实情况已经是"就连上帝也不得不走向科学并到其真理业已成为一切未来时代哲学之原则的苏格拉底那里去寻找支持"[2]225。上帝也需要理性的支持,上帝除了心平气和地接受普遍性必然性的命运以外,也别无选择。这和克尔恺郭尔所说的"基督教的训诫"是一个意思。克尔恺郭尔认为,基督教的慰藉是根据大众的评价,根据大众公认的标准的廉价的安慰,这种安慰只会把人引向极端的麻木。舍斯托夫认为:克尔恺郭尔显然已经明显地感到,那种普遍性真理的劝慰不仅是虚伪的,而且是一种渎神行为。但是,舍斯托夫说,"在克尔恺郭尔那里,与在苏格拉底和斯宾诺莎那儿一样,受奴役的意志扩展到了上帝本人那儿了",尽管"曾经有过这样一个关头,他甚至毅然扑向荒诞去寻找拯救之途",但是"甚至在他如此激情洋溢地宣告对上帝来说没有什么是不可能的时候,他也无法摆脱这么一个想法,即'在精神的世界里',毕竟还有,也应该具有某种特有的秩序——这秩序与我们在此,在尘世间所看到的秩序不同——但毕竟也很严格,很精确,明确而又永恒:在那里,太阳一视同仁地照耀着罪人和正直人士,在那里,只有劳动者才得食,等等"[2]225~226。所以,舍斯托夫认为,信仰对于克尔恺郭尔来说,"根本就不是'伦理'的替代品,……归根到底,不过是在实现伦理的要求罢了"[2]226。

克尔恺郭尔认为信仰"是个别人高于一般人的一个悖论",接着克尔恺郭尔写道:"但只限于前此曾经服务于一般,并通过一般而成为个别人,而且作为一般人之上的个别人的个别人。"[2]215舍斯托夫认为这句话正说明了克尔恺郭尔的哲学的思维特征,这与"克尔恺郭尔试图把信仰骑士置于人类价值的等级阶梯上,比悲剧人物更高一级的位置有关"[2]218。克尔恺郭尔的心目中毕竟有一个人类价值的阶梯,还有一个衡量价值的标准。舍斯托夫认为,"克尔恺郭尔终究无法与为所有未来时代哲学立法的苏格拉底之后人们业已掌握了的旧的思维技能永远并彻底地决裂。如果克尔恺郭尔想要并且也能说出全部真相的话,他首先必须从自己的灵魂中剔除与记忆所提示给他的有关骑士道和伟大的一切"[2]218。舍斯托夫批评说,"悲剧就是无出路性,而无出路性已无任何崇高和美可言,有的只是渺小和丑陋"[2]219。

其实,按照克尔恺郭尔的观点,人的生活有一个由低级向高级上升的阶段。第一是审美阶段,其特点是人的生活为感觉、冲动和情感所支配。在这一阶段中,人们追求无限的感官享受,但却总也得不到满足,感官的刺激在百无聊赖的重复中变得空虚而成为一种痛苦的煎熬,于是,人们面临着这样的选择:是继续在痛苦中煎熬,还是超越官能享受,做有道德的人?第二个阶段是伦理,其特点是人的生活为理性所支配,遵守普遍意义的道德标准,有道德的人相信理性能够克服自身的缺陷和弱点,相信道德自律和自我完善的可能性。但是,在现实生活中,人们终究不可能避免个人愿望和社会道德、个别和一般的矛盾和冲突,这样,有道德的人就会产生内疚感和犯罪感,于是,有道德的人又面临着一个选择:是在负罪感中不能自拔,还是皈依上帝,寻求拯救?第三个阶段也是人生的最高境界,即人生的宗教境界。在这一阶段中,人只作为他自己而存在,个人能和上帝直接沟通。但人和上帝的关系不同于人与人、人与事物的关系,这是理性所无法理解的一种关系。在宗教境界中,现实生活和理性思维中的一切矛盾完全都由信仰来解决。但在理性看来,这种信仰是极其荒谬的和不可理解的。但克尔恺郭尔认为,荒谬是信仰的特征,而且是检验信仰强度的尺度,荒谬感越强,信仰也就越强烈。这就是克尔恺郭尔的另一种辩证法。这种辩证法,虽然与黑格尔的观念辩证法有很大的不同,但是也有很多相似之处。它也讲述了一个由低到高的发展过程,同样强调事物的发展的真正原因是内部矛盾。正是这种辩证法,才使克尔恺郭尔确信,他对列吉娜做出的牺牲是完全自愿的,是自己所做出的选择。而克尔恺郭尔在这种自愿的选择中,看到的是自然而然的辩证过程。舍斯托夫说:“在克尔恺郭尔所被迫承受的一切之中,最可怕的是这样一种意识,即在他身上所发生的一切,都是‘自然而然’发生的,无论上帝,无论魔鬼,甚至也无论多神教的命运,都未曾有过任何参与。”[2]219

这样,克尔恺郭尔终于“不敢走得比临时排除伦理因素更远。他不光从未将‘伦理’与人的堕落联系起来,而且,对他来说,‘伦理’永远都是人在向宗教发展的过程中一个必要的辩证法因素。而——正如他本人是一个正统的黑格尔分子一样确实——这一因素是绝对不可取代和替代的,而不过是被‘悬置起来’罢了”[2]224。舍斯托夫认为克尔恺郭尔深受黑格尔哲学的影响,这未免与人们一般性的认识相反,因为,大家都知道,克尔恺郭尔是一个坚定的黑格尔哲学的反对者。但比舍斯托夫稍晚一些的存在主义哲学大师海德格尔在这一问题上却有着和舍斯托夫相同的观点:“在19世纪,克尔恺郭尔就把生存问题作为一个生存状态上的问题,明确加以掌握并予以透彻地思考。但他对生存论问题的提法却十分生疏,乃至从生存论角度看来,他还完全处于黑格尔的以及黑格尔眼中的古代哲学的影响之下。”[6]271

舍斯托夫还用《圣经》中的故事分析了克尔恺郭尔的这种观点的原因。舍斯托夫认为:"克尔恺郭尔不是从被他如此颂扬的荒诞那里,也不是从被他认为是真理的启示的《圣经》中,而是从毅然偷食禁果的人间智者所带给我们的'知'中汲取基督的教训的。"[2]227克尔恺郭尔在《恐惧的概念》中声称:"无罪即无知,无罪的人不能被规定为精神,而只是在灵魂上与他的自然条件处于直接的统一之中。"[4]1舍斯托夫明确指出,"《圣经》的确否认了处于无知状态中的人能够知善恶之区别。但这不是人的弱点和缺陷,而是人的力量和最大的优点"[2]227。舍斯托夫分析了知识的性质,引用了克尔恺郭尔对使徒保罗的话的分析,保罗说,"凡不出于信心的都是罪",克尔恺郭尔指出,"这是基督教里最重要的定义之一:罪的反面不是美德而是信仰"[7]73,接着舍斯托夫指出,"按照《圣经》的说法,知识就其实质而言,是排斥信仰的,知识即罪,或原罪",并说,"我们要想反对克尔恺郭尔,那就得说,正是知识树之果使人类的精神昏睡的"。[2]228在这样的观点的基础上,舍斯托夫阐述了《圣经》中"堕入罪恶"故事的意义。舍斯托夫说,亚当在堕入罪恶之前,也和神一样是全能的,只是在堕入罪恶之后,才落入知识的掌握之中。并且他也失去了上帝最珍贵的才能——自由。"因为,自由并非我们如今注定会如此认为的那样,是在善与恶之间作抉择的可能性。自由是不容恶进入世界的一种力量和权力。最自由的上帝是从不在善恶之间抉择的。而由上帝所造的人,同样也不抉择,因为无可抉择:天堂本无恶。初人只是当他屈服于敌视我们,同时又不为我们所知的力量的诱惑而向禁果伸手时,他的精神才开始委顿,他才变成如今我们所能看到的软弱、无力、屈服于与其格格不入的本质之下的一个生物。"[2]228~229这就是舍斯托夫对"堕入罪恶"故事的解释,这种解释和黑格尔的解释是正相反的,而且克尔恺郭尔对于这个故事的解释,根据我们上面的分析,与黑格尔解释是基本相同的。

参考文献:

[1]方珊.开端与终结[M].昆明:云南人民出版社,1998.

[2]舍斯托夫.雅典与耶路撒冷[M].张冰,译.昆明:云南人民出版社,1999.

[3]克尔恺郭尔.恐惧与颤栗[M].一谌,肖聿,王才勇,译.北京:华夏出版社,1999.

[4]雄伟.存在主义哲学资料选辑:上卷[M].北京:商务印书馆,1997.

[5]别尔嘉耶夫.论人的奴役与自由[M].张百春,译.北京:中国城市出版

社,2002.

　　[6]海德格尔.存在与时间[M].陈嘉映,王庆节,译.北京:生活·读书·新知三联书店,1987.

　　[7]克尔恺郭尔.致死的疾病[M].张祥龙,王建军,译.北京:中国工人出版社,1997.

附录二　哲学是斗争

——论舍斯托夫对胡塞尔哲学的批判及其意义

（黑龙江大学　哲学院　哈尔滨　150080

黑龙江科技学院　人文学院　哈尔滨　150027）

【摘要】舍斯托夫和胡塞尔是同时代的哲学家,他们有着相同的问题意识,但他们对问题的回答,是截然相反的。舍斯托夫对胡塞尔的理性主义哲学观点进行了猛烈的批判,这种批判不仅有着深刻的历史渊源,而且还有着重要的意义。

【关键词】舍斯托夫　胡塞尔　理性　批判

俄罗斯白银时代的哲学家舍斯托夫(1866—1938)和现象学的创始人德国哲学家胡塞尔(1859—1938)是同时代的哲学家。他们在学术观点上是完全相反的,他们是各持己见、相互批判的论敌,但在个人关系上二人却是相互极为倾慕、彼此敬重的朋友。舍斯托夫对胡塞尔的学术态度和人品极尽赞扬。舍斯托夫评价说:"他最感兴趣的是真理;为了寻求真理,和一个知识方面的敌手做朋友,不仅是可能的而且是必要的。这是胡塞尔最突出的特点。"[1]330胡塞尔的公正无私,"即使在一些伟大的哲学家中也是很少见的"[1]330。舍斯托夫还说:"在二十世纪初期的哲学家当中,的确很少有人在力量、大胆、深度和思想的重要性等方面能够比得上胡塞尔。"[1]331 1938年,不久于世的舍斯托夫听到胡塞尔逝世的消息后,写下了《纪念伟大的哲学家爱德曼·胡塞尔》的文章,来表达对这位哲人的敬意。胡塞尔也是如此,他非常注意倾听和重视舍斯托夫的观点,胡塞尔甚至把舍斯托夫的一篇非常有代表性的、与自己观点相对立的论文《巴曼尼得斯领域》发表在自己主编的《逻各斯》杂志上。胡塞尔还把舍斯托夫引见给当时哲学界的许多著名的哲学家,如海德格尔等。

舍斯托夫和胡塞尔的这种关系,在哲学史上也并不多见。大家知道,更有理由保持亲密的个人关系的海德格尔和胡塞尔,后来就远远没有这样的关系。正因为这样,舍斯托夫和胡塞尔的激烈的哲学之争就越发受到人们的关注,人们看到,这两个同时代人的纯粹的学术之争具有重要的意义,它不仅包含了对时代精神的不同理解,更是人类几千年哲学史内在矛盾的延续,也预示了后来哲学的某些发展趋势。

一、相同的问题意识

哲学是时代精神的精华(黑格尔语),时代的精华蕴含在时代的问题中。卡尔·莱因哈特说:"哲学史是哲学问题的历史。"[2]110英国哲学家波普尔也认为:"我们可以说,跳跃不是从观察陈述出发,而是从问题的情境出发,而得出的这个理论必然允许我们解释产生问题的那些观察。"[2]79就是说,我们只有从哲学家面临的"问题情境"出发,才能理解他的理论。那些思想深刻、思维敏锐的哲学家,往往能站在时代的高度,把握时代的脉搏,对时代提出的问题提出深刻的见解。因此,对时代主题具有共同的问题意识的哲学家之间的思想交锋,就一定具有很强的时代的意义。胡塞尔和舍斯托夫就是这样两位思想深刻、思维敏锐的哲学家。那么,胡塞尔和舍斯托夫遇到的是什么样的时代主题呢?

近代的欧洲,总体来说,有一个非常显著的现象是,自然科学一直占据着人们生活的漩涡中心,而人文科学越来越受到人们的质疑,成为各种学说相互攻伐的战场。这是因为,自启蒙运动以来,自然科学得到了飞速发展,并且取得了对世界及其规律的成功解释,而人文科学在对人类精神生活的解释中屡遭失败。人文科学一直想像自然科学那样建立起自己严格而精密的体系,可惜它一直无法实现这个目标。这种形势的发展,到19世纪末20世纪初,就演变成了一场危机。具体地说,自然科学的成功发展,使它达到了这样的佞妄,它自诩为理性的唯一形式,以至于理性完成了对人的生活的各个领域的全面统治,理性的普遍必然性使人的精神陷入了深重的被宰制的深渊。于是,以怀疑理性为主要特征的各种相对主义思潮在社会上蔓延,成为人们津津乐道的话题。这正如胡塞尔说的:"事实上我们已经被各种天真而浮夸的改革提议的洪流淹没了。"[3]135胡塞尔现象学就是面对着这股巨大的洪流而产生的。法国哲学家R.伽罗蒂说:"胡塞尔的现象学是在两个危机阶段的连接点上产生的:一个是对许多最确定的真理发生怀疑的科学发展的危机阶段;一个是人类历史的危机阶段,这时人们被引起了对许多最确定的'价值'的怀疑,而向自己提出根本性的问题,如人的生存有何意义和人正在经历的历史有何意义等问题。"[4]22我认为,如果抛开所谓的两个危机的说法,伽罗蒂的话应该没错,实质上胡塞尔真正面临的是欧洲近代理性主义的危机。

和胡塞尔一样,舍斯托夫刚开始哲学思考时,也敏锐地意识到了这个时代的主题,他说:"我最初的哲学老师居然是莎士比亚的那个谜一般的、不可理解的、带威胁性和阴郁的话:'这个时代是纷乱无序的'。"[1]335舍斯托夫所说的"纷乱无序",就是理性主义传统遭到了普遍的质疑,各种各样的非理性主义观点、反理性主义观点大量涌现的乱象。这不仅和胡塞尔对时代的理解是相同的,并且舍斯托夫是知道这一点的,他说"胡塞尔也像莎士比亚笔下的哈姆雷特一样认为,这个时代是纷乱无序的"[1]333。

二、舍斯托夫对胡塞尔哲学的分析和批判

舍斯托夫坚决反对胡塞尔哲学对时代问题的解答,这首先是出于他对胡塞尔哲学的深刻了解。早在1909年,《逻辑研究》第一卷的俄文版在俄国出版时,舍斯托夫就认真研读了胡塞尔的这部重要作品,后来他还评价说:"这本书当时给人印象很深而且现在也还是令人难忘的。在二十世纪初期的哲学家当中,的确很少有人在力量、大胆、深度和思想的重要性等方面能够比得上胡塞尔。"[1]331但是,舍斯托夫清楚地认识到,胡塞尔哲学的目的是要建立作为精确科学的哲学。胡塞尔是要克服心理主义、怀疑主义的动摇性,来克服欧洲理性主义哲学的危机。舍斯托夫指出,胡塞尔在《哲学作为严格科学》中清晰地写道:"哲学本质上是一门关于真正开端、关于起源、关于万物之本的科学。"[5]69胡塞尔说,"也许在整个近代生活中都没有任何观念比科学的观念更强大地、更不可阻挡地向前挺进着。没有什么能阻挡它的凯旋。事实上,就其合理的目的而论,它是无所不包的。如果设想它得到了理想的完善,那么它也就是理性本身,在它之外、在它之上也就不再可能有其他的权威"[5]11"科学说了话,智慧从现在起便只能学习"[5]61。舍斯托夫说:胡塞尔的这些话,使人们想起欧洲的一句古老的格言"罗马说了话,一切就结束了"[1]337。也就是说,理性说话了,一切都结束了。

舍斯托夫明白,胡塞尔不遗余力地坚决反对当时极为盛行的心理主义,是因为胡塞尔清楚地认识到这种思潮会极大地危害理性的地位。就是说,胡塞尔极力维

护的正是欧洲传统意义上的理性主义。舍斯托夫指出,这一点胡塞尔本人也说得很清楚,"成为严格的科学,这样一个充分被意识到的意愿主宰着苏格拉底—柏拉图对哲学的变革,同样也在近代之处主宰着对经院哲学的科学反叛,尤其是主宰着笛卡尔的变革。它的推动力一直延续到17世纪和18世纪的伟大哲学之中,它以极端的力量在康德的理性批判中更新了自己,并且还主宰着费希特的哲学思考"[5]5。所以,舍斯托夫认为,胡塞尔的哲学思想就是欧洲理性主义哲学传统的延续。

不仅如此,舍斯托夫还认为,胡塞尔比历史上那些著名的理性主义哲学家走得更远,因为"莱布尼茨也好,康德也好,都不准备把他们向之祈祷的那尊永恒真理的圣像放到圣殿里去"[1]344,但胡塞尔却这样做了,胡塞尔说:"一个东西如果是真理便绝对'自在地'为真理;真理总是同一的一个,无论它是被人还是被非人、被天使还是被上帝判断地把握。"[6]116就是说,胡塞尔的真理对于一切人来说,甚至是包括外星人和神在内,都只能是一个。在它面前,一切人、外星人、神都无能为力,都只能是无条件地服从。胡塞尔如此大胆而有力地肯定理性真理的地位,舍斯托夫认为,这在哲学史上还是第一人。现代美国著名的哲学家、现象学流派的重要人物施皮格伯格也是这样认为的,他说:现象学"是这样一种方法,我想凭借它来反对神秘主义与非理性主义,从而建立一种超越旧的理性主义的超理性主义,并且阐明旧的理性主义最为内在的目标"[7]78。

舍斯托夫对胡塞尔的哲学观点持彻底的批判态度。他认为,理性主义哲学所主张的原则,包含着对人的生存价值和意义的根本威胁。在永恒性和必然性的统治下,人的生存意义是什么? 人的尊严和自由在哪里? 在舍斯托夫看来,在理性主义统治下,人就已不是活生生的人了,已经变成了"被赋予了意识的石头"(斯宾诺莎语),变成了"单向度的人"(马尔库塞语)。

舍斯托夫的哲学启蒙老师是莎士比亚,莎士比亚的那句"我们的时代纷乱无序"引起了舍斯托夫的极大兴趣和困惑。他首先把注意力转向康德,可是康德哲学不仅没有给舍斯托夫一个满意的答案,相反,舍斯托夫在康德哲学中,注意到了理性的一个特征。康德在《纯粹理性批判》中说:"(经验)虽然告诉我们这是什么,却并不告诉我们这必然一定会是这样而不是那样。正因此它也不能给我们提供任何真正的普遍性,而对知识的这种方式如此渴望的理性,则更多地是被经验所刺激的,而不是被经验所满足的。"[8]4 就是说,理性是渴望着普遍性和必然性的。舍斯托夫认为,理性追求的普遍必然性,就像是希腊传说中的墨杜萨的头一样,无论谁只要看她一眼,就会立刻失去知觉而变为石头,人们因此丧失了意志,只能屈服于外界的一切。这就是理性统治之下的人们的悲惨生活。人们成了饿死于两捆草之间的驴子。人们"不能自由决定,他知道他的决定不在自己的掌管之下,他将走向必然性指给他的道路"[9]118。但是现实生活中的人们不愿意去承认这样的事实,人们迫于理性的强大,而习惯于"接受理性的判断,即使这些判断侵犯他们一切最宝贵的东西,侵犯他们所视为神圣的一切东西"[1]346。而那些理性哲学家和知识论的大师,还是以研究垂直线、平面和圆时所持有的冷漠与平静来研究着人们的痛苦,他们只习惯于从意识的直接材料中寻找真理。舍斯托夫反问道:"你的儿子都被杀死了,你的女儿都被奸污了,你的家乡被破坏了,这一切都没有什么可怕或惊骇的。这是事实,我们必须从容接受它。这就是我们的理性对于'现实'所采取的态度,这就是理性判断现实的方式。"[1]351 舍斯托夫悲叹道,我们面对理性的真理、面对必然性,真的只能是"勿哭,勿笑,勿诅咒,只能理解"(斯宾诺莎语)吗?!

胡塞尔哲学是当时理性主义哲学最主要的代表,胡塞尔哲学的实质是沿袭了笛卡尔哲学和康德哲学的传统,从理性出发,为知识的有效性确定不可动摇的基础。舍斯托夫说:"胡塞尔敢于以少有的勇气和灵感来提出一切的最本质、最困难的,同时又是最痛苦的问题——即知识的'有效性'。在确实有效,知识必须被人承认为绝对的,这就意味着我们必须承认知识向我们要求的任何东西,我们必须神化石头和承认无情的残忍,使我们自己变得麻木不仁,放弃我们认为最宝贵的、最本质的东西。"[1]358 因此,舍斯托夫反对理性主义哲学传统,首当其冲地先要反对胡塞尔哲学。

舍斯托夫还和尼采、克尔恺郭尔的观点一样,认为越是那些被认为经过理性的严格训练的饱学之士,就越是理性和知识的奴隶,越易成为因循守旧、感情贫乏、思绪迟钝的人,从而就越是缺乏激情和创造性,变成了一部机器。因为他们被理性的必然性完全束缚住了,完全丧失了活力。在联系到人类社会的历史现象时,舍斯托夫还深刻地指出,这种理性主义的真理观,不可避免地和人类社会的专制思想联结在一起。这种专制直接导向康德所告诫我们的"热烈崇拜和迷信一切"[1]343。

舍斯托夫认为,在胡塞尔的哲学里,理性的真理把一切都湮灭了,在人们的生活中,到处都是必然性之墙。面对着这些墙,一切有理性的动物和没有理性的动物都只能是服从,人们除了观望和等死以外什么也不能做了。舍斯托夫认为,这就造成了人类的最大的痛苦,这种痛苦,舍斯托夫用《圣经》里的话说,是比大海里的沙子还要重的。

在和胡塞尔争辩时,胡塞尔说哲学是反思,而舍斯托夫认为哲学是斗争,他说:哲学"不是寻求永恒存在,不是寻求存在的不变结构和秩序,不是反思,也不是认识善恶之别。……哲学是伟大的和最后的斗争"[9]22。是的,舍斯托夫的哲学是专门和理性、和必然性做斗争的,舍斯托夫认为,这个消解传统哲学、战胜理性统治的斗争,是人类历史上的伟大的最后的斗争。

应该指出的是,舍斯托夫反对胡塞尔,批判理性主义,并不表明他是一般的蒙昧主义者,或者是一般的反理性主义者。因为,从实质上讲,舍斯托夫猛烈抨击的并不是理性本身,而是那种由于理性的僭越而形成的理性主义。正如别尔嘉也夫指出的那样:舍斯托夫不否定科学知识,不否定日常生活中的理性,而是否定理性主义和科学知识自诩能取代基督信仰,能把人从悲剧性深渊和存在的不幸处境中解救出来。[10]38

三、舍斯托夫对胡塞尔哲学批判的意义

舍斯托夫对胡塞尔哲学的猛烈批判,实质是舍斯托夫对当时以胡塞尔为代表的西方理性主义哲学传统的批判。人们普遍认为,西方文明来源于两个传统,一个是希腊文明,一个是希伯来文明。这两种文明有着不同的生活和思维的原则。希腊文明强调的是人对智慧的爱,对普遍必然性的追求,对理性的服从。希伯来文明则强调超自然的启示和信仰。这两者的关系构成了西方文明发展的内在张力。这个问题也一直是西方思想界争论的最重要的问题。其中,大部分哲学家主张将希腊文明和希伯来文明加以调和,以理性为主,用理性解释信仰。这种观点是绝大多数中世纪哲学家的思想宗旨,也更是近现代西方哲学的主要思想。然而,也有少数孤独的哲学家和思想家,他们坚决主张希腊理性与希伯来精神是不可调和的,反对理性的统治,强调信仰先于知识。德尔图良、马丁·路德、帕斯卡、陀思妥耶夫斯基、克尔恺郭尔就是如此。但俄国哲学家列夫·舍斯托夫应该是在这个问题上立场最坚定、观点最鲜明、论述最系统的一个。[11]4

舍斯托夫哲学反对理性主义,反对逻辑,深刻揭露由于理性的绝对的全面的统

治而造成的对人的压制,并认为这是不可调和的非此即彼的斗争。舍斯托夫说:"对于胡塞尔正如对于克尔恺郭尔一样,折中的解决便是离开了哲学,他们两个都全面看到了'非此即彼'这个大问题的各个方面。"[1]356 要么信仰,要么理性,除此之外没有别的。他说:"人们或者必须把真理绝对化,把生活相对化,或者为了拯救人类生活拒绝服从真理的强制性。"[1]358 舍斯托夫甚至用《圣经》中的人类的始祖——亚当、夏娃,偷吃知识之树的果实,而离开生命之树的传说,来说明这件事,"产生死亡果子的知识树是用来反对生命之树的"[1]357,这样就形成了理性、知识对人的生命的压制。所以说,舍斯托夫对胡塞尔哲学的批判,在人类哲学史和思想史上带有根本性的意义,正像俄国著名哲学家津科夫斯基在《俄罗斯哲学史》中说的,舍斯托夫把不曾有人彻底表达过的批判理性和诉诸信仰的话"说到了底"[11]6。

舍斯托夫哲学对后世的哲学有着很重要的影响,他的思想对后来的存在主义哲学有着直接的影响。北大学者徐凤林认为:"舍斯托夫所看重的并不是哲学思考,不是在幸福或顺境中的人所进行的,而是处于痛苦乃至绝望状态下的人所进行的抗争;不单凭智力,而是通过情感、意志等全部生命存在;不是为求知,而是为得救。这正是现代哲学流派——存在主义哲学的诉求。"[12]283 在舍斯托夫生前,一些学者已经把舍斯托夫的哲学归到以克尔恺郭尔为代表的生存哲学的范围里了。别尔嘉也夫曾经与舍斯托夫有过相当的交往,别尔嘉也夫对舍斯托夫哲学的评价具有相当的深度,他就把舍斯托夫哲学归为存在哲学,他说:"舍斯托夫是这样一位哲学家,他以自己的全部存在进行哲学思考,对他来说,哲学不是学院专业,而是生死事业。他是一位孤独的思想者。他独立于周围的时代潮流。他寻找上帝,寻求人摆脱必然性的统治。这也是他的个人生命问题。他的哲学属于存在哲学类型,这种哲学类型没有把认识过程客体化,亦即没有使其摆脱认识主体,而是把认识过程同人的整个命运联系起来,认为存在的奥秘只有在人的生存中才能认识。对舍斯托夫来说,人的悲剧、人生苦难和恐惧、绝望的体验,是哲学的源泉。"[11]6 由 H. Dahm 编的《俄罗斯思想的基本特质》一书也认为:舍斯托夫思想才堪称存在哲学传统在本世纪的先声和经典。

我认为舍斯托夫哲学还和后现代主义哲学有着许多内在的关联。从某种意义上说,舍斯托夫哲学所提倡的反对体系哲学、反对主客分立、反对理性主义等观点都具有后现代主义哲学思潮的某些特征。但是,需要指出的是,在理性主义危机的大背景下,各种非理性主义和反理性主义思潮大量涌现,它们当中的大部分都是建立在理性主义的废墟之上的,它们只能是理性大厦倾倒之后的思考。后现代主义思潮就是如此。而舍斯托夫给我们指出的是另一条道路,他的哲学以前所未有的反理性主义的姿态,依靠希伯来文化中的《圣经》传统,和理性主义做着殊死的斗争,这显然是有别于后来的许多反理性主义思潮的。

胡塞尔在 20 世纪初那个混乱的年代,以他的渊博的学识、严谨的治学精神,对心理主义、相对主义思想进行了近乎穷根究底的批判,以维护知识的有效性,树立理性真理的绝对权威。而舍斯托夫看到的正是这种"绝对真理"的危险,他说:"我认为我应该深深感谢胡塞尔,因为他用他的激烈思想的力量迫使我在没有人'认为'尽一切力量可能有胜利希望的地方开始进行斗争。……虽然我过去把他看作,并且继续把他看作近代的一个伟大的、一个非常伟大的哲学家。"[1]360 可以说,胡塞尔在相反的方向上,帮助了舍斯托夫。

参考文献:

[1]舍斯托夫.开端与终结[M].方珊,译.昆明:云南人民出版社,1998.

[2]波普.猜想与反驳——科学知识的增长[M].上海:上海译文出版社,1986.

[3]E.胡塞尔.现象学与哲学的危机[M].北京:国际文化出版公司,1988.

[4]R.伽罗蒂.人的远景[M].北京:生活·读书·新知三联书店,1965.

[5]胡塞尔.哲学作为严格的科学[M].倪梁康,译.北京:商务印书馆,2002.

[6]胡塞尔.逻辑研究:第 1 卷[M].倪梁康,译.上海:上海译文出版社,2006.

[7]H. Spiegelberg:The Phenomenological Movement,Martinus Nijhoff Publishers,1982.

[8]康德.纯粹理性批判[M].邓晓芒,译.北京:人民出版社,2004.

[9]舍斯托夫.雅典与耶路撒冷[M].徐凤林,译.杭州:浙江人民出版社,2000.

[10]刘小枫.走向十字架上的真[M].上海:上海三联书店,1995.

[11]徐凤林.《雅典与耶路撒冷》中译本前言[M].杭州:浙江人民出版社,2000.

[12]徐凤林.俄罗斯宗教哲学[M].北京:北京大学出版社,2006.

后　　记

本书是在我的博士论文的基础上经过修改完成的。

在博士论文完成之后，随着自己的思想的进一步成熟，我逐渐对书中的部分内容又有了新的认识，这次在撰写此书的过程中，正好借此机会重新进行了整理和修改。尤其是在博士论文完成之后，我对舍斯托夫哲学的研究又有了许多新的进展。在撰写此书的过程中，我有意识地借鉴和吸收了许多近些年该知识领域的最新研究成果，使这本书能够占据最新的资料，也使此书能够跟上研究舍斯托夫哲学的时代步伐。

在博士论文形成之后，我已经表达了对各位老师的感激之情。在完成这部书的撰写之后，睹物思人，我要再一次表达对丁立群教授、王晓东教授、罗跃军教授、赵海峰教授和已经英年故去的陈树林教授的感激之情。同时，我还要表达对北京大学的徐凤林教授、北京师范大学张百春教授的感激之情。这些老师都在不同的方面，以不同的方式支持了我的研究工作。

特别感谢我的导师丁立群老师，虽然我已经毕业，但他一直关心我的研究工作，在写作这部著作时，他给予了我多方面的指导。感谢黑龙江科技大学退休的马克思主义学院院长贺晓光教授，他不但在学术上给予我多方面的帮助，而且还为我的研究工作提供了许多便利条件。

杨振宇

2018 年 4 月 10 日